구성 및 특징

핵심이론

시험에 출제되는 핵심 내용만을 모아 효율적인 학습이 가능하도록 구성하였습니다. 반드시 알아야 할 내용에 대한 충실한 이해와 체계적 정리가 가능합니다.

빈출개념

시험에서 자주 출제되는 개념들을 표시하여 중요한 부분을 한눈에 들어올 수 있도록 하였습니다. 합격에 필요한 핵심이론을 깔끔하게 학습하시기 바랍니다.

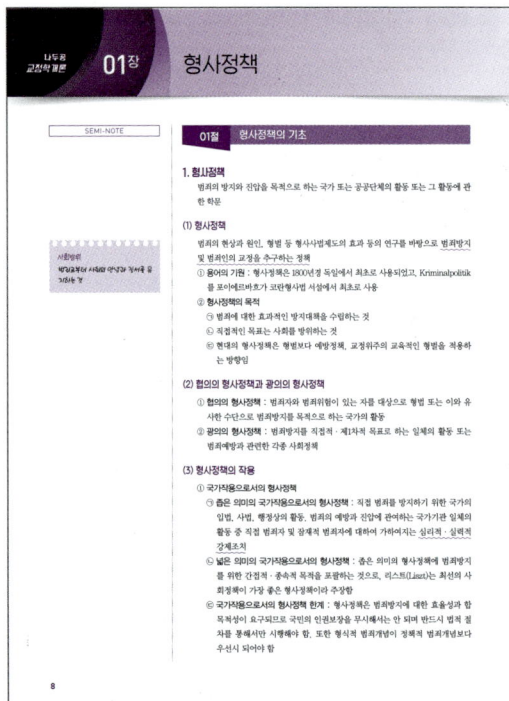

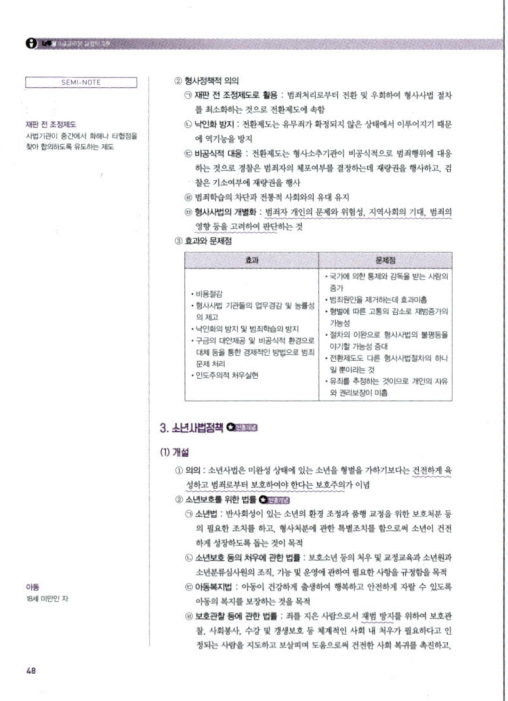

한눈에 쏙~

흐름이나 중요 개념들이 한눈에 쏙 들어올 수 있도록 도표로 정리하여 수록하였습니다. 한눈에 키워드와 흐름을 파악하여 수험에 도움이 되도록 하였습니다.

실력 up

더 알아두면 좋을 내용을 실력 up에 배치하고, 보조단에는 SEMI – NOTE를 배치하여 본문에 관련된 내용이나 중요한 개념들을 수록하였습니다.

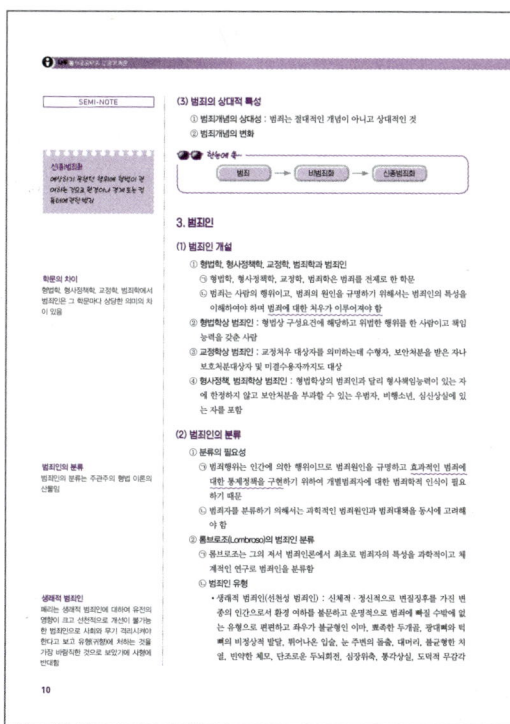

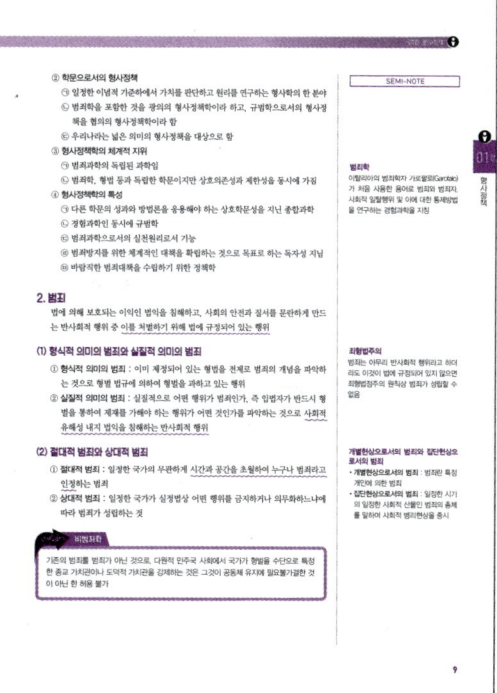

목 차

01장 형사정책
- 01절 형사정책의 기초 …………………………………………… 8
- 02절 범죄원인론 ………………………………………………… 21
- 03절 범죄대책론 ………………………………………………… 41

02장 교정학
- 01절 교정학의 기초 ……………………………………………… 102
- 02절 시설내 처우와 사회적 처우 ……………………………… 118
- 03절 사회내처우 ………………………………………………… 160
- 04절 교도소 사회연구 …………………………………………… 172
- 05절 회복적 사법주의와 피해자보호 ………………………… 175
- 06절 교정의 민영화 ……………………………………………… 178

교정직에만 있다!

체력검사 합격기준

체력검사의 종목	성별	합격기준	실격기준
20미터 왕복 오래달리기	남자	48회 이상	41회 이하
	여자	24회 이상	19회 이하
악력(握力)	남자	47.0kg 이상	41.9kg 이하
	여자	27.0kg 이상	21.9kg 이하
윗몸일으키기(60초)	남자	38회 이상	32회 이하
	여자	26회 이상	21회 이하
10미터 2회 왕복달리기	남자	12.29초 이내	13.61초 이후
	여자	14.60초 이내	15.61초 이후

※ 위 사항은 시험주관처의 사정에 따라 변경될 수 있으므로 반드시 시험 전 공고를 확인하세요.

9급공무원

교정학개론

나두공

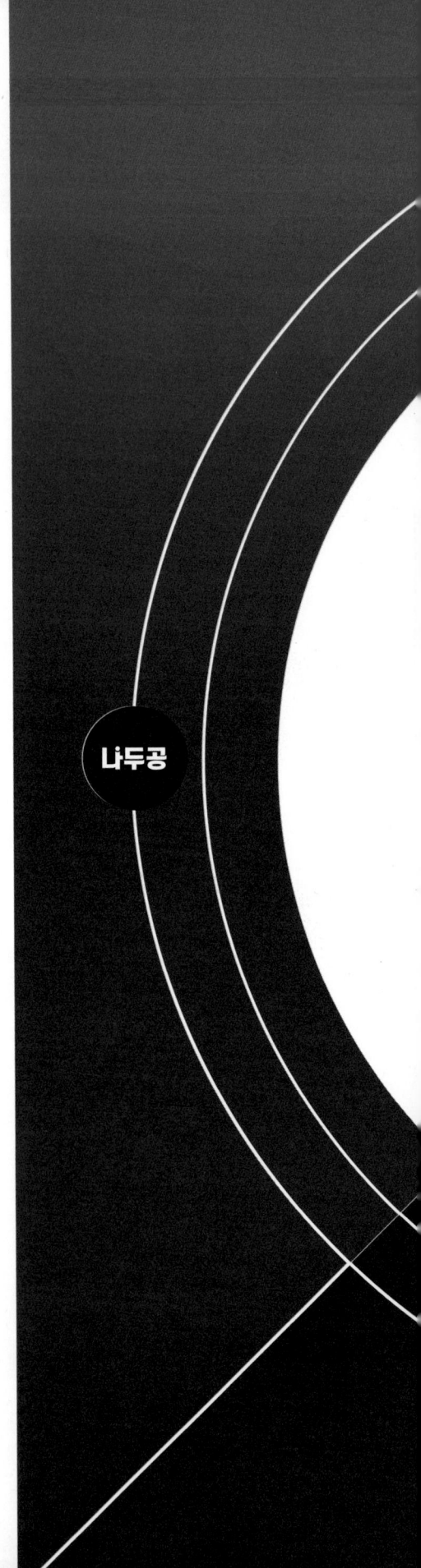

01장 형사정책

01절 형사정책의 기초

02절 범죄원인론

03절 범죄대책론

01장 형사정책

01절 형사정책의 기초

1. 형사정책
범죄의 방지와 진압을 목적으로 하는 국가 또는 공공단체의 활동 또는 그 활동에 관한 학문

(1) 형사정책
범죄의 현상과 원인, 형벌 등 형사사법제도의 효과 등의 연구를 바탕으로 범죄방지 및 범죄인의 교정을 추구하는 정책
① 용어의 기원 : 형사정책은 1800년경 독일에서 최초로 사용되었고, Kriminalpolitik를 포이에르바흐가 코란형사법 서설에서 최초로 사용
② 형사정책의 목적
  ㉠ 범죄에 대한 효과적인 방지대책을 수립하는 것
  ㉡ 직접적인 목표는 사회를 방위하는 것
  ㉢ 현대의 형사정책은 형벌보다 예방정책, 교정위주의 교육적인 형벌을 적용하는 방향임

(2) 협의의 형사정책과 광의의 형사정책
① 협의의 형사정책 : 범죄자와 범죄위험이 있는 자를 대상으로 형법 또는 이와 유사한 수단으로 범죄방지를 목적으로 하는 국가의 활동
② 광의의 형사정책 : 범죄방지를 직접적·제1차적 목표로 하는 일체의 활동 또는 범죄예방과 관련한 각종 사회정책

(3) 형사정책의 작용
① 국가작용으로서의 형사정책
  ㉠ 좁은 의미의 국가작용으로서의 형사정책 : 직접 범죄를 방지하기 위한 국가의 입법, 사법, 행정상의 활동. 범죄의 예방과 진압에 관여하는 국가기관 일체의 활동 중 직접 범죄자 및 잠재적 범죄자에 대하여 가하여지는 심리적·실력적 강제조치
  ㉡ 넓은 의미의 국가작용으로서의 형사정책 : 좁은 의미의 형사정책에 범죄방지를 위한 간접적·종속적 목적을 포괄하는 것으로, 리스트(Liszt)는 최선의 사회정책이 가장 좋은 형사정책이라 주장함
  ㉢ 국가작용으로서의 형사정책 한계 : 형사정책은 범죄방지에 대한 효율성과 합목적성이 요구되므로 국민의 인권보장을 무시해서는 안 되며 반드시 법적 절차를 통해서만 시행해야 함. 또한 형식적 범죄개념이 정책적 범죄개념보다 우선시 되어야 함

SEMI-NOTE

사회방위
범죄로부터 사회의 안녕과 질서를 유지하는 것

② 학문으로서의 형사정책
  ㉠ 일정한 이념적 기준하에서 가치를 판단하고 원리를 연구하는 형사학의 한 분야
  ㉡ 범죄학을 포함한 것을 광의의 형사정책학이라 하고, 규범학으로서의 형사정책을 협의의 형사정책학이라 함
  ㉢ 우리나라는 넓은 의미의 형사정책을 대상으로 함
③ 형사정책학의 체계적 지위
  ㉠ 범죄과학의 독립된 과학임
  ㉡ 범죄학, 형법 등과 독립한 학문이지만 상호의존성과 제한성을 동시에 가짐
④ 형사정책학의 특성
  ㉠ 다른 학문의 성과와 방법론을 응용해야 하는 상호학문성을 지닌 종합과학
  ㉡ 경험과학인 동시에 규범학
  ㉢ 범죄과학으로서의 실천원리로서 기능
  ㉣ 범죄방지를 위한 체계적인 대책을 확립하는 것으로 목표로 하는 독자성 지님
  ㉤ 바람직한 범죄대책을 수립하기 위한 정책학

2. 범죄

법에 의해 보호되는 이익인 법익을 침해하고, 사회의 안전과 질서를 문란하게 만드는 반사회적 행위 중 이를 처벌하기 위해 법에 규정되어 있는 행위

(1) 형식적 의미의 범죄와 실질적 의미의 범죄
① 형식적 의미의 범죄 : 이미 제정되어 있는 형법을 전제로 범죄의 개념을 파악하는 것으로 형벌 법규에 의하여 형벌을 과하고 있는 행위
② 실질적 의미의 범죄 : 실질적으로 어떤 행위가 범죄인가, 즉 입법자가 반드시 형벌을 통하여 제재를 가해야 하는 행위가 어떤 것인가를 파악하는 것으로 사회적 유해성 내지 법익을 침해하는 반사회적 행위

(2) 절대적 범죄와 상대적 범죄
① 절대적 범죄 : 일정한 국가의 무관하게 시간과 공간을 초월하여 누구나 범죄라고 인정하는 범죄
② 상대적 범죄 : 일정한 국가가 실정법상 어떤 행위를 금지하거나 의무화하느냐에 따라 범죄가 성립하는 것

실력UP 비범죄화

기존의 범죄를 범죄가 아닌 것으로, 다원적 민주국 사회에서 국가가 형벌을 수단으로 특정한 종교 가치관이나 도덕적 가치관을 강제하는 것은 그것이 공동체 유지에 필요불가결한 것이 아닌 한 허용 불가

SEMI-NOTE

범죄학
이탈리아의 범죄학자 가로팔로(Garofalo)가 처음 사용한 용어로 범죄와 범죄자, 사회적 일탈행위 및 이에 대한 통제방법을 연구하는 경험과학을 지칭

죄형법주의
범죄는 아무리 반사회적 행위라고 하더라도 이것이 법에 규정되어 있지 않으면 죄형법정주의 원칙상 범죄가 성립할 수 없음

개별현상으로서의 범죄와 집단현상으로서의 범죄
- **개별현상으로서의 범죄** : 범죄란 특정 개인에 의한 범죄
- **집단현상으로서의 범죄** : 일정한 시기의 일정한 사회적 산물인 범죄의 총체를 말하며 사회적 병리현상을 중시

(3) 범죄의 상대적 특성

① 범죄개념의 상대성 : 범죄는 절대적인 개념이 아니고 상대적인 것
② 범죄개념의 변화

3. 범죄인

(1) 범죄인 개설

① 형법학, 형사정책학, 교정학, 범죄학과 범죄인
  ㉠ 형법학, 형사정책학, 교정학, 범죄학은 범죄를 전제로 한 학문
  ㉡ 범죄는 사람의 행위이고, 범죄의 원인을 규명하기 위해서는 범죄인의 특성을 이해하여야 하며 범죄에 대한 처우가 이루어져야 함
② 형법학상 범죄인 : 형법상 구성요건에 해당하고 위법한 행위를 한 사람이고 책임능력을 갖춘 사람
③ 교정학상 범죄인 : 교정처우 대상자를 의미하는데 수형자, 보안처분을 받은 자나 보호처분대상자 및 미결수용자까지도 대상
④ 형사정책, 범죄학상 범죄인 : 형법학상의 범죄인과 달리 형사책임능력이 있는 자에 한정하지 않고 보안처분을 부과할 수 있는 우범자, 비행소년, 심신상실에 있는 자를 포함

(2) 범죄인의 분류

① 분류의 필요성
  ㉠ 범죄행위는 인간에 의한 행위이므로 범죄원인을 규명하고 효과적인 범죄에 대한 통제정책을 구현하기 위하여 개별범죄자에 대한 범죄학적 인식이 필요하기 때문
  ㉡ 범죄자를 분류하기 의해서는 과학적인 범죄원인과 범죄대책을 동시에 고려해야 함
② 롬브로조(Lombroso)의 범죄인 분류
  ㉠ 롬브로조는 그의 저서 범죄인론에서 최초로 범죄자의 특성을 과학적이고 체계적인 연구로 범죄인을 분류함
  ㉡ 범죄인 유형
    • 생래적 범죄인(선천성 범죄인) : 신체적·정신적으로 변질징후를 가진 변종의 인간으로서 환경 여하를 불문하고 운명적으로 범죄에 빠질 수밖에 없는 유형으로 편평하고 좌우가 불균형인 이마, 뾰족한 두개골, 광대뼈와 턱뼈의 비정상적 발달, 튀어나온 입술, 눈 주변의 돌출, 대머리, 불균형한 치열, 빈약한 체모, 단조로운 두뇌회전, 심장위축, 통각상실, 도덕적 무감각

SEMI-NOTE

신(종)범죄화
예상하지 못했던 행위에 형법이 관여하는 것으로 환경이나 경제 또는 컴퓨터에 관한 범죄

학문의 차이
형법학, 형사정책학, 교정학, 범죄학에서 범죄인은 그 학문마다 상당한 의미의 차이 있음

범죄인의 분류
범죄인의 분류는 주관주의 형법 이론의 산물임

생래적 범죄인
페리는 생래적 범죄인에 대하여 유전의 영향이 크고 선천적으로 개선이 불가능한 범죄인으로 사회와 무기 격리시켜야 한다고 보고 유형(귀향)에 처하는 것을 가장 바람직한 것으로 보았기에 사형에 반대함

과 잔인성, 과도한 허영심, 몸에 문신 새기기를 좋아하는 성격 등 신체적·생리적·정신적 특질이 있다는 것
- 정신적 범죄인 : 정신적인 질병이 원인이 되어 범죄를 행하는 사람으로 생래적 범죄인과 함께 개선의 여지가 없는 범죄인에 속함
- 잠재적 범죄인 : 평소에는 범죄를 저지를만한 소질을 드러내지 않다가 술을 마시거나 특정한 이유로 감정이 격해져 범죄적 특징을 나타낼 수 있는 사람
- 격정범죄인 : 순간적인 흥분으로 사려를 잃고 평소의 인격과는 전혀 관계없는 행위를 한 사람으로 대체로 싸움이나 군중범죄가 이에 속하며 위해를 가할 의사는 없고, 격정의 순간적 폭발에 의한 행위자에만 한정된다. 정치범, 확신범 등이 이에 해당
- 기회범죄인 : 외부의 사정이 동기가 되어 죄를 범하는 사람으로 사리에 밝지 못하고 유혹에 약한 성격상의 특징에서 오는 경우도 있지만, 단순히 기회에 편승하는 일시적인 경우가 많다. 기회범죄인에는 사이비 범죄인, 준범죄인, 상습범죄인 등이 있음
  - 준범죄인 : 생래적 범죄인에 해당할 정도에 이르지는 않았지만 어느 정도 선천적 범죄원인이 작용하는 사람으로 적절한 조건이 가미되어야 범죄성이 나타나는 유형
  - 상습범죄인 : 신체적인 이상은 없으나 좋지 않은 환경으로 인해 거래나 직업적으로 절도, 사기 등의 범죄를 범하는 사람
  - 사이비 범죄인 : 범죄에 대한 위험성은 없지만 자신의 명예나 생존을 위해서 범행을 할 수 있는 사람으로 정당방위로 살인을 한 사람, 자신과 가족의 명예 또는 생존을 위해서 범행을 하는 경우
  - 범죄통제대책에는 단기자유형을 반대하고 범죄인의 특성에 따른 처우의 개별화를 주장

③ 페리(Ferri)의 범죄인 분류
  ㉠ 페리는 롬브로조의 분류에 기초하고, 롬브로조의 잠재적 범죄인은 고려하지 않음
  ㉡ 기회적 범죄인 : 범죄인류학적 입장에 기초하면서 자연적 환경인 기후, 풍토 등을 고려하고 사회적 환경도 중시하는 기회적 범죄인을 중시

④ 리스트(Liszt)
  ㉠ 주관주의 형법이론을 바탕으로 특별예방론을 정립
  ㉡ 처벌의 대상이 되어야 할 것은 행위가 아니라 행위자가 되어야 한다고 봄
  ㉢ 범죄인을 개선·위하·무해화이므로 개선불능자, 개선이 가능하고 적극적 개선이 필요한 상태범, 개선 가능하고 적극적 개선이 불필요한 기회범으로 나눔

⑤ 가로팔로(Garofalo)의 범죄인 분류
  ㉠ 심리적 요소를 중시하여 자연범, 법정범, 과실범으로 구분
  ㉡ 자연범은 모살범죄인, 폭력범죄인, 재산범죄인, 풍속범죄인으로 분류
  ㉢ 법정범의 처우는 법정형에 맞게 정기구금에 처하고, 과실범은 불처벌

SEMI-NOTE

정신적 범죄인
범죄는 정신적 범죄인들에 의해 일어나는 범죄가 대부분이며 이들은 전형적인 범죄인 유형임

4. 피해자

(1) 피해자의 의의

① **범죄피해자보호법상 피해자**: 범죄피해자는 타인의 범죄행위로 피해를 당한 사람과 그 배우자(사실상의 혼인관계를 포함한다), 직계친족 및 형제자매를 말한다. 또한 범죄피해 방지 및 범죄피해자 구조 활동으로 피해를 당한 사람도 범죄피해자로 본다(제3조).

② **범죄피해자의 개념**
  ㉠ **최협의의 피해자**: 법률상 범죄가 성립하는 경우에 범죄자 상대방으로서의 피해자로 형법학에서의 피해자
  ㉡ **협의의 피해자**: 반드시 법률적인 관계에만 한하지 않고 실질적인 범죄피해자까지 포함
  ㉢ **광의의 피해자**: 범죄피해를 당한 직접 피해자, 피해자와 이해관계에 있는 사람들과 범죄공포를 느끼는 간접피해자를 포괄
  ㉣ **최광의의 피해자**: 산업재해의 피해자, 자연재해의 피해자, 부주의한 운전으로 인한 자상, 자살피해자 등을 포괄하는 개념

(2) 피해자학

인간적·사회적 사상인 범죄에서의 피해자에 관한 사실학으로 피해자의 특성과 피해를 입기 쉬운 상태, 상황, 범죄행위에 관련된 가해자와 피해자의 상호관계 등을 사실학적으로 해명함으로써, 범죄의 예방 및 범죄에 대한 선후조치의 형성에 이바지한다. 피해자학은 범죄학이 도외시하던 피해자 측면에 대한 관심을 환기시켜 범죄현상을 종합적으로 고찰하는 계기가 됨

① **피해자학 개념과 형사정책**
  ㉠ **피해자학 개념**: 피해자화를 미연에 방지하고 피해의 회복대책을 강구하여 피해의 확대를 방지하는 지식과 기술을 개발하는 학문으로써, 피해자화에 대한 정보를 공표하여 예방적 활동을 촉진함
  ㉡ **피해자학의 형사정책적 의의**: 범죄는 가해자와 피해자의 상호작용에 의하여 발생하므로 범죄의 실상을 제대로 이해하기 위해서는 피해자의 보호 필요성도 중요하기에 피해자학은 과학적 규명과 피해자 보호 내지 구제라는 측면에서 형사정책상 중요한 의의가 있음

② **피해자학의 발전**
  ㉠ 피해자에 대한 연구는 2차대전 이후 범죄자에 대한 연구와 더불어 범죄학의 주된 연구분야가 됨
  ㉡ **헨티히(Hentig)**: 범죄피해자는 범죄화 과정에서 적극적인 주체로 보고 동적 관점에 근거하여 범죄자와 피해자의 상호작용에 의하여 범죄가 발생한다고 봄
  ㉢ **엘렌베르거(Ellenberger)**: 어릴 때 학대, 착취 등의 피해자였던 자가 범죄자로 발전하는 경우가 많았다고 주장하고, 잠재적 피해자와 생래적 피해자에 대한 구상도 함

광의의 피해자
피해자의 연구대상 중 가장 일반적

피해자학
형사사건에 관한 예방법학의 한 분야

피해자학의 기능
- 범죄원인 및 피해원인의 과학적 규명과 범죄 및 피해의 예방
- 피해자 보호대책의 촉진
- 형 양정의 적정
- 피해의 치료와 회복
- 형사절차에서의 피해자 보호대책 강구와 피해자에 대한 공적 구제제도의 확대

② 멘델존(Mendelsohn) : 피해자를 범죄피해자에 한정하지 않고 사고나 자연재해의 피해자까지 포함시키고 있다. 범죄피해자의 범죄발생 책임 정도에 따라 피해자의 유형을 나누고 있음
③ 피해자의 유형
　㉠ 멘델존 유형 : 책임이 전혀 없는 피해자, 책임이 조금 있는 피해자, 가해자와 동등한 책임이 있는 피해자, 가해자보다 더 유책한 피해자, 가장 유책한 피해자, 기망적 및 상상적 피해자
　㉡ 헨티히 유형
　　• 일반적 피해자 유형
　　• 심리학적 피해자 유형 : 의기소침자 또는 무관심자, 탐욕자, 방종 또는 호색가, 고독과 비탄에 젖어 있는 사람, 학대자, 고립 및 파멸된 자
　㉢ 엘렌베르그 유형 : 잠재적 피해자성, 일반적 피해자성
　㉣ 레크레스(Reckless) 모델 : 가해자-피해자 모델, 피해자-가해자-피해자 모델
④ 현대의 피해자학
　㉠ 고전학파 범죄학은 범죄를 자유의사에 의한 선택의 산물로 봄
　㉡ 범죄기회론은 합리적으로 계산하는 잠재적 범행기회를 제공하는 상황에 초점을 맞춘 이론
　㉢ 환경범죄학은 범죄를 범죄자, 피해자, 특정 시·공간에 설정된 감시체계 등 범죄를 환경의 산물로 봄
　㉣ 범죄기회이론 : 생활양식이론과 일상활동이론으로 구분
　　• 생활양식이론 : 인구학적·사회학적 계층 및 지역에 따른 범죄율의 차이는 이러한 계층에 속한 피해자의 개인적 생활양식 차이를 반영한다는 것
　　• 일상활동이론 : 범죄를 야기하는 상황이나 환경이 범죄사건의 장소와 시간이 연계되어 발생한다고 봄
⑤ 피해자에 대한 국가보상제도
　㉠ 국가보상제도의 의의 : 범죄피해자에 대하여 그 피해의 전부 또는 일부를 국가가 금전적으로 보상하여 구제하는 제도
　㉡ 형사정책적 가치
　　• 범죄피해로 인한 보상의 불완전성을 보완하여 피해자 생계보장
　　• 범죄예방에 대한 국가책임과 자위수단을 막는 국가책임의 일부
　　• 가해자에 대한 교정비용으로 지출하는 국고의 사용에 상응하는 피해자보상으로 형평성 유지
　㉢ 우리나라 국가보상제도
　　• 주체 : 재산범죄 피해자는 제외되고 대인범죄 피해자만을 대상으로 함
　　• 성립요건 : 타인이 범죄행위로 인한 것일 것, 생명·신체에 대한 피해가 있을 것, 피해의 일부 또는 전부를 배상받지 못한 경우
　　• 구체적 내용 : 범죄행위로 사망한 사람의 유족에 대한 유족구조금, 장해자에 대한 장해구조금, 중상해자에 대한 중상해구조금
　　• 구조금의 지급신청 : 범죄피해의 발생을 안 날로부터 3년, 당해 범죄가 발

SEMI-NOTE

헨티히 유형
헨티히는 피해자를 일반적 유형과 심리학적 유형으로 분류

환경범죄학
환경범죄학은 범죄를 야기하는 장소, 범죄를 유혹하는 장소로 특정 지어지는 곳에서 많이 발생한다고 하여 환경적 배경을 강조함

한국의 국가보상제도
범죄피해 방지 및 범죄피해자 구조활동으로 피해를 당한 범죄피해자도 해당

SEMI-NOTE

생한 날로부터 10년 이내에 신청해야 함. 구조금은 양도나 담보로 제공할 수 없고 압류할 수 없음

(3) 범죄방지대책

범죄방지대책에는 사전예방대책과 사후진압대책이 있음
① **사후진압대책** : 교정 및 보호시설에 구금하여 집행하는 시설내처우와 시설내에 구금하지 않고 지역사회 내에 자유를 부분적으로 제한하여 교정하는 사회내처우가 있음
② **최근의 추세** : 최근에는 시설내처우를 억제하고 사회내처우를 확대하는 경향이 있으며 사회내처우에는 보호관찰, 고지명령, 수강명령, 사회봉사명령, 갱생보호, 전자장치 부착명령, 약물치료명령 등이 시행됨

> **실력up 신상정보 고지명령**
> 아동·청소년 대상 성범죄자의 신상정보를 일정기간 동안 정보통신망을 이용해 공개하도록 하는 조치를 취함으로써 필요한 절차를 거친 사람은 누구든지 인터넷을 통해 공개명령 대상자의 공개정보를 열람할 수 있도록 하는 제도

5. 범죄학의 연구방법

(1) 범죄학 연구

① 범죄학 연구는 자연과학과 달리 사회과학으로 인간행동과 사회를 연구대상으로 하고 객관성의 유지가 중요
② 연구의 객관성을 유지하기 위해서는 가치중립적 연구방법이 전제되어야 함
③ 실증적 방법론은 이론을 객관화하고 이론적 설명을 실증적 연구에 의해 체계와 법칙을 제공

(2) 연구방법

① **대량관찰(전수조사)**
　㉠ 개념 : 가장 많이 사용하는 방법으로 범죄현상을 분석하는데 공식적인 범죄통계표를 활용하며 범죄율, 범죄해결율, 검거율 등을 이용
　㉡ 장점 : 객관적이고 추세를 이해하는데 가장 효과적
　㉢ 단점 : 통계에 잡히지 않는 암수범죄는 별도로 보완해야 함. 자료는 양적인 자료로 경향성만 파악할 수 있고, 범죄개념의 상대성을 반영하지 못하고, 범죄율이 왜곡되거나 축소될 가능성 존재
② **실험적 연구**
　㉠ 개념 : 인위적으로 일정한 조건을 만들고 그 안에서 일어나는 반응이나 사실을 관찰하여 가설의 타당성을 검증하고 새로운 사실을 발견해 내는 방법
　㉡ 장점 : 적은 비용으로 가설의 타당성을 검증하고 자료화 할 수 있으며 암수범죄의 조사에 유용

ⓒ 단점 : 인간을 대상으로 하기 때문에 부분적으로밖에 사용할 수 없고, 조사대상자의 수가 소수에 그침
③ 사례연구
  ㉠ 개념 : 범죄자 개인을 대상으로 인격, 성장과정, 사회생활, 범죄경력 등을 종합적으로 분석하여 각 요소간의 상호관계를 밝혀 범죄원인을 해명하는 것
  ㉡ 범죄인 개인의 성향을 구체적으로 파악할 수 있고, 조사대상자를 깊이 이해 가능
  ㉢ 단점 : 연구대상이 범죄자 개인으로 한정하게 되어 인적 범위가 지나치게 협소하여 집단현상으로 활용하는데 한계가 있고, 조사자의 편견이 개입될 수 있는 단점 존재
④ 참여적 관찰법
  ㉠ 개념 : 연구자가 범죄자의 집단에 들어가 그들과 생활하면서 그들의 생태, 심리, 가치관 등을 살펴 범죄의 기질이나 원인을 관찰하는 방법
  ㉡ 장점 : 범죄자의 일상생활을 자연스럽게 관찰할 수 있고 생생한 실증자료 획득 가능
  ㉢ 단점 : 연구자의 편견이 개입될 수 있고, 관찰의 대상이 한정되어 다양한 범죄인의 파악이 어려움
⑤ 추적조사
  ㉠ 개념 : 특정 범죄인이나 일반인을 일정기간 동안 관찰하여 그들의 인격, 형태, 환경 등의 변화, 상호 연결관계를 알아보는 조사방법
  ㉡ 장점 : 대상자의 사실관계를 비교적 정확하게 파악
  ㉢ 단점 : 대상자의 심리상태를 파악하는데 어려움이 있고, 인권적인 측면에서 사생활 침해의 우려
⑥ 표본집단조사
  ㉠ 개념 : 범죄의 종류나 수법, 연령, 범죄경력 등 공통점을 가진 범죄인의 일부를 표본으로 선정한 후 이들을 정밀하게 관찰하여 범죄의 일반적인 현상을 파악하는 방법
  ㉡ 장점 : 비교적 많은 사람을 대상으로 자료를 수집할 수 있고, 자료의 개량화로 실험집단과 대조집단 간의 차이를 분석 가능
  ㉢ 단점 : 범죄나 범죄인의 일반적인 경향파악은 가능하나 표본조사의 결과와 사실 사이의 인과적인 상호 연결관계를 명확하게 파악 어려움

(3) 암수범죄

범죄가 실제 발생하였으나 수사기관에 인지되지 않았거나 인지되더라도 미해결 상태로 남아 있어 통계에 나타나지 않는 범죄
① 암수범죄의 구분
  ㉠ **절대적 암수범죄** : 실제로 발생한 범죄인데 어느 누구도 인지하지 않았거나 기억조차도 하지 못하여 가해자와 피해자 이외에는 수사기관에 인지되지 않은 것은 물론 아무도 모르는 암수범죄로 주로 피해자의 미신고, 목격자의 부재 등으로 발생

SEMI-NOTE

사례연구
미시범죄학의 연구방법으로 교정분야에서 많이 활용

추적조사
초범시부터 재범시까지 범죄자의 범죄형태의 변화를 연구하기에 가장 적합한 방법으로 사실관계를 정확히 밝힐 수 있음

SEMI-NOTE

여성범죄의 은폐성
폴락(Pollak)은 여성범죄의 가장 큰 특징은 은폐성이라 보고, 여성범죄는 암수가 많다고 주장

암수범죄가 많은 범죄
- 성범죄
- 여성범죄
- 화이트칼라 범죄, 매춘, 피해자 없는 범죄 등

피해자 없는 범죄
범죄행위의 결과로 인해 즉각적으로 피해를 입는 사람은 없지만, 법을 위반한 행위를 말함. 피해자 없는 범죄로서 예로는 매춘, 성적 행동들, 포르노사진의 배포, 약물복용 등

고전학파의 범죄론과 형벌론
- **범죄론** : 범죄는 사회에 대한 반도덕적 행위이고 사회계약을 침해한 행위
- **형벌론** : 형벌의 정당성을 사회계약의 불이행으로 보고 형벌의 목적을 반사회적 행위에 대한 장래 예방에 둠

  ⓒ 상대적 암수범죄 : 해당 범죄사실이 수사기관에 의해 인지는 되었으나 가해자 신원 미파악 등 미해결된 암수범죄로, 주로 증거불충분으로 발생
 ② 암수범죄에 관한 학자들의 견해
  ㉠ 서덜랜드(Sutherland) : 범죄통계는 모든 통계 중 가장 신빙성이 없고 난해함
  ㉡ 셀린(Sellin) : 표시상의 범죄통계는 각 단계마다 점점 줄어들어 법집행기관의 개입이 가장 적은 경찰단계의 통계에서 암수범죄가 가장 적음
  ⓒ 엑스너(Exner) : 암수에 관한 정확한 이해는 범죄통계의 중요한 급소임
  ㉢ 라즈노비치(Radzinowicz) : 암수범죄가 전체 범죄의 85%에 이르며 특히 성범죄는 90% 이상이 암수범죄임
 ③ 발생원인
  ㉠ 완전범죄로 인하여 범죄의 미인지 또는 미검거
  ㉡ 피해자의 신고기피
  ⓒ 법집행기관의 차별적 집행
  ㉢ 형사사법기관의 무능 및 소극성
  ㉤ 통계행정의 미비로 탈루
  ㉥ 정치적 이유로 조작
 ④ 암수범죄의 조사방법
  ㉠ 직접적 관찰법
   • 자연적 관찰 : 범죄행위에 직접 참여하여 관찰하는 참여적 관찰법과 CCTV 등으로 촬영하는 비참여적 관찰법이 있음
   • 인위적 관찰 : 의도적으로 범죄상황을 실현하여 관찰하는 방법
  ㉡ 간접적 관찰법
   • 자기보고식 조사 : 면접이나 설문지 등을 통하여 범죄나 비행을 스스로 보고하게함으로써 암수범죄를 파악하는 방법
   • 피해자 조사 : 범죄피해자에게 자신이 당한 범죄 피해 경험을 진술하게 하는 방법으로 가장 많이 이용됨
   • 정보제공자 조사 : 범죄피해자 조사에 대한 보조적인 방법으로 활용되고 있는데, 범죄나 비행을 인지하고 있는 제3자에게 범죄내용을 보고하게 하는 방법

6. 형사정책의 발전

(1) 고전학파

고전학파는 18세기 이루어진 범죄와 사법에 관한 특별한 주장들을 통틀어 지칭하며, 인간은 이성을 지닌 존재여서 자유의지에 따라 행동할 수 있으므로 본인의 행위는 본인이 책임져야 한다는 인식에 기초하고 계몽주의 철학, 사회계약설, 인본주의, 합리주의적 인간을 중시
 ① 고전학파의 형사정책 이론
  ㉠ 자유의지를 지닌 합리적인 인간관에 기초

ⓛ 쾌락주의와 공리주의가 법률과 형사정책의 제도원리로 작용
ⓒ 부정기형을 부정하고 정기형 부과를 주장
ⓔ 증거와 진술의 원칙을 주장
ⓜ 천부인권과 적법절차의 원리를 중시
ⓗ 범죄예방대책으로는 특별예방보다는 일반예방을 중시
ⓢ 가혹한 형벌과 사형에 반대
ⓞ 형벌의 부과를 위해서 죄형법정주의 원칙을 중시
ⓩ 모든 인간을 잠재적인 범죄자로 인식

② 대표적인 학자
  ㉠ 베카리아(Beccaria)
   • 죄형법정주의 : 범죄에 대한 형벌은 법률만으로 정하도록 하고, 형벌은 자유를 남용하는 사람들로부터 사회구성원 전체의 자유를 지키기 위해서 존재
   • 법관의 법해석 금지 : 법관은 입법자가 아니므로 법을 해석할 권한이 없다고 봄
   • 형벌의 비례성 : 범죄와 형벌 사이에는 비례관계가 유지되어야 함
   • 신속한 형벌 : 범죄가 행하여진 후 신속하게 형벌이 과해져야 더 공정하고 유용하게 됨
   • 형벌의 확실성 : 엄격하고 잔혹한 형벌보다는 확실하고 예외 없는 형벌이 범죄예방 효과 면에서 효율적
   • 자의적인 사면의 반대 : 사면은 범죄자의 요행을 불러일으킴으로써 법에 대한 존중심을 파괴하는 효과를 가져옴
   • 일반예방주의 : 범죄는 처벌하는 것보다 예방하는 것이 더 좋은 방법이므로 이를 위해서는 교육이 중요하다고 봄
   • 인도적 구금제도 : 감옥은 보다 인도적인 시설로 개선되어야 함
   • 사형과 고문제도의 폐지 : 사회계약론을 근거로 사형의 폐지를 주장하고, 잔혹한 형벌과 고문제도는 사회계약론과 공리주의에 반하므로 폐지되어야 함
   • 범죄와 형벌의 등가성 : 형벌의 고통이 범죄로 얻을 수 있는 이득을 약간 넘어서는 정도일 때 범죄와 형벌 간의 균형이 이루어진다고 봄

  ㉡ 벤담(Bentham)
   • 형벌개량운동 : 최대다수의 최대행복이라는 공리주의에 입각하여 형벌개량운동을 전개
   • 일반예방 : 형벌은 일반예방 목적에 의하여 정당화되고 개선 목적은 부차적인 목적이 되어야 한다고 주장
   • 파놉티콘형 교도소 구상 : 최소의 비용으로 최대의 감시효과를 가져올 수 있는 파놉티콘형 감옥을 구상
   • 선시제(善時制, good time system) : 실제적 범죄와 상상적 범죄를 구분하여 해악이 없는 상상적 범죄에 대한 비범죄화를 주장

  ㉢ 포이에르바흐(Feuerbach)
   • 죄형법정주의 원칙 확립 : 법률 없으면 범죄 없고 형벌도 없다는 죄형법정주의 원칙을 주장

SEMI-NOTE

고전학파
법률의 구성이나 형사사법제도의 운용이 사회의 범죄현상에 미치는 영향에 주안점을 둔 이론체계

카리아의 견해
베카리아는 사형의 폐지를 주장한 선구자로 사형을 일반예방에 필요한 한도를 넘어서는 것으로 불필요하다고 주장하였는데, 범죄자들이 자신의 생명을 가치 있게 여기지 않기 때문에 극형조차 두려워하지 않다고 보았기 때문임

형사정책
형벌의 목적에 적합하고, 형벌을 어떻게 집행해야 하는가를 체계적으로 연구하는 것을 임무로 하는 형법의 보조수단

- 일반예방 : 심리적 강제설을 통하여 일반예방을 정립
- 형벌의 위하적 기능 강조 : 포이에르바흐는 형벌의 위하적 기능을 강조하고 잔혹한 형벌을 비판

③ 고전학파의 의의
- ㉠ 종교적인 범죄관에서 탈피하여 현실적이고 인간적인 범죄관을 제시
- ㉡ 적법절차에 따른 합리적인 형사사법제도를 확립
- ㉢ 천부인권 및 인본주의에 따라 야만적인 형사사법제도를 개혁
- ㉣ 처벌의 자의성과 가혹성을 비판하고 처벌의 형평성을 강조
- ㉤ 범죄원인에 대하여 사변적으로 고찰하여 사실적 연구를 등한시하였고, 형벌 중심의 범죄이론에 국한됨

④ 현대적 고전학파 이론
- ㉠ 제지이론 : 범죄에 대한 처벌이 강화될 때에 범죄는 감소된다는 이론으로 형벌이 확실하고 신속하며 엄격할수록 범죄는 잘 제지될 수 있다고 봄
- ㉡ 범죄경제학 이론 : 범죄자는 보상과 비용을 합리적으로 판단한 후 범죄의 수행여부를 결정한다는 이론으로 형벌이 신속, 확실, 엄중성을 강화하면 범죄를 제지할 수 있다는 이론

(2) 근대적 실증학파

① 하워드(Howard)
- ㉠ 형벌집행의 목적을 노동습관을 교육시키고, 노동이 범죄 교육학적 입장에서 중요하다고 보아 감옥개량운동을 제창함
- ㉡ 민영 교도소를 폐지하고 국가에 의한 교정시설 운영을 주장
- ㉢ 독거제, 반독거제, 분류수용을 주장
- ㉣ 부정기형을 주장하여 행상에 따른 형기를 감축시켜 줄 것을 주장
- ㉤ 유형제도와 사형제도를 반대함

② 제도학파
- ㉠ 범죄는 생물학적 요인보다는 개인의 외부에서 미치는 사회적인 요인에 중점을 둠
- ㉡ 범죄성향을 대수의 법칙에 따라 미리 예측할 수 있다고 봄
- ㉢ 인신범죄는 주로 따뜻한 지방에서 주로 발생하고, 재산범죄는 추운지방에서 주로 발생한다고 봄
- ㉣ 주요 학자 : 케틀레(Quetelet), 게리(Guerry) 등

케틀레(Quetelet)
사회성원의 육체적·사회적·정신적 특성이 일정한 확률변수(개연성)로 서술될 수 있다고 주장

(3) 실증학파 ★빈출개념

① 이론적 서설
- ㉠ 실증학파의 범죄학 : 과학적 연구방법으로 범죄행위 내지 범죄인에 초점을 맞춘 결정론적 범죄원인 연구
- ㉡ 실증적 연구방법을 사용하여 범죄인은 비범죄인과 본질적으로 다르므로 처벌이 아니라 처우에 의하여 사회를 보호해야 한다고 주장

ⓒ 대표적인 학자 : 롬브로조, 페리, 가로팔로 등
② 이탈리아학파 : 롬브로조, 페리, 가로팔로가 대표적이고 범죄인류학파로 불리며 특별예방이론의 발전에 기초를 제공
  ㉠ 롬브로조(Lombroso)
    • 저서 범죄인론에서 범죄인에 대한 실증적 연구와 소질을 중시
    • 생래적 범죄인설을 주장하여 생래적 범죄인은 개선이 불가능하기 때문에 사회로부터 영구적으로 격리시켜야 한다고 주장
    • 범죄인은 비범죄인들과 다른 뚜렷하게 구별되는 독특한 특징을 가지고 있어 격세유전적 범죄인은 생래적 범죄인으로 봄
    • 범죄인을 생래적 범죄인, 정신병범죄인, 격정성범죄인, 잠재적 범죄인으로 구분
    • 범죄행위가 동일하더라도 범죄인에 따라 형벌은 다르게 부과하여야 한다고 주장
    • 여성 범죄는 대부분 기회범으로 매춘을 포함시키면 남성범죄를 초과한다고 주장
  ㉡ 페리(Ferri) : 인간행동에 대한 사회적 영향에 큰 관심
    • 범죄원인을 인류학적 원인, 물리적 원인, 사회적 원인 중 사회적 원인을 중요시
    • 일정한 사회에는 일정한 범죄가 존재한다는 범죄포화의 법칙을 제시
    • 사회물리적 예외조건에 따라 기본범죄에 수반하여 부수적 범죄들이 증가하는 것과 같은 범죄과포화 현상이 발생하게 된다고 주장
    • 응보적인 기능을 가진 고전 형법의 무용론을 주장하고, 예방적 사회개혁 조치를 주장
    • 범죄인을 생래적 범죄인, 기회 범죄인, 관습범죄인, 정신적 범죄인, 격정범죄인으로 분류
  ㉢ 가로팔로(Garofalo)
    • 범죄학이라는 저술을 통하여 범죄학이라는 용어를 처음 사용
    • 범죄원인으로 심리학적 요소를 중시하였고, 범죄인을 자연범, 법정범, 과실범으로 분류하여 정기구금은 법정범만 인정하고 과실범은 처벌의 필요성이 없다고 주장
③ 프랑스학파 : 범죄를 사회환경의 산물로 보는 입장으로 이탈리아 학파의 인류학적 범죄원인론을 비판
  ㉠ 라까사뉴(Lacassagne)
    • 프랑스학파의 창시자로 사회환경의 중요성을 역설하고 특히 경제적 환경을 중시
    • 사회는 범죄의 배양기이고 범죄자는 미생물에 해당한다고 보아 벌해야 할 것은 사회이지 범죄자가 아니라고 주장
    • 사형은 각 국가의 인도적 문제, 감정, 철학 등에 따라 허용될 수 있다고 주장

SEMI-NOTE

자연범
살인범, 폭력범, 절도범, 성범죄인 등이 대표적인 범죄이며 자연범은 인류의 근본인 연민과 성실이 결핍된 사람으로 생래적으로 어떠한 사회정책이나 제도도 무용하다 봄

프랑스학파
타로드(Tarde) 등 프랑스학파는 환경설의 입장에서 생물학적 범죄결정설을 비판했고, 고링(Goring)은 범죄자와 비범죄자 사이에는 신체적 특징에 있어서 아무런 차이가 없다고 하여 롬브로조의 학설을 비판함

라까사뉴
케틀레의 견해인 범죄를 예비하는 것은 사회이며 범죄자는 그것을 실천하는 수단에 불과하다는 견해에 동조

SEMI-NOTE

뒤르켐
어떤 사회에 범죄가 없다면 그 사회는 오히려 비정상적이고 병리적인 상태에 있다고 보는 뒤르켐의 관점은 범죄가 없다면 사회구성원에 대한 규제가 완벽하다는 것을 의미

리스트(Lizst)
- 범죄는 사회환경과 소질의 산물로 범죄인 또한 범죄의 원인이므로 범죄통제의 수단인 형벌은 개개의 범죄인에게 영향을 미쳐야 한다고 봄
- 형벌은 특별예방의 관점에서 범죄인의 재범을 방지하는데 불가결한 것이라 봄

ⓒ 타르드(Tarde)
- 모든 사회적 현상이 모방의 결과이듯이 범죄 또한 모방에 의하여 이루어진다고 주장
- 인간행동을 사회심리적 관점보다는 구조적 관점에서 파악해야 한다고 주장
- 모방의 법칙
  - 제1법칙(거리의 법칙) : 사람들은 서로 상호작용을 통하여 모방하는 경향이 있으며 그 정도는 거리에 반비례함
  - 제2법칙(방향의 법칙) : 모방은 열등한 사람이 우월한 사람을 모방하는 방향으로 진행됨
  - 제3법칙(삽입의 법칙, 무한진행의 법칙) : 범죄는 다른 사회현상과 마찬가지로 유행을 나타내며 다음에는 관습으로 나타나며, 모방 → 유행 → 관습의 형태로 진전됨

ⓒ 뒤르켐(Durkheim)
- 사회를 거대한 구조로 보고 사회가 개인의 행동을 결정한다고 주장
- 사회통합의 정도가 범죄의 발생량을 결정한다고 봄
- 범죄는 비정상적 현상이 아니라 모든 사회에서 통상적으로 발생하는 정상적인 현상으로 봄
- 범죄의 본질은 집단의식의 침해이고, 형벌제도는 집단의식을 통한 사회유지를 위해 반드시 필요하다고 주장
- 분업화된 사회에는 각 부분을 규제 및 조정하려는 기능적 법률이 증가하고, 특히 급속한 사회변동으로 인한 아노미(무규범) 상태가 나타나므로 범죄율은 증가할 것으로 봄
- 범죄는 사람들의 정상적인 감정을 통합하고 이를 결집시키는 역할을 수행하여 범죄의 순기능을 최초로 인정
- 자살도 범죄처럼 사회문화적 구조상의 모순에서 발생한다고 주장
- 사회질서의 유지와 통합 및 도덕적 합의가 중요하다고 하여 머튼의 아노미이론, 코헨의 비행적 하위문화이론, 허쉬의 통제이론에 영향 미침

ⓔ 독일의 사회학적 이론
- 범죄원인으로 소질과 환경을 모두 고려하면서도 사회적 요인을 보다 중요시
- 형벌을 범죄에 대하여 사회를 방위, 보전하는 것을 목적으로 한다고 봄
- 특별예방의 관점에서 처벌받아야 할 것은 행위가 아니라 행위자라고 주장
- 사회정책과 형사정책의 연관성을 중시하여 좋은 사회정책이 최상의 형사정책으로 봄

ⓜ 범죄인 분류
- 슈튬플(Stumpfl) : 경범죄인, 중범죄인, 조발성 범죄인, 지발성 범죄인
- 우리나라 형사법상 분류 : 우발범, 상습범, 심신장애범, 소년범, 사상범

> **실력up 소년범**
> - 14세 이상 19세 미만인 자로써, 나라별 형법 적용 개시연령은 일본의 경우 우리나라와 마찬가지로 14세이고, 영국은 18세
> - 촉법소년은 만 10세 이상~14세 미만으로 형벌을 받을 범법행위를 한 형사미성년자로 범법행위를 저질렀으나 형사책임능력이 없기 때문에 형벌 처벌을 받지 않는 대신 가정법원 등에서 감호위탁, 사회봉사, 소년원 송치 등 보호처분을 받음

02절 범죄원인론

1. 범죄원인론 개설

(1) 범죄원인에 대한 인식방법

① **자연주의와 초자연주의** : 범죄를 인식하는 방법에는 자연적으로 설명하는 방법과 초자연적 내지 귀신적으로 설명하는 방법 존재 → 초자연적 설명은 신의 노여움이나 신의 응징 등 신비한 힘을 이용하고, 자연적 설명은 사물과 현실적인 사건을 이용함

② **결정론과 비결정론**
  ㉠ **비결정론** : 인간을 합리적·계산적으로 행동하는 자기 선택적 행위자로 보고 사회 일반인의 범죄를 방지하는데 주목적이 있다고 봄(일반예방주의)
  ㉡ **결정론** : 인간의 행동을 소질이나 환경이 미치는 힘에 의해 결정된다고 보고, 형벌을 일반인에 대한 위하보다는 범죄인을 교화, 개선하여 재사회화함으로써 재범을 방지하는데 목적이 있다고 함(특별예방주의)

③ **생물학파와 사회학파**
  ㉠ **생물학파(소질론)** : 범죄의 원인을 범죄인의 개인적 특성인 생물학적 또는 심리학적 요인에서 찾음. 생래적 범죄인론으로 대표되는 학파로 중요시되는 문제로는 유전적 결함, 연령, 지능, 성별, 체질, 성격 이상 등을 들고 있음
  ㉡ **환경주의(환경론)** : 범죄의 원인을 사회생활의 조건에서 찾으며, 환경주의는 범죄원인으로 사회환경을 중시하는 학파로 가정, 학교, 직업, 혼인, 알코올중독 등 개인환경과 사회구조, 자연현상, 경기변동, 경제상태, 전쟁 등 사회환경에 의한 범인성을 찾음

④ **상호작용적 원인론** : 현대의 범죄학자들은 자연주의와 결정론에 의하여 범죄의 원인을 찾으려고 하고, 다중요인적 접근을 취함 즉 범죄행동을 할 가능성은 많은 요인들이 복합적으로 작용한다고 봄. 따라서 소질과 환경이 복합적으로 상호작용하여 인격을 형성시킨다고 보아 소질과 환경 양 측면을 모두 고려하여야 한다고 봄

결정론
형벌이 교육형·목적형이어야 하고 교화와 개선을 위해서는 부정기형도 인정되어야 하며 형벌과 보안처분은 특별예방적 제재라는 점에 본질이 같다고 봄

2. 사회적 원인론

(1) 개설

① 범죄연구의 두 가지 관점
  ㉠ 법과 형사사법에 관한 이론 : 사회적·경제·정치적 변수가 형법 제정이나 형사사법 체계상 법의 집행과 운용에 영향을 미친다고 주장하는 이론
  ㉡ 범죄와 일탈에 관한 이론 : 어떤 사람이 사회적 및 법적 규범을 위반하는가를 설명하는 이론으로 원인 연구에 중점을 두고 있음. 사회적·집단적 유형에 초점을 맞춘 이론에는 거시이론 또는 구조이론으로 사회해체이론, 긴장이론, 갈등이론, 비판범죄학 등이 있음. 개인적 범죄원인 차이에 초점을 맞추는 미시이론 또는 과정이론에는 생물학적·심리학적 이론과 사회학습이론, 통제이론, 문화갈등이론, 낙인이론 등이 있음

② 합의론과 갈등론
  ㉠ 합의론은 법을 사회구성원의 합의 내지 인정된 권위로 보고, 갈등론은 억압을 위한 힘 내지 지배계급의 통치수단으로 봄
  ㉡ 합의론 : 사회에는 보편적으로 합의된 규범이나 법률이 존재한다는 입장으로 범죄는 사회 전체의 일반적인 합의에 어긋나는 비도덕적 행위로 보며 이는 전통적인 주류 범죄학이론들이 받아들이는 이론
  ㉢ 갈등론 : 사회에는 보편적으로 합의된 규범이나 법률이 존재하지 않는다는 입장으로 범죄는 도덕성의 문제가 아니라 사회경제적이고 정치적인 의미를 지닌 문제로 보는 입장

(2) 범죄에 관한 사회구조이론

① 의의 : 사회구조이론은 사회경제적으로 하류계층에 속한 환경을 범죄의 중요한 원인으로 보는 이론으로 사회경제적 하류계층의 조건들이 범죄의 일차적 원인이라 봄. 사회구조이론은 거시적인 사회적 사회 상황 자체가 범죄를 유발시킨다고 보는 거시환경론으로 긴장이론과 사회생태학이론(사회해체이론)이 대표적

② 사회생태학이론(사회해체이론)
  ㉠ 사회해체론 : 사회조직의 해체와 범죄 발생 사이의 관계를 생태학적으로 밝히고자 하는 이론으로 사회해체는 높은 범죄와 일탈률을 낳는다고 주장하며, 즉 범죄의 발생을 사람이 아니라 지역의 문제로 보는 관점
    • 사회해체론의 단계 : 첫째 단계는 산업화·도시화로 인한 사회분화, 가치갈등, 사회이동, 문화충돌, 문화공백 등 일차적인 인간관계의 감소 등으로 인한 사회해체라는 사회문화적 조건이 발생하는 것이고, 둘째 단계는 사회해체가 내적 및 외적 사회통제를 약화시킨다는 것
    • 사회해체와 범죄화 과정 : 사회해체과정(빈곤, 주거의 유동성, 지역 인종 간의 이질성) → 내적·외적 사회통제의 약화 → 범죄 및 비행의 발생
  ㉡ 쇼(Shaw)와 맥케이(McKay)의 사회해체론
    • 도심에 가까울수록 범행이 다발하고 도심에서 멀어질수록 비행 발생이 적어진다는 사실을 발견하여 지역의 특성과 범죄발생은 중요한 연관이 있다고 봄

SEMI-NOTE

사회적 원인론
범죄문제들의 근본적인 원인이 개인적 결함이 아닌 사회적 조건에 있다고 강조

갈등론
다양한 계층이나 집단 간의 서로 상충되는 이익과 권익을 차지하기 위하여 끊임없이 다투는 경쟁의 장이라고 보는 입장 낙인이론, 집단갈등이론, 비판범죄학이론, 갈등적 범죄이론 등이 있음

사회해체론
사회해체로 인하여 형성된 범죄문화의 전달과정에 중시하여 문화전달이론이라고도 함

- 해체된 도심지역에서 비행이 빈발하는 이유를 분석하는 데에는 긴장이론, 사회해체이론, 문화갈등이론, 문화전달이론의 관점을 적용할 수 있다고 봄
ⓒ 버식(Bursik)과 웹(Webb)의 사회해체론
- 사회해체를 지역사회의 무능력상태로 정의하고 사회통제능력이 결여된 상태로 봄
- 도심지역의 잦은 주민들의 이동과 높은 주민들의 이질성이 범죄발생을 유도한다고 봄
- 사회해체는 사회통제 능력과 사회적 능력의 결여를 초래하여 범죄발생과 깊은 관련을 맺는다고 봄
- 사회통제능력의 약화의 원인으로는 비공식적인 감시기능의 약화, 직접통제의 부재, 활동조절규칙의 결여 등을 들고 있음
ⓔ 샘슨(Sampson)의 공동체 효능이론
- 사회해체를 지역사회가 자체의 공동가치를 실현할 수 없는 상태로 봄
- 집합효율성이 높을수록 범죄율이 낮아진다고 보고 지역사회 주민 간의 수많은 사회적 관계가 있어 사회적 자본이 존재할 때 그 지역사회의 집합효율성이 높아져서 범죄의 발생이 적어진다는 것
- 범죄대책으로 사람이 아니라 장소 바꾸기를 권고하는데 우범지역을 지정하고 그 지역을 정화하는 등 퇴락의 악순환을 차단하여야 한다고 봄

③ 아노미 이론
ⓐ 머튼(Merton)의 사회적 긴장이론
- 문화적으로 규정된 목표와 이 목표를 달성하게 하는 제도화된 수단 사이의 간극 내지 부조화가 있을 때 구조적 긴장이 생기고 여기서 아노미가 만들어진다고 봄
- 사회를 사회구조와 문화 간에 균형을 이룸으로써 유지되는 동적인 과정으로 봄
- 사회구조와 문화 간에 균형이 있어야 하지만 이러한 균형에 괴리가 발생할 경우 문제가 발생한다고 봄
- 성취할 수 있는 합법적 방법이 일부 계층에게만 제한되어 있을 때, 목표는 중시하나 거기에 이르는 정당한 수단 방법이 중요시하지 않을 때, 사회적 긴장이 조성되고 이러한 긴장이 사회구조적 압력으로 작용하여 일반 사람들을 범죄로 이끌리게 하여 높은 일탈이나 범죄율을 초래
ⓑ 아노미 이론의 기본명제
- 물질적 성공은 상, 중, 하 모든 계층의 사람들이 공통적으로 추구한다는 것
- 많은 하류계층의 사람들에게는 이 목표를 달성할 수 있는 합법적인 수단이 제한되어 있다는 것
- 이러한 괴리로부터 하류계층의 사람들은 비합법적인 수단으로도 성공하려고 노력하게 된다는 것
ⓒ 사람들이 목표를 성취하지 못해 생기는 긴장에 대처하는 5가지 방법
- 순종형(무위) : 기존사회의 문화적 목표와 제도화된 수단을 모두 받아들이는 방식으로 범죄성이 적음

SEMI-NOTE

버식(Bursik)과 웹(Webb)
사회통제의 결여와 붕괴가 사회해체의 핵심적인 요소로 봄

집합효율성
지역의 무질서나 사회문제를 해결하겠다는 지역주민의 응집력으로 무질서에 선행하며 범죄의 두려움을 낮춤

아노미 이론
자본주의 사회에서 기회의 차별성과 하류 계층에게는 합법적인 기회가 없는 것이 범죄의 원인이라는 점을 부각

아노미 사회의 범인성
머튼은 병리적인 사회구조가 어떤 특정한 사회부분에 긴장을 유발시켜 개인을 범죄와 비행으로 몰아넣는 계기를 발생시킨다고 하면서 특히 경쟁적인 문화적 과잉 강조하는 자본주의 사회에서 제도적 수단에 의한 목표성취가 사실상 차단되어 있는 사람들이 불법적인 수단을 이용하려는 압력을 받게 되어 범죄를 저지른다고 봄

SEMI-NOTE

- 혁신형(규범위반) : 기존사회의 문화적 목표는 받아들이지만 제도화된 수단만으로 만족하지 않고 불법적인 수단까지 수용하려는 자세로서 하류계층의 경제범죄, 화이트칼라 범죄 등을 저지르기 쉬움
- 의례형(목표약화) : 목표에 따른 부담을 회피하여 제도화된 수단에 의해 얻을 수 있는 목표에 만족하고 소시민적인 삶을 택하는 형
- 은거형(현실도피) : 현실을 도피하는 양상으로 문화적 목표와 수단을 모두 포기하고 알코올, 마약에의 탐닉, 정신병, 자살 등 사회의 경쟁에서 포기하는 형
- 반항형(현실타파) : 목표와 수단을 모두 거부하고 새로운 사회체제를 만들려는 혁명형으로 지배계급의 가치를 정면으로 공격한다는 점에서 권위에 대한 위협세력이 됨

② 아노미 이론의 발생원인

빈곤(고립된 슬럼지역 형성, 관습적인 사회적 기회의 결여, 인종·민족적 차별) → 아노미 조건 유발(분노와 좌절이라는 긴장감 형성) → 범죄·비행(목적 달성을 위한 비합법적인 활동을 하게 됨)

⑩ 아노미 이론의 한계와 발전

- 사회의 다양성 무시 : 아노미 이론은 경쟁적인 문화적 목표를 가진 사회에 적용되는 이론으로 자본주의가 만연한 미국 사회에 적용되는 이론일 뿐만 아니라 미국 사회에서도 성직자와 같은 사람은 이 이론이 적용되지 않음
- 적용대상의 한계 : 아노미 이론은 기회구조가 차단된 하류계층의 범죄 중 특히 재산범죄를 설명하는데 유용하나 중산층·상류계층의 범죄를 설명하는 데에는 한계가 있고, 문화적인 목표와 상관없이 발생하는 일시적인 범죄나 격정범죄를 설명하기 어려움
- 비행과 긴장의 관계에 대한 설명의 모순 : 아노미 이론은 비행이 문화적 목표와 제도적 수단의 차등화에 의한 긴장의 산물이라고는 하나 긴장이 비행을 유발하는 것이 아니라 비행이 긴장을 유발할 수 있고, 이웃이나 가족 등 일상적 접촉집단의 다른 사람과 비교한 결과에 의해서도 긴장은 유발될 수 있다는 것

머튼의 아노미 이론
사회에 대한 적응양식의 차이는 개인적인 속성에 의한 것이 아니라 사회적 문화구조에 의해 결정된다 보기에 개인적 범죄이론이 아니라 사회학적인 이론임

④ 하위문화이론

㉠ 개설

- 하위문화는 지배집단의 문화와는 달리 특정한 집단에서 강조되는 가치나 규범체계를 말함
- 하위문화이론은 공통적으로 범죄행위를 특정한 하위문화의 소산으로 보는 이론을 말함
- 하위문화이론은 일탈이 개인적인 반응이 아니고 집단적인 반응으로 보는 점에서 아노미 이론과 차이점이 있음
- 하위문화이론은 특정한 부분집단이 지배집단의 문화와는 상이한 이질적인 가치나 규범체계에 따라 행동하며 그 결과로 나타나는 것이 비행 또는 범죄라고 보는 것으로 하위문화의 형성과정이나 구체적 내용은 다양함

하위문화이론
대부분의 비행행위가 집단 내에서 발생한다는 것과 하류계층의 남자들에 의해 발생한다는 것을 전제

- 하위문화이론은 상대적으로 사회적 조건이나 상황 그 자체보다는 일정한 상황과 행위에 대한 개인들이 갖는 관념을 범죄의 동기로 봄
- 하위문화이론에 속하는 이론에는 코헨의 비행적 하위문화이론, 클로워드와 올린의 차별적 기회구조이론, 밀러의 하층계급문화이론, 울프강과 페라쿠티의 폭력하위문화이론, 오그번의 문화지체이론이 있음

ⓒ 코헨(Cohen)의 비행적 하위문화이론
- 도심의 하류계층 남자 청소년의 비행을 설명하기 위한 것
- 긴장상황을 해결하려는 대응에서 하류계층 청소년들은 중산층 가치에 반발하여 집단적으로 적응문제를 해결하는 과정에서 비행적 하위문화를 형성
- 사회구조가 낮다는 것은 머튼의 아노미처럼 하류계층 청소년에게는 불균형으로 압박을 가하게 됨
- 지위박탈 문제를 극복하여 또래 사이에서 지위획득을 추구하기 위하여 자기를 궁지에 빠뜨렸던 중산층 문화와 반대되는 기준에 바탕을 두는 비행집단문화를 형성한다는 것
- 비행적 하위문화의 특성은 집단 자율성, 비공리성, 악의성, 부정성, 단기적 쾌락주의, 다재다능(다변성, 변덕) 등
- 비행적 하위문화의 비행과정
  하류계층 내 사회화 → 학교 내에서 지위경쟁 실패 → 거부감과 좌절감 → 동료집단 형성 → 반응형성 → 비행 및 범죄
- 코헨(Cohen)의 비행적 하위문화이론 비판
  - 갱의 비행이 반드시 비공리적이고 악의적이라 볼 수 없음
  - 학교생활의 지위좌절의 문제는 모든 청소년이 겪는 문제임
  - 사회계층에 대한 편견에서 출발하고 있음
  - 비행이론에 대한 설명이 아니라 비행 하위문화의 형성이론에 해당
  - 청소년의 비행행위를 비공리성, 악의성, 부정성, 단기적 쾌락주의로 단정하는 것은 지나친 단순논리

ⓒ 클로워드(Cloward)와 올린(Ohlin)의 차별적 기회이론
- 일탈에 이르는 압력의 근원에 초점을 맞춘 뒤르켐과 머튼의 아노미 이론과 비행을 학습의 결과로 파악하는 서덜랜드의 이론을 통합한 이론
- 코헨의 하위문화이론에 동의하면서 코헨이 제시한 비행소년보다 더 심각한 비행소년이 되는 경향이 있다고 봄
- 특정지역에서 발생하는 일탈유형을 지역의 하위문화적 특성과 관련하여 설명한 것
- 하류계층의 비행이 범죄적·갈등적·은둔적 하위문화 세 가지 차원에서 발생한다고 주장
  - 범죄적 유형은 청소년 범죄자에게 성공적인 역할모형이 될 수 있는 조직화된 성인범죄자들의 활동이 존재하는 지역에서 나타나는 것으로 범죄적 집단의 정회원이 되도록 노력하고 그것을 통해 새로운 기회를 모색하는 것

SEMI-NOTE

머튼과 코헨의 차이
머튼은 범죄의 실용적인 측면을 강조하여 사회구조적 압박에 대응하는 혁신에 초점을 둔 반면, 코헨은 많은 청소년 비행의 비실용적 특징을 통하여 규명하려 함

비차별적 기회이론
비행소년을 세 가지 유형으로 나누어 관찰하는 점에서 현실을 반영하고 있다는 긍정적인 평가가 존재

SEMI-NOTE

- 갈등적 유형은 안정적이고 조직화된 형태의 성인범죄자 활동이 발전되지 못하고 관습적 또는 범죄적인 청소년들을 위한 성인역할모형이 발전되지 못한 지역에서 나타나는 폭력지향적 비행행위
- 은둔적 유형은 주로 마약과 음주 등을 통하여 즐거움과 쾌락을 지나치게 강조하는 사람들로 구성되는데, 이들은 관습적·비관습적 세계 어디에도 성공할 수 없기 때문에 이중실패자라고도 함

• 차별적 기회와 집단적 반응
합법적 기회차단 → 좌절과 박탈감에 따른 아노미 및 긴장 → 인습적·범죄적 성인가치와 행동구조에 대한 접근 차이로 인한 갱 집단 형성 → 범죄적·갈등적·은둔적 폭력조직(하위문화)

• 차별적 기회이론의 평가
- 현대 산업사회의 다양성을 잘 파악하지 못하고 목표와 수단의 문화적 다양성을 고려할 수 없음
- 개인이 가지는 성격 변수를 고려하지 않음
- 특정 사회구조를 지닌 하나의 지역사회 내에서 존재하는 여러 하위문화의 존재이유를 설명할 수 없음
- 뉴욕에서 실시한 청소년을 위한 동원이 큰 효과를 거두지 못하여 현실 적용의 문제점을 드러냄

⑤ 21세기 긴장이론
㉠ 애그뉴(Agnew)의 일반긴장이론
• 개설 : 애그뉴는 하위계층의 범죄 및 비행뿐 아니라 다양한 사람들의 범죄 및 비행을 해명하기 위하여 일반긴장이론을 주장하며 다른 사람과의 부정적인 관계로 인하여 발생하는 부정적인 감정을 긴장으로 보고 부정적인 감정인 유발된 분노가 범죄를 유발한다고 봄
• 긴장의 구분
- 주관적 긴장과 객관적 긴장 : 주관적 긴장은 긴장을 경험하는 당사자가 싫어하는 사건이나 상황을 의미하고, 객관적 긴장은 대부분의 사람들이 싫어하는 사건이나 상황을 의미
- 직접적 긴장과 간접적 긴장 및 기대되는 긴장 : 직접적 긴장은 개인이 직접 경험하는 긴장이고, 간접적 긴장은 개인적으로 가까운 사람에 의해 경험되는 긴장이며, 기대되는 긴장은 아직 발생하지 않았지만 일어날 것으로 기대되는 긴장
- 긴장과 범죄율 : 긴장을 경험하는 사람의 비율이 높은 지역에서 긴장을 경험하는 비율이 낮은 지역에 비하여 더 높은 비행이나 범죄율이 나타난다고 함
• 비행 및 범죄와 관련되는 긴장의 특징
- 낮은 수준의 사회적 통제와 관련되는 긴장
- 다른 사람에 의하여 발생하는 긴장이 부당하고 고의적인 것으로 간주되어 분노를 발생시키는 긴장

범죄대책
청소년의 비행예방과 교화개선에 활용되고 있으며 청소년을 위한 동원이 대표적

긴장의 원인
• 다른 사람이 자신에게 가치 있는 것을 제거할 때
• 다른 사람이 자신의 목표달성을 방해할 때
• 다른 사람이 자신이 원하지 않는 것을 부과할 때

- 범죄행위가 긴장해소의 수단으로 인식되어 불법적인 대응방식에 의존하도록 강하게 작용 및 장려하는 긴장
- 심각하고 오래 지속되며 집중적으로 나타나며 강도와 심각성이 큰 긴장
- 긴장으로부터 범죄의 유발가능성을 낮추는 대책 : 인지적·감정적·행동적 적응방식을 교육 및 교화하면 범죄나 비행을 줄일 수 있다고 보아, 긴장으로부터 부정적인 감정유발을 완화
- 일반긴장이론의 의의
  - 하위계층뿐만 아니라 중산층까지 포괄하는 모든 계층의 범죄유발과정을 설명 가능
  - 모든 긴장이 범죄나 비행을 유발하지 않는다는 점을 제시
  - 개인적인 수준의 비행이나 범죄뿐만 아니라 집단적 수준의 범죄율의 차이 설명
  - 사회적 사건이 긴장을 유발하여 비행이나 범죄에 미치는 과정 설명

ⓒ 메스너(Messner)와 로젠펠드(Rosenfeld)의 제도적 아노미 이론
- 개설 : 물적인 성공만을 지나치게 강조하는 미국문화가 미국사회를 범죄천국으로 만드는 주요 원인이라 주장하며 문화적 수준에서 물질적 성공 외의 목표에 더 큰 가치와 중요성을 부여하여야 한다는 것
- 아메리칸 드림을 떠받치는 문화적 가치관 : 성취 지향, 개인주의, 보편주의, 금전만능주의
- 미국 사회의 높은 비행과 범죄율을 미국의 문화적·제도적 특성에서 비롯된 것으로 인식하고 성공추구에 있어서 과도한 경제가치의 강조는 비경제적인 제도의 기능과 역할을 평가절하고 다른 제도에서 필요한 경제적 사항을 수용하며, 따라서 비경제적 제도 영역으로 경제적 규범이 침투하여 사회적 긴장을 높여 비행과 범죄를 더 많이 유발하게 됨
- 범죄대책
  - 물질적 성공 외의 목표에 더 큰 가치와 중요성 부여
  - 비경제적인 제도에 대한 영향력을 강화하도록 가정과 교육 강화
  - 사회구성원의 상호 지지와 공동체 정신, 공공의 의무 강조
  - 시장경제의 압박으로부터 개인과 가정을 지키는 시스템과 정부 역할 변화

(3) 범죄의 사회화 과정이론

① 개설
ⓐ 사회화 과정이론은 사회구조적 특성보다는 개인이 어떻게 법을 위반하게 되는지에 중점
ⓑ 범죄유발의 원인을 각자의 상호작용에 따른 개별적 반응의 문제에 초점을 맞추고 있어 미시적인 이론체계
ⓒ 미시 환경이론은 개인이 처해 있는 주위환경을 직접적인 범죄원인으로 봄
ⓓ 사회화 과정이론의 범주에 속하는 이론에는 사회적 학습이론, 문화갈등이론, 사회적 통제이론, 사회적 반응이론 등이 있음

SEMI-NOTE

미국 사회
어느 나라보다 높은 범죄율을 보이고 있는데 이는 아메리칸 드림, 즉 개인 간 경쟁을 통한 물질적 성공에 지나치게 높은 가치를 부여하고 있기 때문

사회화 과정
개개인의 생물학적 특성이나 사회구조보다 개개인 간의 관계를 말하는 것이고, 사회화 과정이론은 부정적인 사회화 과정과 그 결과로서의 범죄를 설명함

SEMI-NOTE

사회적 통제이론
모든 사람을 잠재적 범죄자로 전제하고 사회적 통제수단이 약하게 미치는 일부만이 범죄를 행한다는 범죄화 과정을 설명

범죄대책
- 접촉이나 교제의 환경을 반범죄적, 반비행적인 것으로 구성
- 범죄인을 교정하려면 재사회화기관에서 집단적으로 처우 받을 수 있도록 조치

비사회적 상황을 통한 학습
다른 사람들과의 상호작용 없이 환경이 범죄성을 강화하는 것

차별적 접촉이론
사람이 범죄자가 되는 것은 법 위반에 대한 비호의적인 관념보다 호의적인 관념이 더 높기 때문이다 주장

---

② 사회적 학습이론
  ㉠ 서덜랜드(Sutherland)의 차별적 접촉이론
    • 서덜랜드는 타인과 접촉하는 과정에서 범죄행위를 학습하기 때문에 범죄를 저지른다고 봄
    • 일탈적 사회화와 관련된 사회심리학적 명제
      – 학습에 의한 범죄행위
      – 범죄행위는 의사소통 과정에서 다른 사람과의 상호작용에 의해 학습
      – 범행학습은 친밀한 인간관계에 있는 집단 안에서 발생
      – 범행학습은 기술, 동기, 합리화, 태도 등 포함
      – 범행동기나 욕구는 법규범에 대하여 의미를 부여하는 인식으로부터 학습
      – 법 위반에 대한 호의적인 인식이 비호의적인 인식보다 크기 때문에 범죄를 저지름
      – 차별적 교제의 형태는 빈도, 우선순위, 기간, 강도의 측면에 따라 다양하게 발생
      – 접촉에 의한 범죄행위의 학습과정은 다른 일반적 학습과정의 작용원리 포함
      – 범죄행위는 일반적인 욕구나 가치추구만으로 설명 불가능
    • 이론적 분석
      – 문화전달, 사회해체, 문화갈등을 중심으로 학습이론 제시
      – 범죄를 개인적이고 미시적인 관점에서 분석
      – 범죄학습이 발생하는 것을 구체적으로 제시
      – 일상적인 학습과정을 범죄의 학습과정으로 확장
      – 청소년 비행을 설명하는데 타당성 제공
      – 모든 계층, 모든 사람을 아우르는 일반적인 범죄이론 제시
    • 이론에 대한 비판
      – 모든 범죄가 상호작용적 학습을 통하여 이루어지는 것은 아님
      – 과실범, 격정범, 단독범행 등에 대한 범죄를 설명할 수 없음
      – 중요한 개념이 모호하고 측정 불가능하며 이론 검증에 어려움
      – 학습과정에서 개인적인 차이를 무시하고, 매스 미디어의 중요성을 경시
  ㉡ 에이커스(Akers)의 사회학습이론 또는 차별적 강화이론
    • 개설 : 범죄행동이 다른 사람들과의 상호작용뿐 아니라 비사회적 상황을 통해서도 차별적으로 강화되어 학습된다고 주장
    • 이론의 핵심요소 : 차별적 접촉, 모범, 차별적 강화, 정의
      – 차별적 접촉 : 사람들은 차별적 접촉을 통하여 학습하며 학습된 내용은 비행이나 범죄를 할 가능성을 높이거나 낮게 함
      – 정의 : 정의는 사람이 자신의 행위에 부여한 의미를 말하고, 범죄나 비행에 대한 긍정적 정의와 중화적 정의는 범죄나 비행 가능성을 높게 함
      – 차별강화 : 사람은 보상이 기대되면 일을 행하고, 처벌이 예측되는 일은 회피하므로 보상과 처벌을 이용

- 모방 : 최초의 범죄나 비행은 모방으로부터 시작되지만 범행의 지속성 여부는 강화에 따라서 결정됨
• 범죄의 학습 및 연속성

한눈에 쏙~

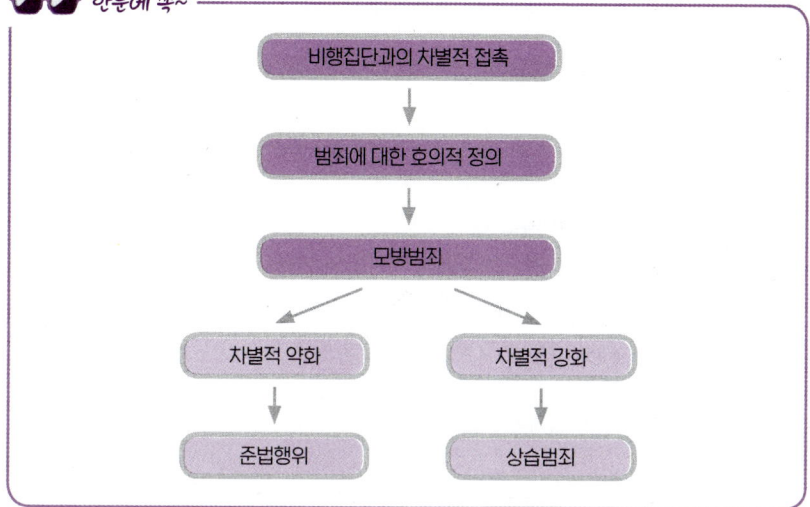

• 법 위반에 대한 처벌없이 보상을 얻으면 긍정적 강화를 통하여 지속적으로 범행하여 상습범이 됨
• 이론에 대한 평가
 - 처벌과 보상을 설명하여 검증가능성을 높임
 - 처벌을 중시하여 사회통제이론의 기초를 제공
 - 접촉과 범죄행위 사이의 부족한 연계를 강화 개념으로 인과관계를 명확히 함
 - 비사회적 자극에 의해서도 범죄를 학습할 수 있는 점을 제시
 - 모방을 사회적 학습의 한 형태로 봄
ⓒ 글래저(Glaser)의 차별적 동일시 이론
• 개설 : 차별적 동일시라는 개념을 제시하여 친밀한 집단을 통한 학습보다는 매스미디어를 통한 학습의 중요성을 중시
• 이론의 핵심요소 : 범죄는 반드시 친근한 집단과의 직접적인 접촉을 통하지 않아도 가능하다고 보고 청소년들이 직접 만나거나 접촉한 적이 없는 실재상 또는 관념상의 인간으로까지 확장
• 평가 : 범죄행위를 이해할 때 사람, 환경, 상황과의 상호작용뿐만 아니라 사람과 미디어 간의 상호작용도 고려하고 있으나 차별적 동일시의 근원을 제시하지 못함
ⓒ 레크레스(Reckless)와 디니츠(Dinitz)의 자아관념이론
• 각 개인의 개별적 특성을 중요시하여 차별적 반응의 문제를 보완한 이론
• 긍정적인 자아관념의 정도에 따라 범죄충동의 자기 통제가능성의 차이를 보임

조작적 조건화
조작적 조건화는 어떤 행동을 강화하기 위하여 보상과 처벌을 이용함

동일시
다른 개인이나 집단의 특징을 자신의 특징과 같다고 여기는 정신적 조작을 말하는 것으로, 둘 이상의 것을 똑같은 것으로 봄

자아관념(self-concept)
가족관계와 같이 자기와 밀접하고 중요한 다른 사람들과의 관계를 고려하여 형성하는 자신에 대한 심상을 말함

③ 문화갈등이론
  ㉠ 셀린(Sellin)의 문화갈등이론
    • 문화갈등은 행위규범 간의 갈등에 초점을 두는 것으로 행위규범의 갈등은 심리적 갈등의 원인이 되고 범죄의 원인으로 작용한다고 봄
    • 범죄는 문화의 소산으로 문화갈등이 내면화되고 규범갈등이 증대되면 개인의 인격해체를 일으켜 범죄가 발생한다는 것
    • 문화갈등의 유형
      – 1차적 갈등 : 서로 다른 이질적 문화가 서로 충돌하는 과정에서 발생하는 충돌로 횡적 문화갈등이라 함
      – 2차적 갈등 : 사회 내의 갈등으로 하나의 문화가 독특한 행위규범을 갖는 여러 개의 상이한 문화로 분화될 때 발생
    • 문화적 갈등이 존재하면 법은 구성원의 합의로 나타나는 것이 아니라 지배적인 문화의 규범을 반영하게 되는데 법에 의하여 보호받지 못한 규범에 따른 행위를 범죄로 규정하는 경우가 많음
  ㉡ 밀러(Miller)의 하위계층 문화이론
    • 개설
      – 범죄나 비행의 발생에 있어서 문화적 영향을 강조하는 하위문화이론을 제시
      – 하위계층의 행위들은 중류문화와 충돌하여 범죄나 비행의 원인 됨
      – 이 이론은 하위문화이론, 갈등이론의 범주에 속하고 범죄에 대한 사회구조이론의 성질도 갖고 있지만 사회과정이론의 성격 강함
    • 하위계층의 관심
      – 하위계층은 중산층에 추구하는 목표에는 관심이 없고 오랫동안 내려온 생활전통에 관심을 가지고 행동함
      – 하위계층의 중점적인 관심사항 : 골칫거리, 강건함, 영악함, 흥분추구, 운명주의, 자유분방 등
      – 하위계층의 구조와 중심관심들이 결합하여 갱 집단의 비행 환경을 발생시키는 것으로 하위문화가 독자적으로 형성된다는 것
    • 주요 내용
      – 하위계층의 비행이나 범죄는 하위문화의 중점관심을 따르는 동조행위
      – 비행소년집단이 비행을 저지르는 것은 하층민의 적절한 남성적 역할을 유지하고 예증하기 위한 노력
    • 비행환경을 발생시키는 하위계층문화

SEMI-NOTE

긴장이론
하위계층과 중산층 구성원들은 모두 근본적으로 동일한 가치와 목표를 추구하지만 하위계층은 그러한 기대에 맞춰 사는 것에 대한 실패로 인하여 좌절을 겪게 되고, 이러한 좌절감 때문에 비행이나 범죄에 빠져듦

한눈에 쏙~

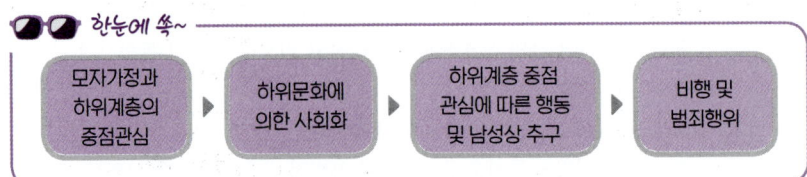

  ㉢ 울프강(Wolfgang)과 페라쿠티(Ferracuti)의 폭력하위문화이론
    • 생활양식, 사회화과정, 대인관계의 면에서 폭력사용을 정상적인 행위로 순

응하게 되면 범죄가 유발하기 쉽다는 것
- 폭력하위문화가 지배하는 지역에서는 자신의 명예, 집안의 명예, 남자의 명예 등을 지나치게 강조하고 인간의 생명을 경시하는 경향 존재

④ 사회통제이론 : 다수의 사람들이 범죄를 저지르지 않는 이유를 그 행동과 욕구가 내적·외적 요소에 따라 통제되기 때문에 사람들이 법을 준수하는 것이라 주장

㉠ 통제주의자들의 사고양식
- 인간을 자유주의적·합리적인 인간을 전제로 함
- 범죄행위를 내재된 범죄성의 발현으로 봄
- 인간은 동물이므로 누구나 법을 위반할 수 있는 잠재적 범죄자라 주장
- 일탈적 동기가 사회적 관계에 의하여 통제받고 있기 때문이라 주장
- 연구의 초점을 왜 범죄를 범하는가가 아니라 왜 범죄를 범하지 않는가에 두고 있음

실력UP 사회통제
- 내적통제 : 양심적 의지가 범죄에 대한 내적 통제로 작용
- 외적통제 : 제도적 통제(비공식적 통제), 법률적 통제(공식적 통제)

㉡ 사이크스(Sykes)와 마짜(Matza)의 중화(무효화) 기술이론
- 개설
  - 중화의 이론이란 차별적 접촉이론의 접촉의 대상에 관한 이론으로 차별적 접촉이론이 범죄의 학습을 강조한 반면 중화의 이론은 범죄의 학습이 아닌 중화의 학습을 강조
  - 원칙과 예외의 메커니즘으로 범죄를 설명한 중화이론은 자신의 행위가 실정법상으로 위법임을 알지만 적당한 명분을 내세워 자신의 행위를 정당한 것으로 합리화시키는 이론
- 중화기술의 유형
  - 책임의 부인 : 책임의 부인은 자신의 비행에 대하여 사실상의 책임이 없다고 자신을 합리화시키는 기술로써 비행의 책임을 가정환경, 부모훈육의 부재, 빈곤 등의 외부적 요인으로 전가하는 것
  - 권리침해의 부인 : 권리침해의 부인은 자신의 행위로 손상을 입거나 재산상의 피해를 본 사람이 없다고 하여 자신의 비행을 합리화하는 기술로써 마약을 복용하면서 피해자가 없다고 하거나 방화를 저지르면서 보험회사가 보상해 줄 것이라는 등으로 자신의 행위를 변호하는 것
  - 피해자의 부인 : 피해자의 부인은 자기행위로 인하여 피해를 본 사람은 피해를 입어 마땅하다고 생각하여 자기행위를 합리화하는 기술로써 매국노를 처단하거나 상점의 물건을 훔치면서 가게주인이 정직하지 못한 사람이라고 자신을 합리화하는 방법을 말함
  - 비난자에 대한 비난 : 비난자에 대한 비난은 자신의 비행행위를 비난할 사람을 먼저 자신이 비난하여 비행행위를 정당화하는 기술로써 교사의

SEMI-NOTE

통제이론
인간은 누구나 일탈 행동을 할 수 있는 잠재성을 가지고 있다고 전제하고 인간의 일탈 행동을 억제하는 사회통제가 약해졌을 때 일탈 행동이나 범죄가 발생한다고 설명하는 이론

중화
규범의식에 따른 죄책감을 사라지게 하는데 필요한 도덕적 합리화와 정당화를 의미

촌지나 성직자의 비리 등을 비난하여 본인의 죄책감이나 수치심을 억누르는 방법을 말함
    - 보다 높은 충성심의 표출 : 보다 높은 충성심의 표출은 사회의 일반적인 가치나 규범의 정당성은 인정하면서도 더 높은 가치에 기반하여 비행을 합리화하는 기술로써 가족을 위한 절도나 폭력현장의 화염병 사용 등으로 상위가치를 들어 본인의 행위를 합리화하는 방법을 말함
  - 이질적 반응의 해명 : 차별적 접촉이론이 범죄인은 자신의 행위의 위법을 인식하지 못하는 존재라고 설명한 것과는 달리, 중화의 이론은 범죄인도 자신의 행위가 위법함은 알지만 개별적인 경우에 자신의 규범침해를 정당화할 뿐이라고 설명하고 이러한 중화의 학습정도에 따라 범죄성이 결정된다고 하여 결국 범죄의 학습이 아닌 중화의 학습을 강조
  - 청소년 비행의 해명 : 마짜는 비행과 표류에서 비행소년은 언제나 일탈행위를 하는 비행문화에 지배되는 것이 아니라 중화를 사용하여 규범과 일탈 사이를 표류하고 있는 존재에 불과하다고 주장하여 청소년의 비행은 교정해야 할 대상이 아니라 인정해야 할 다양성이라고 주장
  - 중화이론의 한계 : 중화이론은 비행자가 중화를 비행 전후 어느 때 사용하는지에 대한 해명이 없으므로 중화를 비행 후에 사용한다면 중화이론은 범죄원인론이 아니며 비행 전에 사용한다면 왜 비행청소년들이 지속적으로 비행에 표류하며 무비행 청소년들은 비행에 표류하지 않는지 개인적 차이를 설명하지 못한다는 비판 받음
ⓒ 라이스(Reiss)와 나이(Nye)의 개인 및 사회통제이론
  - 범행위의 충동과 그것을 저지하는 사회적 또는 물리적 통제 사이의 불균형 결과로 범죄가 발생한다고 주장
  - 통제이론은 사람들이 합리적으로 행동하면서도 주어진 기회가 있으면 일탈적인 행동을 할 수 있다고 전제
  - 라이스(Reiss)의 통제이론 : 자기통제력이나 초자아적 통제력이 범죄에 미치는 영향에 대하여 최초로 연구한 학자로 비행의 원인을 개인적·사회적 통제의 실패로 본다. 소년비행자는 자아통제나 초자아적 통제능력이 미비하기 때문에 사회통제력의 약화가 비행의 원인이 된다고 주장
  - 나이(Nye)의 통제이론
    - 범죄유발에 있어서 통제를 중요시하여 통제의 유형을 체계화
    - 소년범죄 또는 비행을 억제하는 데에는 가정 내의 욕구충족과 이를 바탕으로 형성된 가정에 의한 간접통제가 범죄나 비행의 억제에 중요하다고 주장
    - 통제의 유형 : 접통제, 간접통제, 내부통제
ⓔ 레크레스(Reckless)의 통제이론
  - 범죄유발요인과 범죄억제요인으로 나누고, 범죄를 이끄는 힘이 범죄를 억제하는 힘보다 강하면 범죄나 비행을 저지르게 되고, 억제하는 힘이 강하면 비록 이끄는 힘이 있더라도 범죄나 비행을 자제한다는 것
  - 범죄유발요인

SEMI-NOTE

중화 전파의 배경
사이크스(Sykes)와 마짜(Matza)는 중화가 지역사회에 확산·전파되는 배경에는 유한계급적 가치관이 작용하고 있다고 주장하면서 지하적 잠재가치인 모험과 스릴의 추구, 노동의 천시, 남성상징적 공격성 찬양, 일확천금의 추구, 성급한 성공의 꿈 등의 유한계급적 가치관이 만연된 사회에서는 중화가 확산된다고 주장

나이(Nye)의 통제유형
- 직접통제 : 순응하면 보상하고, 범죄나 범행을 하였을 때에는 억압적 수단으로 처벌하여 범죄를 방지하는 것
- 간접통제 : 범죄나 비행을 저질렀을 때 부모나 긴밀한 사람들이 얼마나 큰 실망과 고통을 줄 것인가를 자각하게 하여 범죄를 자제하도록 하는 방법으로 가장 효율적인 통제방식
- 내부통제 : 행위자 스스로 법이나 도덕, 양심, 죄책감을 느껴 스스로 범죄나 비행을 통제하는 것

- 압력요인 : 불만족한 상태에 들게 하는 조건을 말하는 것으로 열악한 생활조건, 가족갈등, 열등한 신분적 지위, 성공기회의 박탈 등
- 유인요인 : 정상적인 생활로부터 이탈하도록 유인하는 요소로 나쁜 친구들, 비행이나 범죄하위문화, 범죄조직, 불건전한 대중매체 등
- 배출요인 : 불안감, 불만감, 내적 긴장감, 증오심, 공격성, 즉흥성, 반역성 등과 같이 범죄나 비행을 저지르도록 하는 각 개인의 생물학적 또는 심리적 요소들
- 범죄억제요인
  - 외적통제 : 가족이나 주위 사람들과 같이 외부적으로 범죄를 차단하는 요인들로 도덕교육, 교육기관의 관심, 합리적 규범, 기대체계, 집단의 포용성, 효율적인 감독 및 교육, 소속감과 일체감 등
  - 내적통제 : 사회적 규칙 또는 규범으로 자기통제력 및 자아나 초자아의 능력과 좌절감을 인내할 수 있는 능력, 책임감·집중력·성취지향력·대안을 찾을 수 있는 능력 등
- 사회학적 측면보다 심리학적 측면을 강조한 비범죄행위에 대한 심리학적 설명에 해당

ⓑ 허쉬(Hirschi)의 사회적 결속이론
- 개설
  - 준법적 행동은 다른 사람이나 사회에 대한 강한 유대에서 생기고, 비행이나 범죄는 약한 유대에서 생긴다는 것
  - 반사회적 행위를 자행하게 하는 근본적인 원인은 인간의 본성에 있다고 주장
  - 사회적 유대는 범죄를 억제하는 사회적 통제 메카니즘으로 작용하고 범죄의 발생방향과는 역의 관계
  - 개인이 사회와 유대를 맺는 방법인 애착, 전념, 참여, 믿음의 정도에 따라 비행을 저지를지 여부가 결정된다고 주장
- 개인이 사회와 유대를 맺는 방법
  - 애착 : 애정과 정서적 관심을 통하여 개인이 사회와 맺고 있는 유대관계를 말한다. 부자지간의 정, 친구 사이의 우정, 가족구성원의 사랑, 선생에 대한 존경심 등
  - 전념 : 규범준수에 따른 사회적 보상에 얼마나 관심을 갖느냐 하는 것이다. 관습적으로 소비하는 시간, 에너지 노력 등
  - 참여 : 개인이 사회와 맺고 있는 유대의 형태로 개인이 인습적인 활동에 얼마나 많은 시간을 투여하고 있는가에 따라 달라지며 학교, 여가, 가정에서 보내는 시간 등이 있음
  - 믿음 : 개인이 사회와 맺고 있는 유대의 형태로 관습적인 도덕적 가치에 대한 믿음
- 다른 범죄이론과는 달리 검증이 가능한 이론을 제시하였고, 자기보고조사라는 새로운 조사기법 사용을 주장

SEMI-NOTE

내부적 억제요인
고도로 개인화된 사회에서 개인은 사회적 연대의 틀 밖에서 많은 생활을 영위하므로 범죄대책은 각 개인의 내부적 억제요인을 강화하는 것에 맞춰질 수밖에 없다는 것으로 내부적 억제요인을 강조

허쉬의 사회결속이론
- 누구나 반사회적 행위를 하려는 본성을 가지고 있다고 전제
- 소년비행과 같은 경미한 범죄에 잘 적용되나 강력범죄에는 적합하지 않음

SEMI-NOTE

ⓗ 갓프레드슨(Gottfredson)과 허쉬(Hirschi)의 낮은 자기통제이론(일반통제이론)
- 개설
  - 범죄의 일반적인 원인으로 가장 중요한 것은 낮은 자기통제로 보고 낮은 자기통제는 개인의 내면적 통제요소라 주장
  - 낮은 자기통제의 형성에 가장 큰 영향을 끼치는 것은 잘못된 자녀양육이라 봄
  - 자기통제 형성에 가장 중요한 역할을 하는 것은 가정에서의 사회화이고, 학교는 가정의 사회화를 보완하는 역할 담당
- 낮은 자기통제이론의 특징
  - 자기통제력이 낮은 사람은 장기적인 목표를 희생하면서도 단기적인 쾌락을 추구
  - 모든 범죄의 원인을 낮은 자기통제력이라 주장
  - 낮은 자기통제이론은 고전주의 및 제지이론과 실증주의 이론 사이의 괴리를 채워주는 이론
  - 사람의 자기통제력의 특징은 어려서 형성되어 평생 동안 안정적으로 유지된다고 주장
  - 충동적인 성격으로 인해 자기통제력이 빈약한 사람은 범죄를 범할 가능성이 높지만 그들의 충동적 욕구를 만족시켜줄 만한 범죄기회가 없다면 실행에 옮기지는 않다고 봄
- 범죄대책
  - 건전하고 일관된 양육환경을 조성하고, 부족한 가정환경을 보완하기 위한 학교교육이 제도화되어야 함
  - 범죄기회를 차단하기 위한 상황적 범죄예방제도가 확립되어야 함

상황적 범죄예방
사회나 사회제도 개선에 의존하는 것이 아니라 단순히 범죄기회의 감소에 의존하는 예방적 접근을 말함

ⓐ 제지이론(법률적 통제를 강조하는 이론)
- 인간의 합리성, 이익추구의 극대화, 자율적 행동결정능력을 전제로 법률적 처벌이 범죄를 제지하는 수단으로 유효하다는 것으로, 범죄의 원인보다 법률적 통제에 초점을 둠
- 제지의 유형 : 제지는 처벌의 위협으로 범죄의 충동을 제지하는 것
  - 일반제지 : 아직 범죄를 저지르지 않은 사람에게 형벌의 두려움을 통하여 범행을 억제시키는 것
  - 특별제지 : 범죄자가 경험한 처벌의 고통으로 인하여 이후 범행충동을 제지하는 것

제지이론
일반제지와 특별제지로 나뉘지만 범죄의 억제 및 예방이라는 공통된 목적을 둠

> **실력up 제지이론의 3대 제지요소**
> - **처벌의 신속성** : 범행시부터 처벌시까지의 시간적 간격이 짧을수록 제지효과가 크다고 봄
> - **처벌의 엄중성** : 엄중한 형벌일수록 범죄에 대한 제지효과가 클 것이라는 가설
> - **처벌의 확실성** : 범죄 후에 처벌받을 확률이 높을수록 범죄수준이 낮아질 것이라는 가설
> - 처벌이 엄중, 신속, 확실할수록 제지효과가 커짐

한눈에 쏙~

제지효과 순서

확실성 ▶ 엄격성 ▶ 신속성

- ⓒ 합리적 선택이론
  - 범죄로 인해 얻게 되는 이익이 크다면 범죄를 저지르게 된다고 가정
  - 범죄로 인한 예상이익을 최대한 감소시키는 방안이 범죄문제를 해결할 수 있는 대책으로 봄
  - 클라크(Crarke)는 범죄가 발생하는 상황적 측면을 개선함으로써 범죄가 예방된다고 본다. 상황개선의 핵심은 범죄를 저지르기 어렵게 만들거나 덜 이익이 되도록 하는 것
  - 범죄대책 : 거리의 조명을 밝게 하기, CCTV를 많이 설치하기, 주민의 방법의식을 높여 범행의사에 대한 심리적 장벽을 쌓기

- ⓔ 깨어진 유리창이론
  - 깨어진 유리창을 방치해 두면 그 지점을 중심으로 점점 슬럼화가 진행되기 시작한다는 이론
  - 건물 주인이 건물의 깨진 유리창을 수리하지 않고 방치해 둔다면 건물관리가 소홀하다는 것을 반증함으로써 절도나 건물파괴 등 강력범죄를 일으키는 원인을 제공한다는 것
  - 일상생활에서 사소한 위반이나 침해행위가 발생했을 때 이것들을 제때에 제대로 처리하지 않으면 결국에는 더 큰 위법행위로 발전한다는 것을 의미
  - 윌슨(Wilson)과 켈링(Kelling)에 의해 미국 범죄학에서 연구되어 정리된 법칙으로 사소한 규칙위반이나 가벼운 범죄에 대하여 관용을 베풀지 않는 무관용원칙을 제시

⑤ 낙인이론 : 법을 위반한 개인에 대한 사회적·제도적 반응에 초점을 둔 이론으로 개인들은 사회적인 규정지음이나 다른 사람들의 반응에 의하여 범죄인의 역할로 강제되는 수동적인 존재로 봄

- ㉠ 개설
  - 범죄행위 자체에 초점을 두지 않고 어떤 사람들은 왜 일탈자로 낙인되고 어떤 행위는 왜 일탈적인 것으로 규정되는지에 대한 탐구에 초점
  - 범죄, 일탈, 사회문제에 대한 전통적·심리학적·다원적 범죄 원인론을 배척하고 본질적으로 범죄적인 행위는 없다고 봄
  - 범죄자로서의 낙인은 도덕적 열등성을 부과하는 하나의 수단일 뿐 생물학적이나 심리학적으로 특정지어지는 것이 아님
  - 낙인이론은 일정한 이데올로기적 신념을 바탕으로 함
  - 범죄자에 대한 부정적인 사회적 반응이 범죄문제를 악화시키는 근본적인 원인이라 봄
  - 대표적인 학자 : 탄넨바움(Tannenbaum), 베커(Becker), 레머트(Lemert), 슈어(Schur), 고프만(Goffman), 셰프(Scheff) 등

SEMI-NOTE

상황적 범죄예방이론
범죄기회를 제거하고, 범죄행위의 이익을 감소시키는 데 있음

무관용원칙
규칙·법 등을 엄격히 적용하여 일체의 정상참작이 없이 처벌한다는 원칙

낙인이론
범죄자에 대한 사회반응을 범죄문제를 악화시키는 데 있어 가장 근본적인 원인으로 봄

SEMI-NOTE

탄넨바움
악에 대하여 적게 말하고, 선에 대하여 많이 말하면 좋다고 봄

- 낙인이론이 형사정책적으로 추구하는 대책 : 비범죄화, 비형벌화, 법의 적정절차, 비사법적 해결, 비시설처우, 탈낙인화 등
- 낙인이론의 특성
  - 미시 사회학적 이론
  - 갈등론에 바탕
  - 범죄개념에 대하여 상대주의적 입장
  - 행위자의 주관적 사고과정을 중심으로 범죄현상을 제시
  - 처벌은 범죄의 결과라기보다는 원인으로 봄
  - 범죄대책으로 범죄에 대한 관용과 처벌의 억제를 제시
  - 범죄의 원인을 범죄자의 심리적 측면에서 찾음
- 낙인의 인과과정
  1차적 일탈에 대한 공식적인 낙인 → 차별적 기회구조 초래, 차별적 접촉 초래, 부정적 자기관념 초래 → 2차적 일탈

ⓒ 탄넨바움(Tannenbaum) 악의 극화
- 악의 극화
  - 일탈행위가 처벌과 같은 공식적인 반응으로 전환되어 많은 사람에게 알려지면 그 청소년은 비행소년이라는 꼬리표가 붙음
  - 꼬리표가 붙게 되면 부정적 자아관념이 형성하게 되어 더욱 반항심을 불러 일으켜 문제를 가중시키게 됨
  - 소년범에 대하여 나쁘다고 규정하고 그를 선하다고 믿지 않기 때문에 오히려 더 나쁘게 되며 이는 낙인과정에 해당
  - 청소년의 불법행위에 대한 사회적 반응과정을 악의 극화라 함
- 범죄대책 : 비행청소년에 대하여 꼬리표를 붙이지 않아야 악의 극화를 막을 수 있다고 보고, 낙인이 적으면 적을수록 청소년의 심화되는 비행을 막을 수 있다고 봄

ⓒ 레머트(Lemert)의 사회적 낙인으로서의 일탈
- 1차적 일탈과 2차적 일탈
  - 1차적 일탈에 대하여 낙인은 2차적 일탈을 야기한다고 봄
  - 일탈이 사회를 이끌어 가는 것이 아니라 통제가 일탈을 이끌어 간다고 봄
  - 1차적 일탈에 대하여 행위자를 범죄자라고 낙인찍었을 때 행위자가 낙인을 받아들여 자신을 일탈적인 사람이라고 인식하면 그 후 그는 상습적으로 일탈을 행하게 된다는 것
- 1차적 일탈자를 2차적 일탈자로 낙인시키는 과정
  1차적 일탈 → 오명 씌우기 → 불공정의 자각 → 제도적 강제 → 일탈하위문화에 의한 사회화 → 부정적 정체성의 긍정적 측면 → 2차적 일탈
- 대책 : 잘못된 사회적 반응이 1차적 일탈자를 보다 심각한 2차적 일탈자로 약화시킨다고 보고, 국가와 사회는 1차적 일탈자에 대하여 섣불리 형벌을 가해서는 아니되고 보다 관대하게 낙인효과를 최소화시키는 방법으로 일탈자를 대하여야 한다고 봄

- ㉣ 베커(Becker)의 사회적 지위로서의 일탈
  - 베커는 일탈을 행위의 특성이 아니라 다른 사람들이 범죄자에게 법과 제재를 적용한 결과로 보고 준법과 일탈은 상대적으로 정의될 수밖에 없다고 주장
  - 일탈은 고유한 행위의 실체가 아니고 사회집단들이 규칙을 만듦으로서 생성된다고 봄
  - 보편적으로 합의된 규범은 존재하지 않는다고 보는 갈등론을 바탕으로 하고 있으며, 일탈이 행위의 특성이나 규범위반 여부보다는 다른 사람의 반응에 의하여 규정된다고 봄
  - 베커는 단순히 규율을 위반하는 것과 일탈행위인 범죄를 구분할 것을 주장
  - 단계적 모델에 따른 일탈경력 발전단계
    비동조적 행위를 범하는 단계 → 일탈적 동기와 관심의 발전하는 단계 → 검거되어 공식적으로 낙인찍히는 단계 → 조직화된 일탈집단으로 들어가는 단계
  - 베커는 일탈의 단계를 쌓아감으로서 단순한 규범위반자를 상습적 일탈자로 변화하는 과정을 정형화
- ㉤ 슈어(Schur)의 자아관념으로서의 일탈
  - 2차적 일탈을 공식낙인에 의한 것이라기보다는 일탈적 자아관념이나 동일시의 표현이라 보는 입장
  - 일탈이 자기 스스로 자신에게 각인한 자아관념 및 자기낙인과 스스로 부과한 사회적 상호작용의 제한이 더 중요하다고 봄
  - 일탈로의 발전은 사회적 반응에 어떻게 반응하느냐에 따라 외부적 낙인이 자아정체성에 영향을 미칠 수도 있고, 미치지 않을수도 있는 협상과정으로 봄
  - 범죄대책으로는 눈덩이 효과 가설을 바탕으로 급진적 불개주의로서 피해자 없는 범죄에 대하여 비범죄화를 주장
- ㉥ 낙인이론의 평가
  - 낙인이론의 공헌
    - 소년범, 과실범, 경범죄자에 대하여 2차적 일탈예방에 대한 대책수립에 영향
    - 비형법적인 방법으로 범죄인을 처우할 것을 주장하여 비범죄화, 비형벌화, 비시설수용화, 대체처분, 법의 적정절차화의 이론적 근거를 제시
    - 암수범죄의 문제점을 지적하고 참여적 관찰에 의한 보완을 주장
    - 범죄자에 대한 보장적 측면을 중시하고, 범죄자에 대한 국가의 개입의 최소화와 사회내처우의 중요성을 강조
  - 낙인이론의 비판
    - 형법상의 사회통제기관을 너무 비판적으로 봄
    - 낙인 없는 일탈도 없다는 상대주의에 치우침
    - 초범의 범죄원인을 설명할 수 없음
    - 화이트칼라 범죄와 같은 지배계층의 범죄에 대해 관대한 결과가 됨
    - 중요범죄에 대한 형사정책적 대안을 충분히 제시하지 못함

SEMI-NOTE

눈덩이 효과 가설
형사제재를 가하게 되면 범죄성이 경감되기 보다는 산 위에서 눈덩이를 굴리듯이 확대된다는 것으로, 형사사법의 역기능을 설명한 것

SEMI-NOTE

- 공식적 낙인이 부정적 결과만 초래하는 것이 아니라 긍정적 결과도 가져올 수 있음
- 낙인되는 사람과 낙인을 부과하는 사람의 역할을 단순화

(4) 갈등론과 비판범죄학

① 갈등론적 범죄학

㉠ 범죄학의 갈등론적 관점
- 갈등이론
  - 사회생활은 갈등관계이고 사회가 유지되는 동력은 갈등의 산물이라 주장
  - 법의 제정과 국가 사법기관의 활동은 특정집단의 권력과 이익을 도모하는 편파적인 활동일 뿐이라는 것
  - 법의 제정과 집행과정에 대해서 중요한 고찰대상으로 하고 문제시
  - 다양한 이해와 가치가 공정하게 대표되고 법과 형사사법은 비차별적이어야 한다고 봄
- 갈등론의 초점
  - 특정집단이나 계층과 갈등관계에 있는 집단이나 계층에서 범죄가 주로 발생하는가에 초점
  - 범죄와 일탈행동을 문화적 및 집단적 갈등 속에 있는 사람의 정상적이 학습된 행위로 봄
  - 경제계층적 갈등, 집단 및 문화적 갈등, 권력구조에 따른 갈등 등 다양한 방법으로 범죄에 대한 사회적 역할과 기능을 설명
  - 범죄와 범죄자가 만들어지는 과정에 관심

㉡ 보수적 갈등론
- 셀린(Sellin)의 문화갈등이론
  - 현대사회는 전체사회의 규범과 부분사회의 규범 간의 갈등이 생기기 쉽고 갈등이 증대하면 행위자의 인격해체를 일으켜 범죄를 유발한다는 것
  - 문화갈등의 유형에는 1차적 문화갈등과 2차적 문화갈등이 있으며, 1차적 문화갈등은 이질적인 문화 사이에 발생하는 갈등이고, 2차적 문화갈등은 하나의 단일문화가 각기 독특한 행위규범을 갖는 여러 개의 다른 하위문화로 분화될 때 일어나는 갈등형태
  - 문화갈등이론은 차별적 접촉이론의 기초를 제공하였고, 하층계급문화이론에 영향을 주었으며 비판범죄학의 이론적 기초가 됨
- 볼드(Vold)의 집단갈등이론
  - 범죄행위를 집단갈등의 표현이라 주장
  - 사회질서는 집단 간의 합의를 반영하는 것이 아니라 서로 다른 힘과 이해관계를 가진 다양한 집단 간의 불편한 상호작용을 통하여 형성
  - 법이 한 집단의 이익을 증진시키고 다른 집단의 이익을 저지하거나 경감시켜 법 제정에 반대했던 사람들은 더 많은 법률을 위반하여 범죄를 범하게 된다는 것

법규범
다양한 사회성원 간의 합의된 가치를 반영하는 것이 불가능해지면 가장 지배적인 문화의 행위규범만 반영하므로 양자 모두 범죄의 원인이 된다고 보는 이론

법
집단 간의 갈등의 결과이면서 갈등상황에서 사용되는 무기

- 볼드는 비행이나 범죄를 소수집단의 행동으로 봄
- 이 이론은 충동적 범죄나 비이성적인 범죄 및 사기, 강도, 절도 등 개인에 바탕을 둔 범죄에 대하여 잘 적용되지 않으나 인종분쟁, 노사분쟁, 확신범죄 특정범죄에 적합하다고 평가됨
- 터크(Turk)의 범죄화론
  - 범죄행위는 권력자 등에 의해서 규정되고 부과되는 것으로 봄
  - 범죄성은 법률적 또는 비법률적 기준에 의하여 집행권력을 가진 사람들에 이해 적용되는 규정이라 주장
  - 어떠한 조건하에서 권력자와 종속자의 문화적·행위적 차이가 법률적으로 나타나고 어떠한 상황에서 법률이 집행되어 범죄로 규정되어지는가 하는 법률적 갈등과 범죄화에 초점
  - 터크는 법 제도 자체보다 법이 집행되는 과정에서 특정한 집단구성원이 범죄자로 규정되는 고정을 중요시
  - 문화적·행동양식적 차이가 법률적 갈등을 초래하기 위한 조건에는 종속자와 권력자 간의 행위적 차이, 양자 간의 조직화 정도, 양자의 지적 교양과 세련화 정도 등
  - 범죄화 현상의 세 가지 조건 : 법집행자에게 금지된 행동이나 가치, 권력자와 종속자 사이의 힘의 상대성, 갈등진행의 현실성

ⓒ 갈등론의 비판
- 비정치적인 전통범죄는 집단갈등의 소산으로 보기 어려움
- 법과 형벌이 계층질서를 유지하기만 위한 것이라고 보기 어려움
- 범죄의 원인이 되는 집단갈등을 제거하기 위한 사회정책을 실현하는데 어려움 있음

② 비판범죄학
ⓒ 의의
- 범죄는 자본주의와 계급갈등에 이해 발생한다고 봄
- 생산수단 및 권력의 불평등한 분배는 계급갈등의 토대가 되고 자본가-노동자 계급의 갈등의 산물이 범죄라 주장
- 범죄를 자본주 체제의 경제모순에서 야기되는 산물로 보고, 형벌은 경제적 지배계급인 부르주아가 피지배계급인 프롤레타리아를 억압·착취하기 위하여 사용하는 강제력이라 보며, 형법은 부르주아가 계급투쟁을 억압하고 계급의 분화를 유지하기 위한 통제수단으로 봄
- 도구적 마르크스주의는 국가와 법을 자본가계급의 이익과 권력을 유지하기 위한 도구라는 입장
- 구조적 마르크스주의는 국가와 법이 지배층의 도구로만 작용하지 않고 지배계급으로부터 상대적으로 독립되어 있다고 보고 때로는 프롤레타리아의 이익도 반영할 수 있다는 입장

ⓒ 초기 마르크주의 범죄관
- 마르크스의 범죄분석

SEMI-NOTE

법과 범죄화
법은 저항력이 적은 사람에게 강력하고 확실하게 집행되기 때문에 권력자의 힘이 크고 종속자의 힘이 약할 때 범죄화가 가장 많이 발생할 것으로 봄

이익 보장 장치
경찰, 검찰, 법원, 교도소는 현 상태를 위협할 수 있는 프롤레타리아 계급을 통제하여 권력 엘리트의 이익을 보장하는 장치로 봄

SEMI-NOTE

급진적 갈등이론
자본주의의 속성인 자본과 권력의 불평등한 분배로 인한 계급갈등에 대한 마르크스주의의 문제제기는 범죄학 내에서 급진적 갈등이론의 발전에 기여함

자본주의 체제의 범죄유형
- 자본가계급의 지배와 억압 범죄 : 기업범죄(부당내부거래, 가격담합, 입찰담합 등), 통제범죄(불공정한 사법기관의 활동), 정부범죄(공무원이나 정부관리가 저지르는 부정부패)
- 노동자계급의 범죄 : 적응범죄(자본주의에 의하여 곤경에 빠진 사람들이 다른 사람의 수입과 재산을 탈취), 대항범죄(지배계급에 대항하는 범죄)

퀴니의 급진적 범죄이론의 명제
- 국가는 지배계급의 이익에 봉사하기 위한 조직
- 자본주의의 붕괴와 사회주의의 실현만이 범죄문제 해결 가능
- 형법은 국가와 지배계급이 기존의 경제질서를 유지하고 영속화하기 위한 도구
- 계급 간의 갈등에서 나타나는 자본주의의 모군이 법체계의 억압으로 은폐됨
- 범죄에 대한 통계는 엘리트 관료에 의해 구성되고 이러한 제도나 기관은 지배계급의 이익을 대변함

- 범죄발생의 원인은 경제적 불평등과 계급갈등의 산물
- 범죄행위는 지배적인 사회체계에 대한 반영의 형태이고, 부정적인 행위이지만 의식적인 혁명의 형태로 발전할 수 있다고 주장

• 봉거(Bonger)의 자본주의와 탈도덕화
  자본주의 구조 자체가 모든 범죄의 근본적인 원인이라는 것
  - 부르주아의 이기적인 행위는 범죄로 하지 않고, 프롤레타리아의 이기적인 행위만을 범죄로 규정
  - 범죄대책으로는 자본주의 체제를 사회주의 체제로 전환하는 것 뿐이라 주장

실력up 급진적 갈등론의 특징

- 자본주의 모순에 관심
- 사회과학의 가치중립성 부정
- 실증주의, 자유주의 패러다임과 결별
- 일탈문제를 자본주의 모순에 대한 총체적 해명 속에서 이해
- 일탈 및 범죄문제를 전반적인 체제변동과 억압에 대한 투쟁에의 정치적 참여를 주장

ⓒ 마르크스주의 범죄학(1960~1970년대)
• 테일러(Taylor), 월튼(Walton), 영(Young)의 비판범죄학
  - 자본주의 사회구조 자체가 범죄의 근본원인이라 봄
  - 지배계급의 행위유형을 권력형 범죄로 규정하여 폭로하고, 형사사법 체계의 불평등을 부각시키는데 중점
  - 권력형 범죄의 사회적 해악을 해결하기 위해서는 사회주의 체계를 실현하여야 한다고 주장
  - 범죄는 자본주의 하에서 노동계급에 대한 착취와 억악의 산물이라는 입장
  - 하류계층의 거리범죄는 심각한 문제로 보지 않고 이들의 일탈행동은 개인 또는 사회의 병리적 산물이 아니라 인간의 정상적인 행동으로 간주되어야 한다고 주장
  - 이 이론은 범죄해방적 사회건설은 실현가능성이 낮고, 즉각 실행할만한 대책으로 보기 어려움

• 퀴니(Quinney)의 급진적 갈등론
  - 형사법의 제정, 집행과정이 개인 및 집단의 이익을 추구하는 정치적 상황에 의해서 이루어진다고 주장
  - 범죄가 특정한 가치와 이익을 증가시키는 정치적 과정의 일부로서 만들어져 분파별로 전달되고 창조된다고 봄
  - 범죄는 권력 있는 개인이나 집단이 자신의 권위를 정당화하고, 자신들의 이익을 증진시키는 정책을 추진하는 과정에서 특정한 행위를 범죄로 한 것이라 주장
  - 형법을 국가와 부르주아가 기존의 사회경제질서를 유지하고 영구화하기 위한 도구로 봄

- 범죄를 자본주의 경제적 조건에 대한 불가피한 반응으로 인식
- 범죄문제에 대한 유일한 해결책은 계급투쟁에 가담하여 자본주의 체제를 전복하고 사회주의 국가를 건설하는 것
- 이 이론은 구체적인 통제방법에 대한 대책이 없고, 너무 단순하고 이데올로기적

ⓔ 스피쳐(Spitzer)의 후기 자본주의 갈등론
- 후기 자본주의 시대의 경제활동과 계급갈등을 중심으로 범죄발생과 통제문제를 규명하고자 함
- 문제인구의 생산은 그들의 행위, 인성, 위치가 생산의 사회관계를 위협한다는 입장

ⓕ 페미니스트 범죄이론
- 여성범죄와 성비는 성적 불평등과 가부장적 사회의 반영이라 주장
- 사회를 지배와 종속으로 구분할 때 남성의 여성지배가 계급에 우선할 수 있다고 가정
- 형사사법상의 결정은 주로 성이나 성역할을 고려하여 이루어진다고 봄
- 이 이론은 아직 정립된 이론으로 받아들여지지 않음

ⓖ 비판범죄학의 평가
- 공헌
    - 연구대상을 범죄나 범죄자가 아닌 사회통제기관으로 한 점은 하나의 전환점이 됨
    - 인종차별, 노동착취, 전쟁, 빈곤, 사회불안, 도시문제 등 사회병리현상이 구조적 불평등을 야기한다는 점을 지적
- 한계
    - 형법의 보호적 기능을 간과
    - 범죄가 하류계급뿐만 아니라 중류 또는 상류계급에도 존재
    - 이론적 수준이 미약하고 지나친 이데올로기에 기반함
    - 범죄통제를 위한 구체적인 대안을 제시하지 못함

SEMI-NOTE

형법의 보호적 기능
형법은 사회질서의 기본가치를 보호하는 기능을 가지는데 여기에는 법익보호의 기능과 사회 윤리적 행위가치의 보호 2가지의 기능이 있음

03절 범죄대책론

1. 범죄의 예측

(1) 의의
① 장래에 어떤 사람이 범죄를 행할 가능성이 얼마나 되는지를 측정하여 그 위험성을 사전에 예방하기 위하여 행하는 활동을 말함
② 범죄경향을 예측하여 범죄의 예방 및 처우의 기초를 제공할 수 있음
③ 범죄예측은 형사정책상 처분이나 그에 대한 개입을 가능하게 하여 현대 형사정책에 중요한 위치를 점하고 있음

범죄예측이론
범죄예측이론은 미국의 힐리(Healy)가 학술적으로 기술한 것인데, 그는 개개 범죄자의 생활력을 추구하는 새로운 연구방법을 사용하여 생활력에 나타난 여러 인자를 지능검사 및 기타 방법에 의해 계량적으로 파악, 기술하려고 하였음

> **SEMI-NOTE**

재판단계에서 범죄예측의 적용
보안처분 여부의 결정, 형의 집행유예 및 선고유예의 결정, 양형을 판단할 때

통계적 예측법
계량적 예측을 통하여 환경성 범죄자에 대하여 적용

(2) 형사정책에 범죄예측의 활용

① **1차적(예방단계) 범죄예방을 위한 예측** : 잠재적 범죄자를 예측하여 개별적으로 범죄성의 발전이나 심화를 사전에 예방하기 위한 예측이며, 예방단계에서 이루어지는 것으로 비사법적 예측

② **재범예방을 위한 예측**
   ㉠ 수사단계에서 예측 : 경찰이나 검찰에서 범죄수사단계에 있어서 범죄자의 처리나 처분을 결정하기 위한 예측
   ㉡ 재판단계에서 예측 : 양형과 같은 범죄자의 처분을 결정하는데 기초가 되는 범죄예측으로 단시간에 조사와 판단을 하여야 하므로 판결전조사 제도와 같은 장치가 필요
   ㉢ 교정단계에서 예측 : 범죄자의 교화·개선을 통한 재범방지를 목적으로 하는 합리적인 처우방법의 선택을 위한 예측, 가석방 및 임시퇴원의 여부와 시기를 판단하기 위한 예측 등

③ **범죄예측의 분류**
   ㉠ 예측방법에 의한 분류
      - 직관적 예측법 : 사람의 인식능력이나 경험을 바탕으로 하여 직관적으로 예측하는 방법
      - 통계적 예측법(점수법) : 여러 자료를 이용하여 범죄예측요인을 수량화하여 비중에 따라 범죄나 비행을 예측하는 방법
      - 임상적 예측(전체적 평가법) : 범죄자의 소질, 구체적인 상황 등을 종합·분석하여 범죄성향을 임상적 지식에 의하여 예측하는 방법
      - 통합적 예측 : 직관적 예측법과 통계적 예측법을 절충한 방법
   ㉡ 예측시점에 의한 분류 : 1차적(예방단계) 범죄예방을 위한 예측, 수사단계에서 예측, 재판단계에서 예측, 교정단계에서 예측 등으로 분류함

④ **범죄예측의 문제점**
   ㉠ 각 개인의 개성이나 특수성에 따른 예외적인 경우 예측이 어려움
   ㉡ 예측이 범죄의 원인관계를 해명하는데 적합하지 않음
   ㉢ 범죄예측이 모든 범죄자를 분류할 수 있을 만큼 완벽하지 않음
   ㉣ 예측이 개인의 여러 가지 조건이나 속성의 변화에 능동적으로 반영하기 어려움

👓 한눈에 쏙~

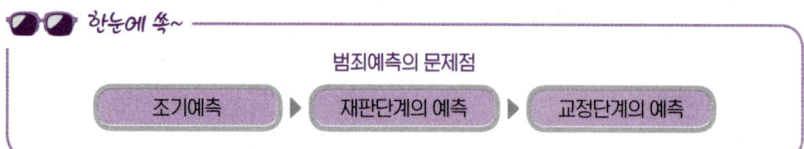

범죄예측의 문제점
조기예측 ▶ 재판단계의 예측 ▶ 교정단계의 예측

⑤ **범죄예측에 대한 평가**
   ㉠ 기술측면의 문제점 : 특정인에게 범죄위험성이 없는데도 불구하고 위험성이 있다고 예측하여 제재를 강화하면 그 개인은 피해를 보게 되고(잘못된 긍정), 위험성이 있음에도 불구하고 없다고 예측하는 경우 사회방위가 취약해짐(잘못된 부정).

- ⓒ 윤리측면의 문제점
    - 행위에 중심을 두는 죄형법정주의에 위배될 수 있음
    - 임상적 예측은 객관성이 결여되고, 통계적 예측법은 행위자의 인격이나 자유의지를 고려하지 못함
    - 예측 자체만으로도 낙인효과가 발생할 수 있음
    - 법관, 경찰, 검찰의 자의나 편견을 합리화시키는 도구로 사용될 가능성이 있음
    - 예측항목에 성별, 자산 등이 고려되어 신분적 지위 때문에 차별대우를 받는 결과를 초래
    - 예측과정에서 인권침해의 소지 있음

2. 형사사법정책

(1) 공소의 제기와 형사정책

① 기소유예제도
  ⓐ 의의 : 공소를 제기할 충분한 범죄혐의가 있고 소송조건도 구비되어 있는 경우 검사가 재량으로 기소하지 않는 처분
  ⓑ 형사소송법상 유사한 제도 : 국가보안법상 공소보류제도, 소년법상 소년사건에 대한 조건부기소유예제도가 있음

② 기소제도의 분류
  ⓐ 기소법정주의 : 기소하기에 충분한 객관적인 혐의가 있을 때는 반드시 기소를 해야만 한다는 주의로 이 주의에서는 공소의 취소도 인정하지 않으며, 독일에서는 기소법정주의를 원칙으로 하고 예외적으로 기소편의주의를 택하고 있으나, 한국은 기소편의주의를 택함

> **실력 up 기소법정주의**
> 검사의 자의를 방지하고 형사사법이 정치적 압력에 의하여 좌우되는 것을 방지한다는 점에서는 유효하지만, 범죄의 정상을 무시하여 반드시 기소해야만 한다는 점에서 도리어 정의에 위배되는 결과를 가져오는 결점 존재

  ⓑ 기소편의주의 : 검사에게 기소·불기소의 재량의 여지를 인정하는 제도로 공소를 하고 난 후에도 그 취소가 가능하며, 형사소송법도 제1심 판결의 선고가 있기 전까지는 공소를 취소할 수 있다고 규정하고 있다(형사소송법 제255조 제1항).

③ 기소유예제도의 장단점
  ⓐ 장점
    - 형사정책의 경직성을 피할 수 있고, 단기자유형의 폐해를 방지할 수 있음
    - 기소를 탄력적으로 결정할 수 있어 구체적이고 실질적인 정의실현이 가능함
    - 공소제기에 구체적 타당성을 기할 수 있어 공소제기 자체에 의한 일반예방효과와 특별예방효과를 증진시킬 수 있음

SEMI-NOTE

기소유예
형법상 양형의 조건을 참작하여 검사가 결정하는 행정처분에 해당

일사부재리의 원칙
기소유예처분을 한 사건을 다시 기소하여 유죄판결하는 것은 일사부재리의 원칙에 반하지 않음

| SEMI-NOTE |

- 경미한 범죄에 대하여 불필요한 구금을 피할 수 있어 법원과 교정시설의 부담이 감소함
- 경미한 범죄자의 신속한 사회복귀에 적합함

ⓒ 단점
- 검사의 기소재량권이 자의적으로 행사될 위험성이 높음
- 법적 안정성을 해할 우려 있음
- 법원의 판단을 받아야할 범죄성립 여부가 검사의 행정처분에 의하여 유죄로 판단되는 것은 불합리함
- 정치적으로 남용될 우려가 있고, 부당한 불기소처분이 우려됨
- 범죄에 대한 처벌의 공백이 생길 수 있음

④ 공소권행사의 적정에 대한 피해자보호
㉠ 불기소처분의 고소인등에의 처분고지(형사소송법 제258조)
- 검사는 고소 또는 고발있는 사건에 관하여 공소를 제기하거나 제기하지 아니하는 처분, 공소의 취소 또는 송치를 한 때에는 그 처분한 날로부터 7일 이내에 서면으로 고소인 또는 고발인에게 그 취지를 통지하여야 한다.
- 검사는 불기소 또는 타관송치의 처분을 한 때에는 피의자에게 즉시 그 취지를 통지하여야 한다.

㉡ 불기소이유의 피해자 등에 대한 통지(형사소송법 제259조) : 검사는 고소 또는 고발있는 사건에 관하여 공소를 제기하지 아니하는 처분을 한 경우에 고소인 또는 고발인의 청구가 있는 때에는 7일 이내에 고소인 또는 고발인에게 그 이유를 서면으로 설명하여야 한다.

㉢ 재정신청(형사소송법 제260조)
- 고소권자로서 고소를 한 자는 검사로부터 공소를 제기하지 아니한다는 통지를 받은 때에는 그 검사 소속의 지방검찰청 소재지를 관할하는 고등법원에 그 당부에 관한 재정을 신청할 수 있다.
- 재정신청을 하려는 자는 항고기각 결정을 통지받은 날 또는 사유가 발생한 날부터 10일 이내에 지방검찰청검사장 또는 지청장에게 재정신청서를 제출하여야 한다.
- 재정신청서에는 재정신청의 대상이 되는 사건의 범죄사실 및 증거 등 재정신청을 이유있게 하는 사유를 기재하여야 한다.

㉣ 검찰항고(검찰청법 제10조 제1항) : 검사의 불기소처분에 불복하는 고소인이나 고발인은 그 검사가 속한 지방검찰청 또는 지청을 거쳐 서면으로 관할 고등검찰청 검사장에게 항고할 수 있다.

㉤ 검찰권행사에 대한 법무부장관의 지휘·감독(검찰청법 제8조) : 법무부장관은 검찰사무의 최고 감독자로서 일반적으로 검사를 지휘·감독하고, 구체적 사건에 대하여는 검찰총장만을 지휘·감독한다.

㉥ 고소·고발인의 헌법소원(헌법재판소법 제68조 제1항) : 공권력의 행사 또는 불행사로 인하여 헌법상 보장된 기본권을 침해받은 자는 법원의 재판을 제외하고는 헌법재판소에 헌법소원심판을 청구할 수 있다. 다만, 다른 법률에 구제절차가 있는 경우에는 그 절차를 모두 거친 후에 청구할 수 있다.

재정신청
피공표자의 명시한 의사에 반하여 재정을 신청할 수 없음

(2) 재판과 형사정책

① 개설 : 재판단계에서의 형사정책 논의는 양형의 합리화와 양형과 관련된 형의 유예제도

한눈에 쏙~

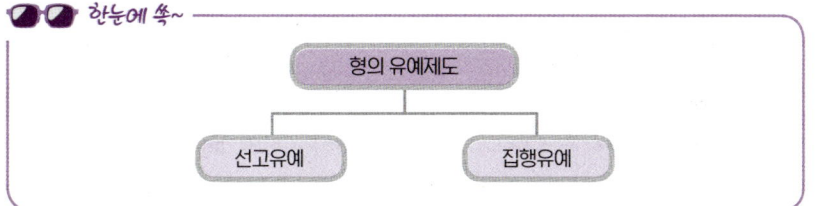

② 양형의 합리화 방안
  ㉠ 양형의 의의 : 법원이 형사재판 결과 유죄 판결을 받은 피고인에 대해 그 형벌의 정도 또는 형벌의 양을 결정하는 일을 말하며, 일정한 범주로 규정된 법정형에 법률상 가중·감경 또는 작량감경을 하여 그 처단형의 범위 내에서 선고할 형을 정하는 것
  ㉡ 양형원칙
    • 책임주의의 원칙 : 형량은 행위자의 책임과 균형을 이루는 범위에서 결정되어야 함
    • 형사정책적 고려 : 양형은 책임주의와 예방주의의 조화, 사회방위처분의 필요성과 보안처분의 조화 등이 요구됨
    • 예방주의 원칙, 비례의 원칙, 형벌최소화의 원칙 등
    • 양형기준
      - 범죄의 죄질 및 범정과 피고인의 책임의 정도를 반영할 것
      - 범죄의 일반예방 및 피고인의 재범 방지와 사회복귀를 고려할 것
      - 동종 또는 유사한 범죄에 대하여는 고려하여야 할 양형요소에 차이가 없는 한 양형에 있어 상이하게 취급하지 아니할 것
      - 피고인의 국적·종교 및 양심·사회적 신분 등을 이유로 양형상 차별을 하지 아니할 것
  ㉢ 양형의 합리화방안 : 유·무죄 인정절차와 양형절차의 분리, 양형표 또는 양형지침서의 작성, 판결전 조사제도, 양형위원회
  ㉣ 양형합리화를 위한 부수적인 문제 : 구형의 합리화, 부정기형의 실효를 위한 일정한 통제의 필요, 판결서에 양형이유의 명시
  ㉤ 양형의 조건
    • 의의 : 양형의 문제를 법관의 자유재량에 맡기면서도 자의적이거나 불합리한 양형을 제한하기 위하여 정해 놓은 표준을 양형의 조건 또는 양형인자라고 함
    • 양형의 조건(형법 제51조)
      - 범인의 연령, 성행, 지능과 환경
      - 피해자에 대한 관계
      - 범행의 동기, 수단과 결과
      - 범행 후의 정황

SEMI-NOTE

재판단계 적용 원칙
재판단계에서는 무죄추정의 원칙, 공개재판의 원칙, 구술변론주의, 일사부재리의 원칙, 불이익변경금지의 원칙이 적용됨

양형
• 법정형 : 형법의 각칙 조문을 비롯하여 기타 형벌을 규정한 특별법에서 각개의 범죄에 대하여 규정하고 있는 추상적인 형벌 자체
• 처단형 : 법정형을 구체적 범죄사실에 적용함에 있어서 법률상·재판상의 가중감경을 하여 처단의 범위가 확정된 형
• 선고형 : 법원이 처단형의 범위 내에서 구체적으로 형을 양정하여 당해 피고인에게 선고하는 형. 성인에게는 정기형이, 소년에게는 상대적 부정기형이 선고됨

양형기준
양형기준은 원칙적으로 구속력이 없으나, 법관이 양형기준을 이탈하는 경우 판결문에 양형이유를 기재해야 하므로, 합리적 사유 없이 양형기준을 위반할 수는 없음

③ 집행유예 : 유죄의 형을 선고하면서 이를 즉시 집행하지 않고 일정기간 그 형의 집행을 미루어 주는 것으로, 그 기간이 경과할 경우 형선고의 효력을 상실하게 하여 형 집행을 하지 않는 것
  ㉠ 법적 성격 : 형의 집행조건의 결여로 인한 집행의 중지가 본질
  ㉡ 형사정책적 의의 : 단기자유형의 폐해를 방지하고 범죄인의 사회복귀를 촉진시킬 수 있음
  ㉢ 집행유예의 요건(형법 제62조)
    • 3년 이하의 징역이나 금고 또는 500만원 이하의 벌금의 형을 선고할 경우에 양형의 사항을 참작하여 그 정상에 참작할 만한 사유가 있는 때에는 1년 이상 5년 이하의 기간 형의 집행을 유예할 수 있다. 다만, 금고 이상의 형을 선고한 판결이 확정된 때부터 그 집행을 종료하거나 면제된 후 3년까지의 기간에 범한 죄에 대하여 형을 선고하는 경우에는 그러하지 아니하다.
    • 형을 병과할 경우에는 그 형의 일부에 대하여 집행을 유예할 수 있다.
  ㉣ 집행유예와 조건부 부담처분(형법 제62조의2)
    • 형의 집행을 유예하는 경우에는 보호관찰을 받을 것을 명하거나 사회봉사 또는 수강을 명할 수 있다.
    • 보호관찰의 기간은 집행을 유예한 기간으로 한다. 다만, 법원은 유예기간의 범위내에서 보호관찰기간을 정할 수 있다.
    • 사회봉사명령 또는 수강명령은 집행유예기간내에 이를 집행한다.
  ㉤ 집행유예의 효과(형법 제65조) : 집행유예 선고 후 그 선고가 실효 또는 취소됨이 없이 유예기간이 경과한 때에는 형의 선고가 효력을 잃는다. 그러나 형선고로 인한 법률효과는 그대로 남는다.
  ㉥ 집행유예의 실효(형법 제63조) : 집행유예의 선고를 받은 자가 유예기간 중 고의로 범한 죄로 금고 이상의 실형을 선고받아 그 판결이 확정된 때에는 집행유예의 선고는 효력을 잃는다.
  ㉦ 집행유예의 취소(형법 제64조)
    • 집행유예의 선고를 받은 후 금고 이상의 형을 선고한 판결이 확정된 때부터 그 집행을 종료하거나 면제된 후 3년까지의 기간에 범한 죄의 사유가 발각된 때에는 집행유예의 선고를 취소한다.
    • 보호관찰이나 사회봉사 또는 수강을 명한 집행유예를 받은 자가 준수사항이나 명령을 위반하고 그 정도가 무거운 때에는 집행유예의 선고를 취소할 수 있다.
④ 선고유예 : 범정이 경미한 범인에 대하여 일정한 기간 형의 선고를 유예하고, 그 유예기간을 사고 없이 지내면 형의 선고를 면하게 하는 제도
  ㉠ 집행유예와 비교
    • 선고유예는 범정이 비교적 경미한 사례에 적용되고, 집행유예는 비교적 중한 사례에 적합한 처분
    • 선고유예는 가장 가벼운 유죄판결이고 재범의 위험성이 가장 적은 초범자를 대상

선고 유예 불가
징역, 금고 형에 대한 집행유예가 있었다면 선고유예를 할 수 없음

- 선고유예는 형의 선고를 수반하지 않고 집행유예는 형의 선고를 수반
  ⓒ 유죄판결의 선고유예와 비교 : 미국은 유죄판결 자체를 유예하나 한국 형법은 형의 선고만 유예할 뿐이며, 형의 선고유예는 유죄판결의 일종이고 유죄판결의 선고유예는 유죄판결이 아님
  ⓒ 법적 성격 : 선고유예는 형의 선고를 유예하여 형벌을 피하기 위한 제도로 형 집행의 변형이 아니며 집행유예는 형 집행의 변형으로서의 성질을 가짐
  ⓔ 형사정책적 의미 : 개전의 정상이 현저한 피고인에게 형의 선고를 유예하여 범죄인의 신속한 사회복귀를 촉진하기 위한 제도로, 피고인에게 형을 선고받은 사람이라는 낙인을 찍지 아니함
  ⓜ 선고유예의 요건(형법 제59조)
    - 1년 이하의 징역이나 금고, 자격정지 또는 벌금의 형을 선고할 경우에 양형조건의 사항을 고려하여 뉘우치는 정상이 뚜렷할 때에는 그 형의 선고를 유예할 수 있다. 다만, 자격정지 이상의 형을 받은 전과가 있는 사람에 대해서는 예외로 한다.
    - 형을 병과할 경우에도 형의 전부 또는 일부에 대하여 선고를 유예할 수 있다.
  ⓑ 조건부 부담처분(형법 제59조의2)
    - 형의 선고를 유예하는 경우에 재범방지를 위하여 지도 및 원호가 필요한 때에는 보호관찰을 받을 것을 명할 수 있다.
    - 보호관찰의 기간은 1년으로 한다.
  ⓢ 선고유예의 효과(형법 제60조) : 형의 선고유예를 받은 날로부터 2년을 경과한 때에는 면소된 것으로 간주한다.
  ⓞ 선고유예의 실효(형법 제61조)
    - 형의 선고유예를 받은 자가 유예기간 중 자격정지 이상의 형에 처한 판결이 확정되거나 자격정지 이상의 형에 처한 전과가 발견된 때에는 유예한 형을 선고한다.
    - 보호관찰을 명한 선고유예를 받은 자가 보호관찰기간중에 준수사항을 위반하고 그 정도가 무거운 때에는 유예한 형을 선고할 수 있다.

(3) 전환제도

① 전환제도의 의의
  ⓐ 형사절차의 중간단계에서 절차진행을 중지하고 비공식적 절차에 의하여 범죄인을 처리하는 제도
  ⓑ 범죄자가 사회내처우, 교육, 상담 등 개선 프로그램에 자발적으로 참여하는 것을 조건으로 구속이나 기소를 회피하는 제도
  ⓒ 경찰의 훈방, 검찰의 기소유예, 선도조건부 기소유예, 선고유예, 집행유예 등이 있음
  ⓓ 전환제도의 예외 : 치료감호, 귀휴, 보안처분은 범죄인을 사법절차에서 완전히 배제시키는 것이 아니므로 전환제도가 아님

SEMI-NOTE

유죄판결의 선고유예
유죄판결의 선고유예는 유죄선고에 따르는 사회윤리적인 낙인을 피하면서 범죄인을 사회에 복귀시키려는 취지임

면소
형사소송에 있어서 해당 사건에 관한 해당 법원의 소송절차를 종결시키는 종국재판으로 공소시효가 소멸됐거나 사면됐을 경우에 내려짐

보석과 구속적부심제도
보석이나 구속적부심제도는 형사절차에 속하므로 전환제도가 아니고, 소년법상 불심리결정이나 불처분결정은 전환제도에 속함

SEMI-NOTE

재판 전 조정제도
사법기관이 중간에서 화해나 타협점을 찾아 합의하도록 유도하는 제도

② 형사정책적 의의
  ㉠ **재판 전 조정제도로 활용** : 범죄처리로부터 전환 및 우회하여 형사사법 절차를 최소화하는 것으로 전환제도에 속함
  ㉡ **낙인화 방지** : 전환제도는 유무죄가 확정되지 않은 상태에서 이루어지기 때문에 역기능을 방지
  ㉢ **비공식적 대응** : 전환제도는 형사소추기관이 비공식적으로 범죄행위에 대응하는 것으로 경찰은 범죄자의 체포여부를 결정하는데 재량권을 행사하고, 검찰은 기소여부에 재량권을 행사
  ㉣ 범죄학습의 차단과 전통적 사회와의 유대 유지
  ㉤ **형사사법의 개별화** : 범죄자 개인의 문제와 위험성, 지역사회의 기대, 범죄의 영향 등을 고려하여 판단하는 것
③ 효과와 문제점

효과	문제점
• 비용절감 • 형사사법 기관들의 업무경감 및 능률성의 제고 • 낙인화의 방지 및 범죄학습의 방지 • 구금의 대안제공 및 비공식적 환경으로 대체 등을 통한 경제적인 방법으로 범죄문제 처리 • 인도주의적 처우실현	• 국가에 의한 통제와 감독을 받는 사람의 증가 • 범죄원인을 제거하는데 효과미흡 • 형벌에 따른 고통의 감소로 재범증가의 가능성 • 절차의 이완으로 형사사법의 불평등을 야기할 가능성 증대 • 전환제도도 다른 형사사법절차의 하나일 뿐이라는 것 • 유죄를 추정하는 것이므로 개인의 자유와 권리보장이 미흡

3. 소년사법정책 ★ 빈출개념

(1) 개설

① **의의** : 소년사법은 미완성 상태에 있는 소년을 형벌을 가하기보다는 건전하게 육성하고 범죄로부터 보호하여야 한다는 보호주의가 이념
② **소년보호를 위한 법률** ★ 빈출개념
  ㉠ **소년법** : 반사회성이 있는 소년의 환경 조정과 품행 교정을 위한 보호처분 등의 필요한 조치를 하고, 형사처분에 관한 특별조치를 함으로써 소년이 건전하게 성장하도록 돕는 것이 목적
  ㉡ **소년보호 등의 처우에 관한 법률** : 보호소년 등의 처우 및 교정교육과 소년원과 소년분류심사원의 조직, 기능 및 운영에 관하여 필요한 사항을 규정함을 목적
  ㉢ **아동복지법** : 아동이 건강하게 출생하여 행복하고 안전하게 자랄 수 있도록 아동의 복지를 보장하는 것을 목적
  ㉣ **보호관찰 등에 관한 법률** : 죄를 지은 사람으로서 재범 방지를 위하여 보호관찰, 사회봉사, 수강 및 갱생보호 등 체계적인 사회 내 처우가 필요하다고 인정되는 사람을 지도하고 보살피며 도움으로써 건전한 사회 복귀를 촉진하고,

아동
18세 미만인 자

효율적인 범죄예방 활동을 전개함으로써 개인 및 공공의 복지를 증진함과 아울러 사회를 보호함을 목적
- ⑩ **청소년보호법** : 청소년에게 유해한 매체물과 약물 등이 청소년에게 유통되는 것과 청소년이 유해한 업소에 출입하는 것 등을 규제하고 청소년을 유해한 환경으로부터 보호·구제함으로써 청소년이 건전한 인격체로 성장할 수 있도록 함이 목적
- ⑪ **아동·청소년의 성보호에 관한 법률** : 아동·청소년대상 성범죄의 처벌과 절차에 관한 특례를 규정하고 피해아동·청소년을 위한 구제 및 지원 절차를 마련하며 아동·청소년대상 성범죄자를 체계적으로 관리함으로써 아동·청소년을 성범죄로부터 보호하고 아동·청소년이 건강한 사회구성원으로 성장할 수 있도록 함을 목적으로 하며, 19세 미만의 청소년이 대상
- ⑫ **청소년기본법** : 청소년의 권리 및 책임과 가정·사회·국가·지방자치단체의 청소년에 대한 책임을 정하고 청소년정책에 관한 기본적인 사항을 규정함을 목적
- ⑬ **가정폭력방지 및 피해자보호 등에 관한 법률** : 가정폭력을 예방하고 가정폭력의 피해자를 보호·지원함을 목적

실력up 아동, 청소년에 관한 나이
나이에 대한 규정이 법률마다 약간 차이를 보임

③ **소년사법의 특징**
  ㉠ 소년법의 특징
   - 소년의 반사회성에 바탕을 두고 있음
   - 소년 보호사건은 가정법원소년부 또는 지방법원소년부에 속함
   - 소년 보호사건의 심리와 처분 결정은 소년부 단독판사가 진행
   - 소년사건 처리의 1차적 분류기능을 검사에게 맡기는 검사선의주의를 채택
   - 보호처분의 다양화와 항고제를 인정
   - 범죄소년에 대하여 형사처분 가능

실력up 검사선의주의
소년사건의 처리 절차에서 보호처분을 위하여 소년 심판 절차에 의할 것인지 형벌을 위하여 형사절차에 의할 것인지를 선택하는 선의권을 검사에게 귀속시키려는 입장

  ㉡ 보호처분과 형사사건의 이원화
   - 소년법은 실체법과 절차법의 성격
   - 보호사건절차에는 형사소송법의 규정이 적용되지 않음
   - 보호사건절차에는 직권주의, 심리의 비공개, 적법절차의 원리가 적용
   - 보호사건은 형사법원에서 관할하지 않으며, 보호처분으로 전과자가 되지 않음

SEMI-NOTE

청소년
9세 이상 24세 이하인 사람

소년범죄의 처우
개별화 이념에 따라 소년의 개별적인 특성을 고려해야 함

소년사법 대상
10세 이상 19세 미만의 촉법소년, 범죄소년, 우범소년

보호처분
소년원에서 집행

ⓒ 실체법적 성격과 절차법적 성격
  - 실체법적 성격 : 보호주의, 교육주의, 인격주의, 예방주의
  - 절차법적 성격 : 통고주의, 심문주의, 개별주의, 협력주의, 밀행주의, 과학주의, 직권주의

(2) 소년사법절차

① 범죄소년
  ㉠ 범죄소년 : 14세 이상자로서 형사책임능력이 있는 19세 미만자이다. 사실심 판결선고시 19세 미만자에게 적용되므로 항소심 계속 중에 19세가 되면 적용할 수 없으나 상고심에는 적용되지 않는다(소년법 제4조 제1항 제1호).
  ㉡ 범죄소년의 처리
   - 검사선의주의 : 소년사건 처리의 1차적 분류기능을 검사에게 맡기는 검사선의주의를 채택함
   - 소년부에 통고 : 범죄소년에 해당하는 소년을 발견한 보호자 또는 학교·사회복지시설·보호관찰소의 장은 이를 관할 소년부에 통고할 수 있다(소년법 제4조 제3항).
② 촉법소년 : 형벌 법령에 저촉되는 행위를 한 10세 이상 14세 미만인 소년(소년법 제4조 제1항 제2호)
③ 우범소년(소년법 제4조 제1항 제3호) : 다음에 해당하는 사유가 있고 그의 성격이나 환경에 비추어 앞으로 형벌 법령에 저촉되는 행위를 할 우려가 있는 10세 이상인 소년
  ㉠ 집단적으로 몰려다니며 주위 사람들에게 불안감을 조성하는 성벽이 있는 것
  ㉡ 정당한 이유 없이 가출하는 것
  ㉢ 술을 마시고 소란을 피우거나 유해환경에 접하는 성벽이 있는 것

(3) 소년보호사건

① 소년보호사건의 의의
  ㉠ 반사회적 위험을 기초로 하여 자유박탈, 제한적 조치로 범죄자의 개선 및 갱생을 도모하고 사회방위를 고려하며 처우기간이 부정기적이라는 측면에서 보안처분의 일종
  ㉡ 소년보호사건의 특징
   - 보호처분은 사회방위보다 보호성을 핵심으로 하여 소년의 보호와 건전한 육성에 근거
   - 보호처분을 우선적으로 적용
   - 일사부재리의 원칙이 적용되어 보호처분을 받은 소년에 대하여는 그 심리가 결정된 사건은 다시 공소를 제기하거나 소년부에 송치할 수 없다(소년법 제53조).
  ㉢ 보호처분과 보안처분의 차이
   - 보호처분은 복지적 요청위주이고, 보안처분은 사회방위 주된 목적
   - 보호처분은 형벌의 회피수단이나 보안처분은 형벌을 보완하고 대체하는 수단

SEMI-NOTE

우범소년에 대한 보호처분
보호처분의 이유는 법치국가의 원리에 위배되며, 법을 위반하지 않았는데도 범죄위험성을 기준으로 강제조치를 하는 것은 인권침해에 해당하기 때문

일사부재리의 원칙
일단 판결이 확정된 사건은 다시 공소를 제기할 수 없다는 원칙

- 보호처분은 소년의 건전한 육성이 주목적이나 보안처분은 반사회성을 교정하는 것
② 소년보호사건의 대상과 관할
  ㉠ 대상 : 범죄소년, 촉법소년, 우범소년(소년법 제4조 제1항)
  ㉡ 관할 : 소년 보호사건의 관할은 소년의 행위지, 거주지 또는 현재지로 한다(소년법 제3조 제1항).
③ 소년보호사건의 처리절차
  ㉠ 송치 : 범죄소년, 촉법소년, 우범소년이 있을 때에는 경찰서장은 직접 관할 소년부에 송치하여야 한다(소년법 제4조 제2항).
    • 검사의 송치 : 검사는 소년에 대한 피의사건을 수사한 결과 보호처분에 해당하는 사유가 있다고 인정한 경우에는 사건을 관할 소년부에 송치하여야 한다(소년법 제49조 제1항).
    • 경찰서장의 송치 : 범죄소년, 촉법소년, 우범소년이 있을 때에는 경찰서장은 직접 관할 소년부에 송치하여야 한다(소년법 제4조 제2항).
    • 법원의 송치 : 법원은 소년에 대한 피고사건을 심리한 결과 보호처분에 해당할 사유가 있다고 인정하면 결정으로써 사건을 관할 소년부에 송치하여야 한다(소년법 제50조).
  ㉡ 통고 : 범죄소년, 촉법소년, 우범소년을 발견한 보호자 또는 학교·사회복리시설·보호관찰소의 장은 이를 관할 소년부에 통고할 수 있다(소년법 제4조 제3항).
  ㉢ 이송(소년법 제6조)
    • 보호사건을 송치받은 소년부는 보호의 적정을 기하기 위하여 필요하다고 인정하면 결정으로써 사건을 다른 관할 소년부에 이송할 수 있다. (임의적 이송)
    • 소년부는 사건이 그 관할에 속하지 아니한다고 인정하면 결정으로써 그 사건을 관할 소년부에 이송하여야 한다. (필요적 이송)
  ㉣ 형사처분 등을 위한 관할 검찰청으로의 송치(소년법 제7조)
    • 소년부는 조사 또는 심리한 결과 금고 이상의 형에 해당하는 범죄 사실이 발견된 경우 그 동기와 죄질이 형사처분을 할 필요가 있다고 인정하면 결정으로써 사건을 관할 지방법원에 대응한 검찰청 검사에게 송치하여야 한다.
    • 소년부는 조사 또는 심리한 결과 사건의 본인이 19세 이상인 것으로 밝혀진 경우에는 결정으로써 사건을 관할 지방법원에 대응하는 검찰청 검사에게 송치하여야 한다.
④ 감호에 대한 임시조치
  ㉠ 임시조치 : 사건을 조사 또는 심리하는데 필요한 소년의 신병을 확보하는 조치
  ㉡ 임시조치의 종류(소년법 제18조 제1항)
    • 보호자, 소년을 보호할 수 있는 적당한 자 또는 시설에 위탁 : 3개월, 1차 연장 가능
    • 병원이나 그 밖의 요양소에 위탁 : 3개월, 1차 연장 가능
    • 소년분류심사원에 위탁 : 1개월, 1차 연장 가능

소년 보호사건
가정법원소년부 또는 지방법원소년부에 속하고, 소년 보호사건의 심리와 처분 결정은 소년부 단독판사가 함

SEMI-NOTE

조사와 심리
- 진술거부권의 고지(소년법 제10조)
- 판결전 조사(소년법 제11조)
- 소환, 동행영장 및 긴급동행영장의 발부와 집행(소년법 제13조 내지 제16조)
- 보조인 선임(소년법 제17조)

보호처분의 효력
집행력, 일사부재리의 효력발생, 기판력 발생, 소년의 보호처분은 그 소년의 장래 신상에 어떠한 영향도 미치지 않음

보호처분에 대한 구제방법
사건 본인·보호자·보조인 또는 그 법정대리인은 관할 가정법원 또는 지방법원 본원 합의부에 항고할 수 있다(소년법 제43조 제1항). 항고 제기 기간은 7일(동법 제43조 제2항), 항고장을 받은 소년부는 3일 이내에 의견서를 첨부하여 항고법원에 송부하여야 하며(동법 제44조) 항고가 결정의 집행을 정지시키는 효력이 없다(동법 제46조).

- 항고 : 판결 이외의 재판인 결정이나 명령에 대한 상소
- 재항고 : 항고법원·고등법원 또는 항소법원의 결정 및 명령에 대하여 재판에 영향을 미치게 한 헌법·법령·규칙의 위반을 이유로 하는 항고

보호처분결정에 대한 집행
소년법원이 직접 지휘

---

⑤ 법원의 결정
  ㉠ 중간결정 : 심리개시결정
  ㉡ 종국결정 : 심리불개시결정, 불처분결정, 형사법원으로의 이송결정, 보호처분결정
    - 심리불개시결정 : 심판권이 없을 때, 소년이 실재하지 않을 때, 소년이 10세 이하이거나 19세 이상일 때, 소년의 소재불명 및 심리진행이 불가능할 때, 사안이 경미한 경우, 처분의 선행으로 재차 보호처분을 할 필요가 없을 경우
    - 불처분결정
    - 형사법원으로의 이송결정 : 소년부는 송치받은 사건을 조사 또는 심리한 결과 사건의 본인이 19세 이상인 것으로 밝혀지면 결정으로써 송치한 법원에 사건을 다시 이송(소년법 제51조)
    - 보호처분결정(소년법 제32조 제1항) : 보호자 또는 보호자를 대신하여 소년을 보호할 수 있는 자에게 감호 위탁, 수강명령, 사회봉사명령, 보호관찰관의 단기 보호관찰, 보호관찰관의 장기 보호관찰, 아동복지시설이나 그 밖의 소년보호시설에 감호 위탁, 병원·요양소 또는 의료재활소년원에 위탁, 1개월 이내의 소년원 송치, 단기 소년원 송치, 장기 소년원 송치

법령 소년법

제37조(처분의 변경) ① 소년부 판사는 위탁받은 자나 보호처분을 집행하는 자의 신청에 따라 결정으로써 제32조의 보호처분과 제32조의2 부가처분을 변경할 수 있다.
③ 결정은 지체 없이 사건 본인과 보호자에게 알리고 그 취지를 위탁받은 자나 보호처분을 집행하는 자에게 알려야 한다.

법령 소년법

제38조(보호처분의 취소) ① 보호처분이 계속 중일 때에 사건 본인이 처분 당시 19세 이상인 것으로 밝혀진 경우에는 소년부 판사는 결정으로써 그 보호처분을 취소하고 구분에 따라 처리하여야 한다.
② 소년에 대한 보호처분이 계속 중일 때에 사건 본인이 행위 당시 10세 미만으로 밝혀진 경우 또는 소년에 대한 보호처분이 계속 중일 때에 사건 본인이 처분 당시 10세 미만으로 밝혀진 경우에는 소년부 판사는 결정으로써 그 보호처분을 취소하여야 한다.

(4) 보호소년 등의 처우에 관한 법률상 소년보호기관

① 소년원
  ㉠ 의의 : 범죄소년, 촉법소년, 우범소년에 대한 법원 소년부 송치처분을 집행하는 기관으로 소년원과 소년분류심사원은 법무부장관이 관장
  ㉡ 기능 : 교육적 기능, 복지적 기능, 형사정책적 기능
  ㉢ 소년원 내의 징계(보호소년 등의 처우에 관한 법률 제15조 제1항) : 훈계, 원내 봉사활동, 서면 사과, 20일 이내의 텔레비전 시청 제한, 20일 이내의 단체 체육활동 정지, 20일 이내의 공동행사 참가 정지, 20일 이내의 기간 동안 지정

된 실(室) 안에서 근신하게 하는 것
- ㉣ 보호장비의 사용(보호소년 등의 처우에 관한 법률 제14조의2 제1항) : 수갑, 포승, 가스총, 전자충격기, 머리보호장비, 보호대
- ㉤ 퇴원과 임시퇴원
  - 퇴원(보호소년 등의 처우에 관한 법률 제43조)
    - 소년원장은 보호소년이 22세가 되면 퇴원시켜야 한다.
    - 소년원장은 수용상한기간에 도달한 보호소년은 즉시 퇴원시켜야 한다.
    - 소년원장은 교정성적이 양호하며 교정의 목적을 이루었다고 인정되는 보호소년에 대하여는 보호관찰심사위원회에 퇴원을 신청하여야 한다.
    - 위탁소년 또는 유치소년의 소년분류심사원 퇴원은 법원소년부의 결정서에 의하여야 한다.
  - 임시퇴원 : 소년원장은 교정성적이 양호한 자 중 보호관찰의 필요성이 있다고 인정되는 보호소년에 대하여는 보호관찰심사위원회에 임시퇴원을 신청하여야 한다(보호소년 등의 처우에 관한 법률 제44조).

② 소년분류심사원
- ㉠ 의의 : 법원소년부(가정법원 소년부 또는 지방법원 소년부)가 결정으로써 위탁한 소년을 수용하여 그 자질을 분류심사하는 시설
- ㉡ 분류심사(보호소년 등의 처우에 관한 법률 제24조)
  - 의학, 심리학, 교육학, 사회학, 사회사업학 등의 전문적인 지식과 기술에 근거를 두고 보호소년의 신체적·심리적·환경적 측면을 조사·판정
- ㉢ 임무(보호소년 등의 처우에 관한 법률 제3조 제2항)
  - 위탁소년의 수용과 분류심사
  - 유치소년의 수용과 분류심사
  - 전문가 진단의 일환으로 법원소년부가 상담조사를 의뢰한 소년의 상담과 조사
  - 소년 피의사건에 대하여 검사가 조사를 의뢰한 소년의 품행 및 환경 등의 조사
  - 소년으로서 소년원장이나 보호관찰소장이 의뢰한 소년의 분류심사
- ㉣ 소년분류심사원의 기본원칙 : 보호소년, 위탁소년 또는 유치소년을 처우할 때에는 인권보호를 우선적으로 고려하여야 하고, 사회적응력을 길러 건전한 청소년으로서 사회에 복귀할 수 있도록 하여야 한다.
- ㉤ 분류처우(보호소년 등의 처우에 관한 법률 제8조)
  - 원장은 보호소년 등의 정신적·신체적 상황 등 개별적 특성을 고려하여 생활실을 구분하는 등 적합한 처우를 하여야 한다.
  - 보호소년 등은 남성과 여성, 보호소년, 위탁소년 및 유치소년에 따라 분리 수용한다.

SEMI-NOTE

분류수용
법무부장관은 보호소년의 처우상 필요하다고 인정하면 소년원을 초·중등교육, 직업능력개발훈련, 의료재활 등 기능별로 분류하여 운영하게 할 수 있다(보호소년 등의 처우에 관한 법률 제5조 제1항).

분류심사
소년의 신체, 성격, 소질, 환경, 학력 및 경력 등에 대한 조사를 통하여 비행 또는 범죄의 원인을 규명하여 심사대상인 소년의 처우에 관하여 최선의 지침을 제시함을 목적

SEMI-NOTE

분류의 사용
법원 소년부 및 검사의 심리자료, 소년원의 교정처우 지침, 학교와 가정의 지도자료 등

조건부 기소유예
검사는 피의자에 대하여 다음에 해당하는 선도 등을 받게 하고, 피의사건에 대한 공소를 제기하지 아니할 수 있다. 이 경우 소년과 소년의 친권자·후견인 등 법정대리인의 동의를 받아야 한다(소년법 제49조의3).
• 범죄예방자원봉사위원의 선도
• 소년의 선도·교육과 관련된 단체·시설에서의 상담·교육·활동 등

심리의 방침(소년법 제58조)
• 소년에 대한 형사사건의 심리는 친절하고 온화하게 하여야 한다.
• 심리에는 소년의 심신상태, 품행, 경력, 가정상황, 그 밖의 환경 등에 대하여 정확한 사실을 밝힐 수 있도록 특별히 유의하여야 한다.

(5) 소년법상의 형사처분

① **의의** : 소년법상 형사처분은 죄를 범한 소년에 대하여 형벌에 의한 제재를 과할 목적으로 하는 형사처분이며, 일반적인 보호처분과는 별개의 성격을 띠는 것으로 소년이라는 특칙이 적용

② **준거규정** : 소년에 대한 형사사건에 관하여는 이 법에 특별한 규정이 없으면 일반 형사사건의 예에 따른다(소년법 제48조).

③ **절차상의 특례**
  ㉠ 구속영장의 제한(소년법 제55조)
  • 소년에 대한 구속영장은 부득이한 경우가 아니면 발부하지 못한다.
  • 소년을 구속하는 경우에는 특별한 사정이 없으면 다른 피의자나 피고인과 분리하여 수용하여야 한다.
  ㉡ 검사의 결정 전 조사 : 검사는 소년 피의사건에 대하여 소년부 송치, 공소제기, 기소유예 등의 처분을 결정하기 위하여 필요하다고 인정하면 피의자의 주거지 또는 검찰청 소재지를 관할하는 보호관찰소의 장, 소년분류심사원장 또는 소년원장에게 피의자의 품행, 경력, 생활환경이나 그 밖에 필요한 사항에 관한 조사를 요구할 수 있다(소년법 제49조의2 제1항).
  ㉢ 비행 예방정책 : 법무부장관은 비행소년이 건전하게 성장하도록 돕기 위하여 다음의 사항에 대한 필요한 조치를 취하여야 한다(소년법 제67조의2).
  • 비행소년이 건전하게 성장하도록 돕기 위한 조사·연구·교육·홍보 및 관련 정책의 수립·시행
  • 비행소년의 선도·교육과 관련된 중앙행정기관·공공기관 및 사회단체와의 협조체계의 구축 및 운영
  ㉣ 조사의 위촉 : 법원은 소년에 대한 형사사건에 관하여 필요한 사항을 조사하도록 조사관에게 위촉할 수 있다(소년법 제56조).
  ㉤ 심리의 분리 : 소년에 대한 형사사건의 심리는 다른 피의사건과 관련된 경우에도 심리에 지장이 없으면 그 절차를 분리하여야 한다(소년법 제57조).

④ **처분상의 특례**
  ㉠ 사형 및 무기형의 완화 : 죄를 범할 당시 18세 미만인 소년에 대하여 사형 또는 무기형으로 처할 경우에는 15년의 유기징역으로 한다(소년법 제59조).
  ㉡ 부정기형(소년법 제60조)
  • 소년이 법정형으로 장기 2년 이상의 유기형에 해당하는 죄를 범한 경우에는 그 형의 범위에서 장기와 단기를 정하여 선고한다. 다만, 장기는 10년, 단기는 5년을 초과하지 못한다.
  • 소년의 특성에 비추어 상당하다고 인정되는 때에는 그 형을 감경할 수 있다.
  • 형의 집행유예나 선고유예를 선고할 때에는 제1항을 적용하지 아니한다.
  • 소년에 대한 부정기형을 집행하는 기관의 장은 형의 단기가 지난 소년범의 행형 성적이 양호하고 교정의 목적을 달성하였다고 인정되는 경우에는 관할 검찰청 검사의 지휘에 따라 그 형의 집행을 종료시킬 수 있다.
  ㉢ 미결구금일수의 산입 : 소년분류심사원에 위탁조치가 있었을 때에는 그 위탁

기간은 형법 의 판결선고 전 구금일수로 본다(소년법 제61조).
- ㉣ 환형처분의 금지(소년법 제62조)
  - 원칙 : 18세 미만인 소년에게는 노역장 유치선고를 하지 못한다.
  - 예외 : 판결선고 전 구속되었거나 소년분류심사원에 위탁조치가 있었을 때에는 그 구속 또는 위탁의 기간에 해당하는 기간은 노역장에 유치된 것으로 보아 판결전 구금일수를 적용할 수 있다.
- ⑤ 행형상의 특례
  - ㉠ 징역 · 금고의 집행 : 징역 또는 금고를 선고받은 소년에 대하여는 특별히 설치된 교도소 또는 일반 교도소 안에 특별히 분리된 장소에서 그 형을 집행한다(소년법 제63조).
  - ㉡ 보호처분과 형의 집행순서 : 보호처분이 계속 중일 때에 징역, 금고 또는 구류를 선고받은 소년에 대하여는 먼저 그 형을 집행한다(소년법 제64조).
  - ㉢ 가석방 : 징역 또는 금고를 선고받은 소년에 대하여는 다음의 기간이 지나면 가석방을 허가할 수 있다(소년법 제65조).
- ⑥ 기타 특례
  - ㉠ 자격에 관한 법령의 적용 : 소년이었을 때 범한 죄에 의하여 형의 선고 등을 받은 자에 대하여 형을 선고받은 자가 그 집행을 종료하거나 면제받은 경우, 형의 선고유예나 집행유예를 선고받은 경우 자격에 관한 법령을 적용할 때 장래에 향하여 형의 선고를 받지 아니한 것으로 본다(소년법 제67조).
  - ㉡ 보도 금지 : 소년법에 따라 조사 또는 심리 중에 있는 보호사건이나 형사사건에 대하여는 성명 · 연령 · 직업 · 용모 등으로 비추어 볼 때 그 자가 당해 사건의 당사자라고 미루어 짐작할 수 있는 정도의 사실이나 사진을 신문이나 그 밖의 출판물에 싣거나 방송할 수 없다(소년법 제68조 제1항).
  - ㉢ 나이의 거짓 진술 : 성인이 고의로 나이를 거짓으로 진술하여 보호처분이나 소년 형사처분을 받은 경우에는 1년 이하의 징역에 처한다(소년법 제69조).
  - ㉣ 조회 응답의 금지 : 소년 보호사건과 관계있는 기관은 그 사건 내용에 관하여 재판, 수사 또는 군사상 필요한 경우 외의 어떠한 조회에도 응하여서는 아니된다(소년법 제70조 제1항).

(6) 소년교정

- ① 소년교정의 목표
  - ㉠ 재사회화 : 소년범의 사회복귀와 재통합을 통한 사회보호가 소년교정의 목표
  - ㉡ 억제 : 재활과 재통합, 비행예방, 격리와 통제로 소년사법의 억제를 목표
  - ㉢ 처벌과 응보 : 청소년 비행에 대한 강경한 주장으로 처벌과 응보를 강보하는 것
- ② 바톨라스(Bartollas)와 밀러(Miller)의 소년교정 모형
  - ㉠ 의료모형 : 형사처벌은 반대하고 처우만을 인정
    - 범죄의 원인은 과학적으로 파악될 수 있고, 처우되고 치료될 수 있다는 입장의 실증주의 범죄학
    - 비행소년은 자신이 통제할 수 없는 요인에 의해서 범죄자로 결정되어 있으므로 처벌의 대상이 아니라 치료의 대상이라 봄

SEMI-NOTE

노역장 유치선고 가능 나이
소년이 형의 집행 중에 23세가 되면 일반 교도소에서 집행 가능

기간 (소년법 제65조)
- 무기형의 경우에는 5년
- 15년 유기형의 경우에는 3년
- 부정기형의 경우에는 단기의 3분의 1

처분 적용 법률
- 보호처분의 적용법률 : 소년법
- 형사처분의 적용법률 : 소년법, 형법, 형사소송법

소년교정 모형
성인교정과 마찬가지로 추구하는 이념적 목표에 따라 의료모형, 적응모형, 범죄통제모형, 최소제한모형으로 나뉨

- 국가는 청소년범죄의 대리부모로서 소년의 요보호성에 따라 처우하여야 한다는 입장
  ⓒ **적응모형** : 처벌보다 처우를 강조하는 모형
    - 범죄자의 사회와의 재통합을 돕는데 초점을 두는 처우모델
    - 범죄자들 스스로 책임있는 선택과 결정을 할 수 있는 간주하여 의료모형의 결정론에 반대함
    - 처우기법 : 현실요법, 환경요법, 집단지도상호작용, 교류분석, 긍정적 동료문화 등
  ⓒ **범죄통제모형** : 처우를 반대하고 처벌만을 인정
    - 소년범죄자에 대하여 처벌을 통하여 강경하게 대처하여야 한다고 봄
    - 범죄에 상응한 처벌이 되어야 하고 처벌은 신속·공정하여야 한다고 봄
    - 비행소년에 대하여 지역사회교정에 반대함
  ⓔ **최소제한모형** : 처벌이나 처우 모드를 반대하는 입장
    - 낙인은 부정적 영향을 미치기 때문에 오히려 비행을 증폭시키므로 소년비행자에 대하여 개입을 최소화하여야 한다고 봄
    - 소년범죄자에 대하여도 절차적 권리가 보장되어야 하고 비시설적 처우는 바람직하지 않음
    - 낙인이론가들이 주장하는 모형으로 낙인의 부정적 영향, 교정소년의 비인간성, 소년교정의 아마추어와 이로 인한 비행의 확산 등을 비판

4. 형법론

(1) 개설

① 형벌
  ㉠ 형벌의 의의
    - 형벌은 범죄인에 대한 해악의 부과
    - 형법은 범죄와 형사제재에 관한 법률이고, 형벌권은 국가가 독점
    - 형벌에는 생명형(사형), 자유형(징역, 금고, 구류), 명예형(자격정지, 자격상실), 재산형(벌금, 과료, 몰수) 등이 있음
    - 형벌은 범죄에 대하여 해악을 가하는 강제조치로 형의 집행을 받는 사람을 수형인이라 함
  ㉡ **형벌제도의 변천** : 응보(복수)형 시대 → 위하시대 → 인도주의 시대 → 과학적 처우시대 → 사회적 권리보장시대
    - 응보(복수)형 시대 : 사적 복수가 가능하고, 추방이 일반적 처벌방식이며 동해보복(talio)이 특징
    - 위하시대 : 형벌이 국가에 의하여 정립된 시기로 형벌이 준엄하고 잔혹한 시기
    - 인도주의 시대 : 형벌이 법률화되는 시기로 죄형전단주의에서 죄형법정주의로 변화되었으며 개인의 자유와 인권이 인정된 시기

SEMI-NOTE

해악
법익, 즉 어떤 법의 규정이 보호하려고 하는 이익을 박탈하는 것

- 과학적 처우시대 : 형벌의 개별화 시대로 범죄인의 재사회화를 강조하는 시기이다. 수형자의 수용분류와 처우를 시행
- 사회적 권리보장시대 : 수형자의 인권을 보장하는 시기로 2차 대전 이후부터 시행하고 있다. 수형자를 인권의 주체로 인정하고 사회내처우를 강조

② 형법이론 : 형법이론은 범죄 및 형벌의 본질에 관한 이론으로 범죄이론과 형벌이론으로 이루어짐

㉠ 범죄이론 : 객관주의와 주관주의 범죄이론

구분	객관주의	주관주의
범죄관점	국민의 입장강조	사회질서 관점 강조
의사결정	의사자유론(의사비결정론)	의사결정론
범죄발생	구체적 부합설	추상적 부합설
책임	의사책임(비난가능성)	성격책임
책임론	도의적 책임론	사회적 책임론
책임능력	범죄능력	형벌능력
미수론	미수, 기수를 구별하여 필요적 감경	미수, 기수 구별하지 않고 동일하게 처벌
공범론	공범종속설(공범은 정범에 종속)	공범독립성설
형벌	2원론(책임무능력자, 책임부정)	1원론(책임능력자, 책임인정)

㉡ 형벌이론 : 형벌의 본질과 목적 및 그 존재가치가 무엇인가를 규명하고자 하는 이론
- 응보형주의
  - 형벌의 본질을 범죄에 대한 정당한 응보라고 이해하는 사상으로 후기 고전학파에 의하여 주장된 이론
  - 형벌의 본질이 범죄에 대한 상응한 보복이 있다는 사상
  - 형벌의 목적에 관한 이론이 아니라 형벌의 본질에 관한 이론
- 목적형주의
  - 형벌의 존재가치가 장래의 범죄를 예방하는데 있음
  - 형벌의 본질이나 목적이 응보에 있지 않고 법익의 보호와 범죄인을 교정·개선하여 사회복귀를 가능하게 하는 데 있다는 이론
  - 일반예방주의 : 일정한 행위를 한 자를 벌하는 것을 예고하거나 현재에 처벌함으로써 일반인들에게 경고를 발하여 일반인들로 하여금 죄를 범하지 아니하도록 하는 예방의 효과를 거둘 수 있으며, 잠재적인 범죄인의 위하에 의한 범죄예방에 있다고 주장
  - 특별예방주의 : 현재 죄를 범한 특정인에 대하여 그를 개선하는 작용을 영위하도록 해야 하며, 범죄인을 개선 및 교화하여 다시는 범죄를 범하지 않도록 재사회화하는데 있다는 주장
- 절충설(통합설) : 형벌은 응보를 전제로 하지만 예방의 관점을 동시에 고려하여야 한다는 것으로 형벌의 법적 근거로 정의와 합목적성에 있다고 인식

SEMI-NOTE

객관주의 범죄이론
외부적인 행위와 결과에 두고 형벌의 종류와 경중에도 이에 상응하여야 한다는 이론이고, 주관주의 범죄이론은 범죄인의 악성 내지 사회적 위험성의 정도에 의하여 결정되어야 한다는 이론

형벌의 존재가치
형벌이 범죄인과 사회에 어떤 기능과 가치를 가지는가에 대한 문제

특별예방주의
범죄예방의 대상을 특수한 범죄원인을 지닌 각각의 범죄인에 두고 있으며, 이탈리아 실증주의학자들인 롬브로조, 가로팔로, 페리 등에 의하여 주장되어 리스트(Liszt)의 목적형에 의하여 확립

SEMI-NOTE

- 배상주의이론(피해자중심이론)
  - 형사범죄를 포함한 모든 위법행위들을 시장경제원리에 따라 민사법에 의해 배상될 수 있는 불법행위의 문제로 인식
  - 이 이론은 부유하면 타인에게 해를 끼칠 수 있는 권리를 많이 구입하게 된다는 논리가 될 수 있어 비판 받음

③ 형벌과 유사한 제재
  ㉠ 과태료 : 행정기관이 규범위반자에게 과하는 금전적 제재로 벌금이나 과료와 같은 형벌이 아니며, 과태료납부자는 수형인도, 전과자도 아니기에 형사사건의 일사부재리의 원칙이 발생하지 않음
  ㉡ 범칙금 : 도로교통법, 경범죄처벌법 위반 등 일상생활에서 흔히 일어나는 경미한 범죄행위(경범죄)에 대해 부과하는 것으로 경찰서장이 법규 위반자에게 발부한다. 경범죄처벌법상 쓰레기 방치, 자연훼손, 노상방뇨, 담배꽁초 버리기, 도로 무단횡단, 공공장소에서의 흡연, 공중에게 혐오감을 주는 행위 등도 범칙금 부과 대상임. 범칙금은 행정기관이 발하는 통고처분절차에 따라 부과됨. 이는 형사절차의 종료와 같아 일사부재리의 원칙이 적용됨
  ㉢ 질서벌 : 소송절차와 관련하여 부과하는 제재로, 증인에 대한 감치, 구인, 심리방해자에 대한 감치처분 등이 있으며, 법관이 부과하는 제재이지만 형벌에 대하여 인정되는 일사부재리의 원칙이 적용되지 않음
  ㉣ 징계벌 : 공무원 등 특수영역에 종사하는 사람을 상대로 규범위반자에게 부과하는 제재로 파면, 해임, 정직, 감봉, 견책 등이 있고 행형법상 징벌이나 징계 등도 징계벌에 속함

④ 책임주의와 양형조건
  ㉠ 책임주의 : 책임이 없으면 형벌을 과할 수 없고, 형벌을 과하는 경우에도 책임의 한도를 넘지 못하다는 형법상의 대표적인 원칙이며, 책임 정도에 비례하여 법정형을 요구하는 것은 과잉금지의 원칙에 어긋나 이를 위반하는 법률은 무효
  ㉡ 양형의 조건 : 형을 정함에 있어서는 다음 사항을 참작하여야 한다(형법 제51조).
    • 범인의 연령, 성행, 지능과 환경
    • 피해자에 대한 관계
    • 범행의 동기, 수단과 결과
    • 범행 후의 정황
  ㉢ 양형위원회와 양형기준
    • 양형위원회 : 양형의 기준을 설정 및 변경하고 이와 관련된 양형정책은 연구·심의하는 기구
    • 법관이 법정형 중에서 선고할 형의 종류를 선택하고, 법률에 규정된 바에 따라 형의 가중·감경을 함으로써 주로 일정한 범위의 형태로 처단형이 정하여 지는데, 처단형의 범위 내에서 특정한 선고형을 정하고 형의 집행유예 여부를 결정함에 있어 참조되는 기준이 바로 양형기준

범칙금제도
형벌법규를 완전히 비범죄화하는 것은 아니지만 형사절차를 생략하게 한다는 점에서는 비범죄화와 비슷한 기능

질서위반행위
법률(지방자치단체의 조례를 포함한다.)상의 의무를 위반하여 과태료를 부과하는 행위

징계벌
징계벌이 부과되더라도 형사벌을 과할 수 있음

양형의 조건
양형의 조건은 단순히 형량을 정하는 기준을 넘어서 선고유예, 기소유예, 집행유예의 기준이 됨

양형기준
원칙적으로 구속력이 없으나, 법관이 양형기준을 이탈하는 경우 판결문에 양형이유를 기재해야 하므로, 합리적 사유 없이 양형기준을 위반할 수는 없음

(2) 형벌

① 형벌의 종류와 경중
  ㉠ 종류 : 사형, 징역, 금고, 자격상실, 자격정지, 벌금, 구류, 과료, 몰수(형법 제41조)
  ㉡ 경중
    - 형의 경중은 종류에서 나열한 순서에 의함
    - 무기금고와 유기징역은 무기금고를 중한 것으로 하고, 유기금고의 장기가 유기징역의 장기를 초과하는 경우에는 유기금고를 중한 것으로 함
    - 같은 종류의 형은 장기가 긴 것과 다액이 많은 것을 무거운 것으로 하고 장기 또는 다액이 같은 경우에는 단기가 긴 것과 소액이 많은 것을 무거운 것으로 함
    - 주형은 독자적으로 부과할 수 있는 형벌이고, 부가형은 주형에 부가하여야만 부과되는 형벌

② 생명형–사형
  ㉠ 사형
    - 사형은 수형인의 생명을 박탈하는 가장 무거운 형벌로 극형
    - 사형은 교정시설 안에서 교수하여 집행한다(형법 제66조).
    - 소년법에서는 만18세 미만인 소년에 대해서는 사형을 부과할 수 없게 하고 있음
    - 형법상 사형을 선고할 수 있는 죄에는 내란죄, 여적죄, 해상강도, 살인죄 등이 있음
    - 사형을 규정한 법률에는 군형법, 국가보안법, 폭력행위 등 처벌에 관한 법률, 특정범죄 가중처벌에 관한 법률, 성폭력범죄의 처벌에 관한 법률 등이 있음
  ㉡ 사형제도의 찬반론
    - 사형제도에 대한 비판은 정적의 제거수단, 오판에 의한 회복불가능성, 인간의 존엄에 반한다는 점
    - 사형에 대하여 최초로 비판한 사람은 베카리아
  ㉢ 사형 폐지론과 존치론

	폐지론	존치론
폐지론자 (존치론자)	페스탈로치(사형은 긍정적인 효과가 적고 그 형의 집행이 오히려 민심을 혼란시킴), 하워드(감옥상태론에서 주장), 캘버트(사형에 관한 세계 각국의 자료를 통해 사형 반대), 리프만(오판에 의한 회복할 수 없는 제도이므로 폐지 주장), 위고(사형은 죄인 한 사람을 죽이는 것이 아니라 죄 없는 가족까지 죽이는 효과를 초래하므로 폐지 주장)	루소, 칸트, 헤겔, 비르크마이어, 롬브로조, 가로팔로, 리스트 등

주형, 부가형
몰수는 부가형이고, 나머지는 주형

절대적 사형
형법상 법정형으로 절대적 사형만을 규정하고 있는 범죄는 여적죄

폐지 논지 (존치 논지)	• 인도주의 관점에서 인간의 존엄성을 침해하기 때문 • 사형은 형벌의 개선적 기능 및 교육적 기능이 전혀 없음 • 오판에 의한 경우 구제불능 • 사형제도 자체가 위헌(1972년 미국의 Furman 판결). • 반대세력에 대한 정치적 탄압의 도구로 이용 가능 • 사형은 일반사회인이 기대하는 것과 같은 위하 · 억제효과를 갖지 못함	• 정의를 확립하기 위해서 필요불가결 • 범죄자는 사회구성원의 자격을 상실함 • 생래적 범죄인은 교화가 불가능하므로 도태시켜야 함 • 일반국민도 사람을 살해한 자는 그의 생명도 박탈해야 한다고 인식함 • 법률질서를 유지하기 위해서 필요악 • 사회방위의 수단이고 재정적 부담을 줄임 • 사형은 일반예방의 효과 높음

사형 합헌

사형에 관하여 우리나라 대법원과 헌법재판소의 판결은 사형존치에 대하여 합헌이라 보고 있으며, 미국의 경우는 1977년 Gregg 판결을 통하여 합헌으로 판시

ⓔ 제도의 개선
- 사형선고에 대하여 필요적 변호제도(형사소송법 제282조)를 두고 있고, 사형 또는 무기징역이나 무기금고가 선고된 판결에 대하여는 상소의 포기를 할 수 없게 하고 있다(형사소송법 제349조 단서).
- 사형선고를 신중히 할 수 있는 제도가 각 심급마다 마련되어야 하고, 사형판결은 전원재판부의 3분의 2 이상의 찬성을 요하도록 하여야 함
- 사형 확정자에 대하여 일정기간 동안 집행은 연기하여 개선효과를 평가하는 것이 필요하다고 봄

<u>관련 판례</u> **헌법과 사형제도**

헌법 제12조 제1항에 의하면 형사처벌에 관한 규정이 법률에 위임되어 있을 뿐 그 처벌의 종류를 제한하지 않고 있으며, 현재 우리나라의 실정과 국민의 도덕적 감정 등을 고려하여 국가의 형사정책으로 질서유지와 공공복리를 위하여 형법 등에 사형이라는 처벌의 종류를 규정하였다 하여 이것이 헌법에 위반된다고 할 수 없다(대판 90도2906).

<u>관련 판례</u> **생명권과 사형제도**

생명권 역시 헌법 제37조 제2항에 의한 일반적 법률유보의 대상이 될 수밖에 없는 것이나, 생명권에 대한 제한은 곧 생명권의 완전한 박탈을 의미한다 할 것이므로, 사형이 비례의 원칙에 따라서 최소한 동등한 가치가 있는 다른 생명 또는 그에 못지 아니한 공공의 이익을 보호하기 위한 불가피성이 충족되는 예외적인 경우에만 적용되는 한, 그것이 비록 생명을 빼앗는 형벌이라 하더라도 헌법 제37조 제2항 단서에 위반되는 것으로 볼 수는 없다(헌재 95헌바1).

③ **자유형** : 자유형은 교정시설 내에 수용하여 집행하는 것으로 수형자의 신체의 자유를 박탈하는 것이며 형사제재의 대표적인 제도
  ㉠ **징역** : 징역은 교정시설에 수용하여 집행하며, 정해진 노역에 복무하게 한다(형법 제67조). 징역은 무기 또는 유기로 하고 유기는 1개월 이상 30년 이하로 한다. 단, 유기징역에 대하여 형을 가중하는 때에는 50년까지로 한다(형법 제42조).

ⓒ **금고** : 금고는 교정시설에 수용하여 집행한다(형법 제68조). 금고는 무기 또는 유기로 하고 유기는 1개월 이상 30년 이하로 한다. 단, 유기금고에 대하여 형을 가중하는 때에는 50년까지로 한다(형법 제42조).

> **법령 형법**
>
> **제70조(노역장 유치)** 벌금이나 과료를 선고할 때에는 이를 납입하지 아니하는 경우의 노역장 유치기간을 정하여 동시에 선고하여야 한다. 선고하는 벌금이 1억원 이상 5억원 미만인 경우에는 300일 이상, 5억원 이상 50억원 미만인 경우에는 500일 이상, 50억원 이상인 경우에는 1천일 이상의 노역장 유치기간을 정하여야 한다.

ⓒ **구류** : 구류는 1일 이상 30일 미만으로 하고(형법 제46조), 교정시설에 수용하여 집행한다(형법 제68조).

ⓔ **자유형의 변천** : 자유형의 시초는 8세기경 랑고바르드시대이고 현대 교정시설의 시초는 중세 수도원이며, 13세기 카롤리나 형법전에서 신체형, 생명형, 자유형이 도입되면서 제도화되었으나 변형된 신체형에 불과함

- 16세기 말 형벌이 범죄에 대한 복수만이 아니라 사회복귀를 도모한다는 근대적 이념을 지닌 형벌로 발전
- 16세기 영국 런던의 브라이드웰성에 수용소가 운영
- 현대 교정시설의 효시는 1956년 암스테르담에 설치된 교정원인 라스푸이 감옥이며 기도와 노동을 통한 교육이 기본방침
- 성미켈레 소년감화원은 소년범죄자에 대한 최초의 전문적인 시설이며 과학적인 방법으로 인격훈련과 직업훈련을 실시하여 교정시설의 발전에 기여하였고, 이 감화원에서 처음으로 독방제도인 독거제를 시행
- 1777년 하워드는 감옥의 상태에서 교정시설에 대한 정기적인 감독, 위생과 보건시설의 제공, 수용자에 대한 교화활동의 강화, 사형폐지, 생산적인 노동을 통한 교화개선, 유형반대 등을 주장
- 미국에서 프랭클린은 필라델피아협회를 중심으로 감옥개량운동을 전개하였고, 엄정독거구금제인 펜실베니아제가 정립됨
- 펜실베니아제의 문제점에 대한 대안으로 등장한 것이 침묵제인 오번 교도소로, 오번제는 주간에는 침묵 속에서 작업과 식사를 함께하고 야간에는 독거실에 수용됨

ⓕ **자유형의 문제점과 개선방안**

- 단기자유형 : 단기자유형의 기간이 일률적이지 않고, 죄수를 개선하기 위해서는 너무나 짧은 기간이지만 그를 부패시키는 데는 충분한 시간이라고 봄
  - 단기자유형의 문제점 : 악풍감염의 폐해, 재사회화를 위한 교정시간의 부족, 일반예방효과의 미흡, 수형자의 구금으로 가족의 경제력 파탄, 낙인화의 폐해, 교정시설의 과밀화 초래, 수형자 처우 실태에 부적합, 하층계급의 일시적 도피수단 등
  - 개선방안 : 벌금형의 동비, 기소유예제도의 확대, 구금제도의 완화, 사회내처우, 사회봉사명령 등의 중간처벌 활용 등

SEMI-NOTE

노역장 유치의 최소화
국가는 경제적인 이유로 인한 노역장 유치를 최소화하기 위하여 벌금 미납자에 대한 사회봉사 집행 등에 관한 시책을 적극적으로 수립·시행해야 함

감옥형
교화형 대신 감옥형을 집행하는 시설이 17세기 이후 주류를 이루었는데 이는 값싼 노동력으로 이윤을 창출하려는 목적으로 운영됨

오번제
오번제는 야간에는 독거구금되고, 주간에는 혼거작업이 이루어지는 것으로 그 시작은 성미켈레 감화원과 간트교도소

SEMI-NOTE

- 자유형의 단일화 문제 : 3가지로 된 자유형(징역, 금고, 구류)을 노동형 한 가지로 통일하자는 것
  - 단일화의 논리 : 교정행정의 일관성 유지, 금고형에 노동의 교정효과를 도외시하는 것은 문제, 징역과 금고의 선택기준이 파렴치성 및 지나친 윤리성, 징역형에만 노동을 부과하는 것은 노동천시사상의 반영, 징역형자를 파렴치범으로 낙인시키는 효과, 범죄인에 대한 재사회화를 노동으로 단일화
  - 단일화의 반대 : 노동 자체를 천시하는 것이 아님, 파렴치성의 구분 모호, 자유형은 응보적 징벌의 의미가 있어 구분할 필요, 과실범·정치범에 대한 고려
- 부정기형제도의 문제 : 부정기형은 형기를 집행단계에서 결정하는 제도로, 구금의 기간은 책임에 상응한 사법적 결정에 의해서가 아니라 구금기간 동안 수형자가 보인 개선정도에 의해 결정되어야 한다는 것
  - 구파(고전주의)의 부정기형 : 형벌이 객관적으로 나타난 대소에 따라 정해지므로 부정기형을 인정할 여지가 없음
  - 신파(실증주의)의 부정기형 : 형벌의 경중을 객관적인 범죄사실보다 범죄인의 반사회성에 따라 정해져야 한다는 입장으로 부정기형을 인정하며, 부정기형은 특별예방과 사회방위의 목적을 달성하기 위하여 고안된 제도
  - 부정기형 도입 찬성 : 교화개선을 달성하기 위한 가장 적합한 방법, 양형을 짧은 기간에 정하기 어려움, 위험한 범죄자의 장기간 구금에 따른 사회방위, 형의 불균형 시정, 초범자나 범죄성이 계속되지 않는 자에게 수형시간의 단축, 사회복귀를 기대할 수 없는 범죄자에 대하여 처우의 효과 등
  - 부정기형 도입 반대 : 장기화에 따른 개선효과 불분명, 형기의 장기화와 인권침해의 가능성, 교정기관의 자의적 결정권한에 따른 문제, 죄형법정주의 이념에 위배, 적정절차의 보장결여 등
  - 부정기형의 제도화 : 소년범에 대한 상대적 부정기형 외에 성인에 대한 부정기형을 실시하는 국가는 거의 없다. 우리나라의 소년법은 소년범에 대한 상대적 부정기형을 인정하고 있으며 가석방이 부정형처럼 운영되고 있는 실정

부정기형 제도의 변천
19세기 실증주의 입장에서 도입의 필요성을 제기하였고, 19세기 후반 엘미리아 감옥에서 최초로 상대적 부정기형을 채택함

선시제도
교도소인구를 조절하고, 교도소내에서의 선행을 장려함으로써 교도소내 질서를 유지하며, 교도소내에서 나오는 제품의 생산성 증대를 위하여 고안된 것이지만, 오늘날 수형자를 열악한 시설내 생활로부터 가능한 빨리 사회에 내보내 그의 재사회화를 촉진시킨다는 형사정책적 의미 가짐

실력up 부정기형제도

- **절대적 부정기형** : 형의 기간에 대한 일체의 결정이 없이 징역에 처한다는 것으로 선고하는 방식으로, 이는 죄형법정주의 명확성의 원칙에 반하기 때문에 인정되지 않고 있음
- **상대적 부정기형** : 형기를 장기와 단기로 범위를 정하여 단기 1년, 장기 3년의 징역에 처한다는 것으로 선고하는 제도로, 죄형법정주의에 반하지 않기 때문에 널리 시행하고 있으며, 우리나라는 성인범에 대해서는 인정되지 않으나 형집행 단계에서 가석방 제도가 부정기형제도로 활용됨

④ **재산형** : 범죄자로부터 일정한 재산을 박탈하는 형벌로 벌금, 과료, 몰수 등이 있음
  ㉠ 재산형의 의의
    • 전세계적으로 가장 많이 활용되는 형벌
    • 동료 수형자에 대한 악풍감염의 염려가 없음
    • 자유형 못지않은 고통과 교육적 효과를 누릴 수 있음
    • 국고수입을 증대시킬 수 있음
    • 많은 비용을 요하지 않음
    • 법인의 범죄에 대한 제재수단으로 적합
    • 재범의 우려가 적고, 가벼운 범죄자나 과실범에게 효과 큼
  ㉡ 재산형의 변천
    • 고조선 8조법에서 절도죄에 대한 배상을 인정
    • 함무라비법전에 벌금형이 규정되어 있는데 이는 속죄금의 성격 강함
    • 국가가 가해자에 대한 배상금의 지급을 강제함과 동시에 배상금의 일부를 국가에 납입하게 하는 것으로 평화금제도라 함
    • 재산형은 단기자유형의 폐단을 줄이는 대체수단의서의 기능
  ㉢ 재산형의 종류 : 벌금, 과료, 몰수
    • 벌금
      – 벌금은 5만원 이상으로 한다. 다만, 감경하는 경우에는 5만원 미만으로 할 수 있다(형법 제45조).
      – 벌금을 선고할 때에는 납입하지 아니하는 경우의 유치기간을 정하여 동시에 선고하여야 한다. 벌금을 납입하지 아니한 자는 1일 이상 3년 이하, 과료를 납입하지 아니한 자는 1일 이상 30일 미만의 기간 노역장에 유치하여 작업에 복무하게 한다(형법 제69조).
      – 시효기간은 5년
    • 과료
      – 과료는 2천원 이상 5만원 미만으로 한다(형법 제46조).
      – 과료를 선고할 때에는 납입하지 아니하는 경우의 유치기간을 정하여 동시에 선고하여야 한다(형법 제69조).
      – 시효기간은 1년
    • 몰수
      – 범인 외의 자의 소유에 속하지 아니하거나 범죄 후 범인 외의 자가 사정을 알면서 취득한 범죄행위에 제공하였거나 제공하려고 한 물건, 범죄행위로 인하여 생겼거나 취득한 물건과 그 대가로 취득한 물건은 전부 또는 일부를 몰수할 수 있다(형법 제48조).
      – 물건을 몰수할 수 없을 때에는 그 가액을 추징
      – 문서, 도화, 전자기록 등 특수매체기록 또는 유가증권의 일부가 몰수의 대상이 된 경우에는 그 부분을 폐기
      – 몰수의 부가성 : 몰수는 타형에 부가하여 과한다. 단, 행위자에게 유죄의 재판을 아니할 때에도 몰수의 요건이 있는 때에는 몰수만을 선고할 수 있다(형법 제49조).

SEMI-NOTE

속죄금
가해자가 피해자에게 지급하는 배상금 내지 속죄금은 사적 형벌의 성격

추징과 몰수
• 추징 : 몰수할 수 있는 물건 중에 범죄행위에 의하여 생기고, 또는 이로 인하여 취득한 물건, 범죄행위의 대가로 취득한 물건의 전부 또는 일부가 소비되었거나 분실 기타의 이유로 몰수 할 수 없게 된 경우에 그 물건에 상당한 가액을 징수하는 것
• 몰수 : 범죄에 의한 이득을 박탈하는 데 그 취지가 있고, 추징도 이러한 몰수의 취지를 관철하기 위한 것인 점 등에 비추어 볼 때, 몰수할 수 없는 때에 추징하여야 할 가액은 범인이 그 물건을 보유하고 있다가 몰수의 선고를 받았더라면 잃었을 이득상당액을 의미하므로, 다른 특별한 사정이 없는 한 그 가액산정은 재판선고시의 가격을 기준으로 하여야 한다(대판 2008도6944).

SEMI-NOTE

환형처분
- 벌금의 납입을 대체하는 방법
- 벌금은 판결확정일로부터 30일내에 납입
- 벌금을 납입하지 아니한 자는 1일 이상 3년 이하, 과료를 납입하지 아니한 자는 1일 이상 30일 미만의 기간 노역장에 유치하여 작업에 복무하게 함
- 벌금이나 과료의 선고를 받은 사람이 그 금액의 일부를 납입한 경우에는 벌금 또는 과료액과 노역장 유치기간의 일수에 비례하여 납입금액에 해당하는 일수를 뺌

사회봉사제도
- 300만원 금액 범위 내의 벌금형이 확정된 벌금 미납자는 검사의 납부명령일부터 30일 이내에 주거지를 관할하는 지방검찰청의 검사에게 사회봉사를 신청할 수 있으며, 신청을 받은 검사는 신청일로부터 7일 이내에 사회봉사 청구 여부를 결정해야 함
- 검사로부터 벌금의 일부납부 또는 납부연기를 허가받은 자는 그 허가기한 내에 사회봉사를 신청할 수 있음

사회봉사 허가
법원은 검사로부터 사회봉사 허가 청구를 받은 날부터 14일 이내에 벌금 미납자의 경제적 능력, 사회봉사 이행에 필요한 신체적 능력, 주거의 안정성 등을 고려하여 사회봉사 허가 여부를 결정

  ㉣ 범죄수익 박탈제도 : 범죄인의 재산에 대하여 몰수를 인정하여 운영자금을 차단하여 범죄를 무력화하기 위한 제도
  - 재산상의 이익을 목적으로 하는 조직범죄, 기업범죄, 약물범죄에 대하여 범죄활동으로부터 얻은 이익을 박탈하는 제도
  - 형사정책적 초점은 범죄인의 처벌이나 재사회화에서 범죄무력화로의 이행하게 하는 제도
  - 범죄수익 박탈제도가 국민의 재산권을 침해할 수 있다는 점과 책임의 한도를 초과할 수 있는 문제점 존재
  - 현행 범죄수익 박탈제도는 특정 공무원의 범죄인 수뢰, 횡령, 배임죄에서 적용되고 있으며 몰수대상인 불법재산, 범죄행위로 취득한 재산, 불법수익의 대가 등에 적용됨

  ㉤ 벌금형의 성격, 환형처분, 사회봉사제도
  - 범죄인을 대신하여 제3자가 벌금을 대신 납부하는 것은 허용하지 않음(일신전속)
  - 범죄인이 국가에 대하여 가지고 있는 채권과 상계 불가능(상계금지)
  - 범죄인이 각각 독립하여 책임을 지고 연대하여 책임지지 않음(개별책임)
  - 벌금은 상속되지 않으나(상속부인), 형사소송법은 예외규정 존재

> **법 령 형사소송법**
>
> **제478조(상속재산에 대한 집행)** 몰수 또는 조세, 전매 기타 공과에 관한 법령에 의하여 재판한 벌금 또는 추징은 그 재판을 받은 자가 재판확정 후 사망한 경우에는 그 상속재산에 대하여 집행할 수 있다.

> **법 령 형사소송법**
>
> **제479조(합병 후 법인에 대한 집행)** 법인에 대하여 벌금, 과료, 몰수, 추징, 소송비용 또는 비용배상을 명한 경우에 법인이 그 재판확정 후 합병에 의하여 소멸한 때에는 합병 후 존속한 법인 또는 합병에 의하여 설립된 법인에 대하여 집행할 수 있다.

  ㉥ 벌금형의 문제점 및 개선방안
  - 문제점
    - 경제적 지위에 따라 형벌의 위하력에 차이가 생김
    - 벌금을 세금으로 여기면 형벌경시풍조가 생김
    - 타인이 대납할 경우 형벌효과가 하락
    - 화폐가치가 변동에 따라 범죄예방력이 변함
    - 벌금이 다른 가족의 생계에 영향 줄 가능성 존재
    - 벌금을 자진하여 납부하지 않으면 형벌의 효과가 상실될 우려 존재
  - 개선방안
    - 재산비례 벌금형제 : 책임량에 따른 벌금일수를 정한 다음 범죄자의 경제적 사정을 고려하여 1일의 벌금액을 결정하는 방식으로 범죄자의 경제

력 차이에 따른 벌금형의 위하력 차이를 최소화하려는 제도
- 벌금의 연납 및 분납제 : 벌금의 일시 납부가 어려운 경우에 나누어 내거나 연기 후 나중에 낼 수 있는 제도
- 벌금의 집행유예 : 500만원 이하의 벌금에 대하여 집행 유예 가능
- 대체자유형 : 법관의 재량으로 벌금형을 자유형으로 바꾸어 부과하는 제도
- 벌금미납자에 대한 사회봉사 대체제도 : 벌금 등의 납입불능자에 대하여 환형유치보다 사회봉사명령으로 대체하는 제도이며, 단기자유형의 폐해를 방지하고 교정시설의 과밀화 해소, 벌금미납자의 편익 도모 등의 효과 있음
- 벌금의 과태료로의 전환 : 벌금을 과태료로 전환하면 다수의 국민이 전과자로 되는 것을 막을 수 있음
- 노역장 유치시 1일 공제금액 : 선고하는 벌금이 1억원 이상 5억원 미만인 경우에는 300일 이상, 5억원 이상 50억원 미만인 경우에는 500일 이상, 50억원 이상인 경우에는 1천일 이상의 노역장 유치기간을 정해야 함

⑤ **명예형**
  ㉠ **개념** : 범죄인의 명예나 자격을 박탈 또는 정지하는 형벌로 명예감정을 손상시키거나 명예를 누릴 수 있는 자격을 박탈하는 형벌
  ㉡ **명예형의 형사정책적 측면** : 명예감정은 주관적이어서 침해정도를 확인하기 어렵고 개인편차가 크기 때문에 보편적인 형벌로 어려움이 있음
    • 범죄와 관련이 없는 업무나 선거권을 박탈하는 것은 과잉금지의 원칙에 반할 수 있음
    • 범죄로 처벌 받았는데 명예형을 부과하는 것은 이중처벌의 문제가 있음
    • 자격을 박탈하거나 정지하는 것은 범죄인에게 낙인을 찍는 결과만 있을 뿐
    • 자격정지의 병과로 사회에의 적응을 막는 결과가 초래됨
    • 자격상실은 사면 또는 가석방되더라도 사면이 없으면 영원히 자격을 상실하게 됨
  ㉢ **자격상실** : 사형, 무기징역 또는 무기금고의 판결을 받은 자는 다음에 기재한 자격을 상실한다(형법 제43조 제1항).
  ㉣ **자격정지** : 유기징역 또는 유기금고의 판결을 받은 자는 그 형의 집행이 종료하거나 면제될 때까지 다음에 기재된 자격이 정지된다. 다만, 다른 법률에 특별한 규정이 있는 경우에는 그 법률에 따른다(형법 제43조 제2항).
    • 공무원이 되는 자격
    • 공법상의 선거권과 피선거권
    • 법률로 요건을 정한 공법상의 업무에 관한 자격
  ㉤ **자격정지의 기간**(형법 제44조)
    • 자격의 전부 또는 일부에 대한 정지는 1년 이상 15년 이하로 한다.
    • 유기징역 또는 유기금고에 자격정지를 병과한 때에는 징역 또는 금고의 집행을 종료하거나 면제된 날로부터 정지기간을 기산한다.

SEMI-NOTE

분할납부 등
납부의무자가 벌과금등의 분할납부 또는 납부연기를 받으려면 분할납부(납부연기) 신청서를 제출하여야 한다. 이 경우 재산형등 집행 사무 담당직원은 분할납부 또는 납부연기를 신청한 자가 대상자에 해당하는지를 조사한 후 관련 자료를 첨부하여 소속 과장을 거쳐 검사의 허가를 받아야 한다(재산형 등에 관한 검찰집행사무규칙 제12조 제1항).

자격상실 (형법 제43조 제1항)
• 공무원이 되는 자격
• 공법상의 선거권과 피선거권
• 법률로 요건을 정한 공법상의 업무에 관한 자격
• 법인의 이사, 감사 또는 지배인 기타 법인의 업무에 관한 검사역이나 재산관리인이 되는 자격

자격정지
자격정지에 대해서는 정지기간 만료 전이라도 자격회복의 가능성을 인정하는 것이 필요하고, 자격상실의 경우 사면, 가석방되는 경우 자격의 회복이 필요

SEMI-NOTE

형의 시효
형의 시효는 판결이 확정된 날로부터 진행되고 그 말일 24시에 종료한다.

형의 시효와 공소시효
- 형의 시효는 기간의 경과로 인하여 확정된 형벌의 집행권이 소멸되는 제도
- 공소시효는 검사가 형사사건을 일정 기간 기소하지 않고 방치한 경우 국가의 형사소추권이 소멸되는 제도이나, 살인죄에 대해서는 공소시효가 적용되지 않음

형의 소멸원인
형집행의 종료, 면제, 선고유예, 집행유예기간의 경과, 가석방기간의 완료, 시효의 완성, 사망, 사면, 형의 실효, 복권 등

ⓗ 소년법상 자격에 관한 법령의 적용(소년법 제67조)
- 소년이었을 때 범한 죄에 의하여 형의 선고 등을 받은 자에 대하여 다음의 경우 자격에 관한 법령을 적용할 때 장래에 향하여 형의 선고를 받지 아니한 것으로 본다.
  - 형을 선고받은 자가 그 집행을 종료하거나 면제받은 경우
  - 형의 선고유예나 집행유예를 선고받은 경우
- 형의 선고유예가 실효되거나 집행유예가 실효·취소된 때에는 그 때에 형을 선고받은 것으로 본다.

⑥ 형의 시효와 소멸
  ㉠ 시효 : 형의 선고를 받은 사람이 재판이 확정된 후 그 형의 집행을 받지 않고 일정한 기간이 경과한 때에는 집행이 면제되는 것
  ㉡ 형의 시효의 기간 : 시효는 형을 선고하는 재판이 확정된 후 그 집행을 받지 아니하고 다음의 구분에 따른 기간이 지나면 완성된다(형법 제78조).
  - 사형 : 30년
  - 무기의 징역 또는 금고 : 20년
  - 10년 이상의 징역 또는 금고 : 15년
  - 3년 이상의 징역이나 금고 또는 10년 이상의 자격정지 : 10년
  - 3년 미만의 징역이나 금고 또는 5년 이상의 자격정지 : 7년
  - 5년 미만의 자격정지, 벌금, 몰수 또는 추징 : 5년
  - 구류 또는 과료 : 1년

  ㉢ 시효의 효과 : 형의 선고를 받은 자는 시효의 완성으로 인하여 그 집행이 면제된다(형법 제77조).
  ㉣ 시효의 정지와 중단
  - 시효의 정지(형법 제79조)
    - 시효는 형의 집행의 유예나 정지 또는 가석방 기타 집행할 수 없는 기간은 진행되지 아니한다.
    - 시효는 형이 확정된 후 그 형의 집행을 받지 아니한 자가 형의 집행을 면할 목적으로 국외에 있는 기간 동안은 진행되지 아니한다.
  - 시효의 중단 : 시효는 사형, 징역, 금고와 구류에 있어서는 수형자를 체포함으로, 벌금, 과료, 몰수와 추징에 있어서는 강제처분을 개시함으로 인하여 중단된다(형법 제80조).

  ㉤ 형의 소멸 : 유죄판결의 확정에 의하여 발생한 국가의 형벌권이 소멸되는 법적 사실 내지 조치
  - 사면 : 국가원수의 특권에 의하여 형벌권을 소멸시키거나 효력을 제한하게 하는 제도
    - 일반사면 : 형 선고의 효력이 상실되며, 형을 선고받지 아니한 자에 대하여는 공소권이 상실되나, 특별한 규정이 있을 때에는 예외로 한다. 일반사면은 죄의 종류를 정하여 함
    - 특별사면 : 형의 집행이 면제되나, 특별한 사정이 있을 때에는 이후 형 선고의 효력을 상실하게 할 수 있음

> **실력UP 사면심사위원회**
>
> - 특별사면, 특정한 자에 대한 감형 및 복권 상신의 적정성을 심사하기 위하여 법무부장관 소속으로 사면심사위원회를 둠
> - 사면심사위원회는 위원장 1명을 포함한 9명의 위원으로 구성
> - 위원장은 법무부장관이 되고, 위원은 법무부장관이 임명하거나 위촉하되, 공무원이 아닌 위원을 4명 이상 위촉해야 함
> - 공무원이 아닌 위원의 임기는 2년으로 하며, 한 차례만 연임 가능
> - 사면심사위원회의 심사과정 및 심사내용의 공개범위와 공개시기는 위원의 명단과 경력사항은 임명 또는 위촉한 즉시, 심의서는 해당 특별사면 등을 행한 후부터 즉시, 회의록은 해당 특별사면 등을 행한 후 5년이 경과한 때부터이나, 개인의 신상을 특정할 수 있는 부분은 삭제하고 공개하되, 국민의 알권리를 충족할 필요가 있는 등의 사유가 있는 경우에는 사면심사위원회가 달리 의결 가능
> - 위원은 사면심사위원회의 업무를 처리하면서 알게 된 비밀을 누설하면 안 됨
> - 위원은 형법이나 그 밖의 법률에 따른 벌칙을 적용할 때에는 공무원으로 봄
> - 사면심사위원회에 관하여 필요한 사항은 법무부령으로 정함

- 복권 : 형의 선고로 인하여 법령에 따른 자격이 상실되거나 정지된 자는 형 선고의 효력으로 인하여 상실되거나 정지된 자격을 회복한다(사면법 제5조).
  - 복권의 제한 : 복권은 형의 집행이 끝나지 아니한 자 또는 집행이 면제되지 아니한 자에 대하여는 하지 아니한다(사면법 제6조).
  - 형의 선고에 따른 기성의 효과는 사면, 감형 및 복권으로 인하여 변경되지 아니한다(사면법 제5조 제2항).
- 형의 실효 : 징역 또는 금고의 집행을 종료하거나 집행이 면제된 자가 피해자의 손해를 보상하고 자격정지 이상의 형을 받음이 없이 7년을 경과한 때에는 본인 또는 검사의 신청에 의하여 그 재판의 실효를 선고할 수 있다(형법 제81조).
- 형의 실효 등에 관한 법률상 실효
  - 이 법은 전과기록 및 수사경력자료의 관리와 형의 실효에 관한 기준을 정함으로써 전과자의 정상적인 사회복귀를 보장함을 목적으로 한다(법 제1조).
  - 수형인이 자격정지 이상의 형을 받지 아니하고 형의 집행을 종료하거나 그 집행이 면제된 날부터 다음의 구분에 따른 기간이 경과한 때에 그 형은 실효된다. 다만, 구류와 과료는 형의 집행을 종료하거나 그 집행이 면제된 때에 그 형이 실효된다(법 제7조 제1항).
  - 하나의 판결로 여러 개의 형이 선고된 경우에는 각 형의 집행을 종료하거나 그 집행이 면제된 날부터 가장 무거운 형에 대한 기간이 경과한 때에 형의 선고는 효력을 잃는다. 다만, 징역과 금고는 같은 종류의 형으로 보고 각 형기를 합산한다(법 제7조 제2항).

SEMI-NOTE

복권
자격정지의 선고를 받은 자가 피해자의 손해를 보상하고 자격정지 이상의 형을 받음이 없이 정지기간의 2분의 1을 경과한 때에는 본인 또는 검사의 신청에 의하여 자격의 회복을 선고할 수 있다(형법 제82조).

형의 실효
- 3년을 초과하는 징역·금고 : 10년
- 3년 이하의 징역·금고 : 5년
- 벌금 : 2년

SEMI-NOTE

5. 보안처분

(1) 보안처분이론

① **보안처분의 의의** : 보안과 개선 처분으로 보안처분은 사회를 안전하게 지키기 위한 처분이고, 개선처분은 특수한 교육·개선 및 치료조치를 행함으로서 재범위험성이 있는 사람의 재범을 방지하여 사회복귀를 촉진하는 처분
  ㉠ 보안처분은 범죄인에 대한 형사제재로서 형벌 이외의 제재
  ㉡ 형벌부과만으로 형사제재 목적의 목적 달성이 부적합하거나 법적 관점에서 형벌이 허용되지 않는 경우에 시행하는 제재

② 형벌과 보안처분의 구분

형벌	보안처분
책임원칙	비례성의 원칙(사회적 위험성)
범죄의 진압	범죄의 예방
회고적, 응보적, 고통부과적	전망적, 범죄위험 대응적
응보형	사회방위, 교정교육
형사처분 성격	행정처분 성격

③ 보안처분의 종류
  ㉠ **대인적 보안처분** : 사람에 대하여 부과되는 예방처분으로 보호감호, 치료감호, 보안감호, 주거제한, 보호관찰, 전자장치 부착명령, 약물치료명령, 신상공개명령, 사회봉사명령, 수강명령 등이 있음
  ㉡ **대물적 보안처분** : 물건에 대한 예방처분으로 몰수, 범죄수익박탈, 법인의 해산명령, 영업장폐쇄 등이 있음
  ㉢ **시설내 보안처분** : 일정한 수용시설에 격리 수용되는 구금성 예방처분으로 치료감호, 보호감호, 사회치료처분, 보안감호 등이 있음
  ㉣ **사회내 보안처분** : 자유를 박탈하지 아니하는 비구금성 보안처분으로 보호관찰, 거주제한, 보안관찰, 전자장치 부착명령, 신상공개명령, 국외추방, 단종 및 거세, 약물치료명령 등이 있음

④ 형벌과 보안처분의 선고 및 집행의 관계
  ㉠ **형사제재수단으로 형벌과 보안처분을 인정하는 사법체계(이원주의)** : 형벌은 책임을 근거로 하고, 보안처분은 위험성을 근거로 하므로 형벌과 보안처분을 구분하는 입장이며 이는 응보형주의에 바탕으로 두는 것으로 형벌과 보안처분을 병과하고 순차적으로 형벌집행 후 보안처분을 중복집행하는 방식임
  ㉡ **형벌과 보안처분 동일시(일원주의)** : 형벌과 보안처분을 동일시하여 양자 중 택일하여 적용하고, 서로 병과할 수 없으며 형벌이 적합하지 않을 경우 보안처분을 대체 적용함. 이는 교육형주의에 바탕을 두고 있으나 책임주의에 반할 위험성이 존재
  ㉢ **대체집행주의** : 형벌 대신 보안처분으로 집행한다는 방식으로 보안처분을 형벌보다 먼저 집행하도록 하여 보안처분기간을 형집행기간에 산입하여 보안처

분이 형벌기능을 대체하도록 한 것
⑤ 보안처분 기본원리
  ㉠ 보안처분 법정주의 : 누구든지 법률과 적법한 절차에 의하지 아니하고는 보안처분을 받지 아니한다(헌법 제12조 제1항)고 하여 보안처분 법정주의를 규정하고 있다.
  ㉡ 책임주의와 비례의 원칙(최소침해의 원칙) : 보안처분은 사회방위 및 범죄인의 개선을 위하여 필요한 한도 내에서 부과한다는 것이며 보안처분은 책임에 의한 제한보다는 목적달성을 위한 필요성이 강조되고 재범의 위험성이 있는 사람을 교육, 개선, 치료하기 위한 처분
  ㉢ 재판시법주의 : 보안처분은 행위시법이 아니라 재판시법이 기준이 되고, 보안처분은 형벌법규와 달리 소급효금지의 원칙이 적용되지 않는 것이 허용되므로 법률이 제정되기 전에 발생한 사실을 고려하여 보안처분을 할 수 있음

(2) 현행법상 보안처분

① 치료감호 등에 관한 법률상 치료감호제도와 치료명령제도 ★빈출개념
  ㉠ 치료감호
    • 의의 : 심신장애 상태, 마약류·알코올이나 그 밖의 약물중독 상태, 정신성적 장애가 있는 상태 등에서 범죄행위를 한 자로서 재범의 위험성이 있고 특수한 교육·개선 및 치료가 필요하다고 인정되는 자에 대하여 적절한 보호와 치료의 처분이다(치료감호법 제1조).
    • 대상자(법 제2조 제1항)
      – 벌하지 아니하거나 같은 조 제2항에 따라 형을 감경할 수 있는 심신장애인으로서 금고 이상의 형에 해당하는 죄를 지은 자
      – 마약·향정신성의약품·대마, 그 밖에 남용되거나 해독을 끼칠 우려가 있는 물질이나 알코올을 식음·섭취·흡입·흡연 또는 주입받는 습벽이 있거나 그에 중독된 자로서 금고 이상의 형에 해당하는 죄를 지은 자
      – 소아성기호증, 성적가학증 등 성적 성벽이 있는 정신성적 장애인으로서 금고 이상의 형에 해당하는 성폭력범죄를 지은 자
    • 피치료감호자를 치료감호시설에 수용하는 기간은 15년을 초과할 수 없다(법 제16조 제2항).
    • 집행 순서 및 방법 : 치료감호와 형이 병과된 경우에는 치료감호를 먼저 집행한다. 이 경우 치료감호의 집행기간은 형 집행기간에 포함한다(법 제18조).
    • 구분 수용 : 피치료감호자는 특별한 사정이 없으면 구분하여 수용하여야 한다(법 제19조).
    • 치료감호의 종료(법 제35조)
      – 보호관찰기간이 끝나면 피보호관찰자에 대한 치료감호가 끝난다.
      – 치료감호심의위원회는 피보호관찰자의 관찰성적 및 치료경과가 양호하면 보호관찰기간이 끝나기 전에 보호관찰의 종료를 결정할 수 있다.

SEMI-NOTE

보안처분 주요 내용
• 죄형법정주의 적용상의 한계
• 소급효금지의 원칙
• 부정기형의 금지
• 유추해석금지의 원칙

재판시법주의
행위시와 재판시 사이에 형벌 법규의 변경이 있을 경우에 행위시의 법을 적용하지 않고 재판시의 법인 신법을 적용하는 주의

검사의 치료감호 청구
검사는 치료감호대상자가 치료감호를 받을 필요가 있는 경우 관할 법원에 치료감호를 청구할 수 있다(법 제4조 제1항).

집행 지휘
치료감호의 집행은 검사가 지휘하고, 지휘는 판결서등본을 첨부한 서면으로 한다(법 제17조).

| SEMI-NOTE |

ⓛ **치료명령**
- 의의 : 지역사회에서 생활하면서 치료시설로 통원하여 치료받는 처분
- 대상자(법 제2조의3)
  - 형을 감경할 수 있는 심신장애인으로서 금고 이상의 형에 해당하는 죄를 지은 자
  - 알코올을 식음하는 습벽이 있거나 그에 중독된 자로서 금고 이상의 형에 해당하는 죄를 지은 자
  - 마약·향정신성의약품·대마, 그 밖에 대통령령으로 정하는 남용되거나 해독을 끼칠 우려가 있는 물질을 식음·섭취·흡입·흡연 또는 주입받는 습벽이 있거나 그에 중독된 자로서 금고 이상의 형에 해당하는 죄를 지은 자
- 선고유예 시 치료명령 등(법 제44조의2)
  - 법원은 치료명령대상자에 대하여 형의 선고 또는 집행을 유예하는 경우에는 치료기간을 정하여 치료를 받을 것을 명할 수 있다.
  - 치료를 명하는 경우 보호관찰을 병과하여야 한다.
  - 보호관찰기간은 <u>선고유예의 경우에는 1년, 집행유예의 경우에는 그 유예기간</u>으로 한다. 다만, 법원은 집행유예 기간의 범위에서 보호관찰기간을 정할 수 있다.
- 치료명령의 집행(법 제44조의6)
  - 치료명령은 검사의 지휘를 받아 보호관찰관이 집행한다.
  - 치료명령은 정신건강의학과 전문의의 진단과 약물 투여, 상담 등 치료 및 정신건강증진 및 정신질환자 복지서비스 지원에 관한 법률에 따른 정신건강전문요원 등 전문가에 의한 인지행동 치료 등 심리치료 프로그램의 실시 등의 방법으로 집행한다.
  - 보호관찰관은 치료명령을 받은 사람에게 치료명령을 집행하기 전에 치료기관, 치료의 방법·내용 등에 관하여 충분히 설명하여야 한다.
- 치료기관의 지정 등 : 법무부장관은 치료명령을 받은 사람의 치료를 위하여 치료기관을 지정할 수 있다(법 제44조의7 제1항).

ⓒ **보호관찰** : 치료 위탁된 피치료감호자를 치료감호시설 외에서 지도·감독하는 것을 내용으로 하는 보안처분
- 피치료감호자가 다음의 어느 하나에 해당하게 되면 보호관찰 등에 관한 법률에 따른 보호관찰이 시작됨
  - 피치료감호자에 대한 치료감호가 가종료되었을 때
  - 피치료감호자가 치료감호시설 외에서 치료받도록 법정대리인등에게 위탁되었을 때
  - 기간 또는 연장된 기간이 만료되는 피치료감호자에 대하여 치료감호심의위원회가 심사하여 보호관찰이 필요하다고 결정한 경우에는 치료감호기간이 만료되었을 때
- 보호관찰의 기간은 <u>3년</u>

치료기간
치료기간은 보호관찰기간 초과 불가능

비용부담
치료명령을 받은 사람은 치료기간 동안 치료비용을 부담하여야 한다. 다만, 치료비용을 부담할 경제력이 없는 사람의 경우에는 국가가 비용을 부담할 수 있다(법 제44조의9 제1항).

- 보호관찰을 받기 시작한 자가 다음의 어느 하나에 해당하게 되면 보호관찰이 종료됨
  - 보호관찰기간이 끝났을 때
  - 보호관찰기간이 끝나기 전이라도 치료감호심의위원회의 치료감호의 종료결정이 있을 때
  - 보호관찰기간이 끝나기 전이라도 피보호관찰자가 다시 치료감호 집행을 받게 되어 재수용되었을 때
- 피보호관찰자가 보호관찰기간 중 새로운 범죄로 금고 이상의 형의 집행을 받게 된 때에는 보호관찰은 종료되지 아니하며, 해당 형의 집행기간 동안 피보호관찰자에 대한 보호관찰기간은 계속 진행
- 피보호관찰자에 대하여 금고 이상의 형의 집행이 종료·면제되는 때 또는 피보호관찰자가 가석방되는 때에 보호관찰기간이 아직 남아있으면 그 잔여기간 동안 보호관찰을 집행

② 보호관찰제도
  ㉠ 의의 : 넓은 의미는 범죄인을 사회 내에서 지도·감독하는 일체의 처분을 말하는 것이고, 좁은 의미는 재범의 위험성이 있는 범죄인을 사회 내에서 지도·감독하는 것
  ㉡ 법적 성질 : 장래의 위험성으로부터 행위자를 보호하고 사회를 방위하기 위한 합목적적 조치이며 이 경우 재판시법주의를 적용하여 소급효를 인정
  ㉢ 목적 : 죄를 지은 사람으로서 재범 방지를 위하여 보호관찰, 사회봉사, 수강 및 갱생보호 등 체계적인 사회 내 처우가 필요하다고 인정되는 사람을 지도하고 보살피며 도움으로써 건전한 사회 복귀를 촉진하고, <u>효율적인 범죄예방 활동을 전개함으로써 개인 및 공공의 복지를 증진함과 아울러 사회를 보호함</u>

③ 전자장치부착 등에 관한 법률상 보호관찰명령 청구
  ㉠ 목적 : 수사·재판·집행 등 형사사법 절차에서 전자장치를 효율적으로 활용하여 불구속재판을 확대하고, 범죄인의 사회복귀를 촉진하며, 범죄로부터 국민을 보호함을 목적으로 한다(법 제1조).
  ㉡ 전자장치 부착명령의 청구 : 검사는 성폭력범죄를 다시 범할 위험성이 있다고 인정되는 사람에 대하여 전자장치를 부착하도록 하는 명령을 법원에 청구할 수 있다(법 제5조 제1항).
  ㉢ 대상(법 제5조 제1항)
    - 성폭력범죄로 징역형의 실형을 선고받은 사람이 그 집행을 종료한 후 또는 집행이 면제된 후 <u>10년</u> 이내에 성폭력범죄를 저지른 때
    - 성폭력범죄로 이 법에 따른 전자장치를 부착받은 전력이 있는 사람이 다시 성폭력범죄를 저지른 때
    - 성폭력범죄를 <u>2회</u> 이상 범하여(유죄의 확정판결을 받은 경우를 포함한다) 그 습벽이 인정된 때
    - 19세 미만의 사람에 대하여 성폭력범죄를 저지른 때
    - 신체적 또는 정신적 장애가 있는 사람에 대하여 성폭력범죄를 저지른 때

SEMI-NOTE

치료감호심의위원회
치료감호 및 보호관찰의 관리와 집행에 관한 사항을 심사·결정하기 위하여 법무부에 치료감호심의위원회가 있음

보호관찰제도 근거법령
- **형법** : 선고유예, 집행유예, 가석방과 관련하여 보호관찰을 규정
- **소년법** : 보호처분의 일종으로 보호관찰을 규정
- **가정폭력범죄의 처벌 등에 관한 법률** : 가정보호사건에 대하여 보호관찰을 규정
- **보호관찰 등에 관한 법률** : 재범 방지를 위하여 보호관찰을 규정

준수사항(법 제9조의2 제1항)
- 야간, 아동·청소년의 통학시간 등 특정 시간대의 외출제한
- 어린이 보호구역 등 특정지역·장소에의 출입금지 및 접근금지
- 주거지역의 제한
- 피해자 등 특정인에의 접근금지
- 특정범죄 치료 프로그램의 이수
- 마약 등 중독성 있는 물질의 사용금지
- 그 밖에 부착명령을 선고받는 사람의 재범방지와 성행교정을 위하여 필요한 사항

SEMI-NOTE

다음 중 해당하는 때에는 부착명령의 집행이 정지
- 부착명령의 집행 중 다른 죄를 범하여 구속영장의 집행을 받아 구금된 때
- 부착명령의 집행 중 다른 죄를 범하여 금고 이상의 형의 집행을 받게 된 때
- 가석방 또는 가종료된 자에 대하여 전자장치 부착기간 동안 가석방 또는 가종료가 취소되거나 실효된 때

피부착자의 의무
- 전자장치가 부착된 자는 전자장치의 부착기간 중 전자장치를 신체에서 임의로 분리·손상, 전파 방해 또는 수신자료의 변조, 그 밖의 방법으로 그 효용을 해하면 안 됨
- 피부착자는 특정범죄사건에 대한 형의 집행이 종료되거나 면제·가석방되는 날부터 10일 이내에 주거지를 관할하는 보호관찰소에 출석하여 신상정보 등을 서면으로 신고해야 함
- 피부착자는 주거를 이전하거나 7일 이상의 국내여행을 하거나 출국할 때에는 미리 보호관찰관의 허가를 받아야 함

ⓔ **부착명령의 집행절차(법 제13조)**
- 부착명령은 특정범죄사건에 대한 형의 집행이 종료되거나 면제·가석방되는 날 또는 치료감호의 집행이 종료·가종료되는 날 석방 직전에 피부착명령자의 신체에 전자장치를 부착함으로써 집행한다.
- 부착명령을 집행하는 경우 보호관찰소의 장은 피부착명령자를 소환할 수 있으며, 피부착명령자가 소환에 따르지 아니하는 때에는 관할 지방검찰청의 검사에게 신청하여 부착명령 집행장을 발부받아 구인할 수 있다.
- 보호관찰소의 장은 피부착명령자를 구인한 경우에는 부착명령의 집행을 마친 즉시 석방하여야 한다.
- 부착명령의 집행은 신체의 완전성을 해하지 아니하는 범위 내에서 이루어져야 한다.
- 부착명령이 여러 개인 경우 확정된 순서에 따라 집행한다.
- 구속영장의 집행을 받아 구금된 후에 다음의 어느 하나에 해당하는 사유로 구금이 종료되는 경우 그 구금기간 동안에는 부착명령이 집행된 것으로 본다.
- 집행이 정지된 부착명령의 잔여기간에 대하여는 다음의 구분에 따라 집행한다.
  - 구금이 해제되거나 금고 이상의 형의 집행을 받지 아니하게 확정된 때부터 그 잔여기간을 집행한다.
  - 그 형의 집행이 종료되거나 면제된 후 또는 가석방된 때부터 그 잔여기간을 집행한다.
  - 그 형이나 치료감호의 집행이 종료되거나 면제된 후 그 잔여기간을 집행한다.

ⓜ **부착명령 집행의 종료**: 선고된 부착명령은 다음 어느 하나에 해당하는 때에 그 집행이 종료된다(법 제20조).
- 부착명령기간이 경과한 때
- 부착명령과 함께 선고한 형이 사면되어 그 선고의 효력을 상실하게 된 때
- 부착명령이 임시해제된 자가 그 임시해제가 취소됨이 없이 잔여 부착명령기간을 경과한 때

ⓗ **부착명령의 시효(법 제21조)**
- 피부착명령자는 그 판결이 확정된 후 집행을 받지 아니하고 함께 선고된 특정범죄사건의 형의 시효가 완성되면 그 집행이 면제된다.
- 부착명령의 시효는 피부착명령자를 체포함으로써 중단된다.

ⓢ **전자장치 부착의 종료**: 전자장치의 부착은 다음의 어느 하나에 해당하는 경우에 그 집행이 종료된다(법 제31조의5).
- 구속영장의 효력이 소멸한 경우
- 보석이 취소된 경우
- 보석조건이 변경되어 전자장치를 부착할 필요가 없게 되는 경우

④ **성폭력범죄의 처벌 등에 관한 특례법상 보안처분**
ⓐ **보호관찰명령**: 법원이 성폭력범죄자에 대하여 형의 선고를 유예하는 경우 1

년 동안 보호관찰을 받을 것을 명할 수 있다. 다만, 성폭력범죄를 범한 소년에 대하여 형의 선고를 유예하는 경우에는 반드시 보호관찰을 명하여야 한다(성폭력처벌법 제16조).
- ⓒ 수강명령 또는 성폭력 치료프로그램의 이수명령 : 법원이 성폭력범죄를 범한 사람에 대하여 유죄판결(선고유예는 제외한다)을 선고하거나 약식명령을 고지하는 경우에는 500시간의 범위에서 재범예방에 필요한 수강명령 또는 성폭력 치료프로그램의 이수명령을 병과하여야 한다.
- ⓒ 수강명령과 이수명령의 병과 : 성폭력범죄를 범한 자에 대하여 수강명령은 형의 집행을 유예할 경우에 그 집행유예기간 내에서 병과하고, 이수명령은 벌금 이상의 형을 선고하거나 약식명령을 고지할 경우에 병과한다. 다만, 이수명령은 성폭력범죄자가 따른 이수명령을 부과받은 경우에는 병과하지 않는다.
- ⓔ 보호관찰 또는 사회봉사 처분 : 법원이 성폭력범죄를 범한 사람에 대하여 형의 집행을 유예하는 경우에는 수강명령 외에 그 집행유예기간 내에서 보호관찰 또는 사회봉사 중 하나 이상의 처분을 병과할 수 있다.
- ⓜ 수강명령 또는 이수명령의 유예 : 수강명령 또는 이수명령은 형의 집행을 유예할 경우에는 그 집행유예기간 내에, 벌금형을 선고하거나 약식명령을 고지할 경우에는 형 확정일부터 6개월 이내에, 징역형 이상의 실형을 선고할 경우에는 형기 내에 각각 집행한다.
- ⓑ 수강명령 또는 이수명령의 집행 : 수강명령 또는 이수명령이 벌금형 또는 형의 집행유예와 병과된 경우에는 보호관찰소의 장이 집행하고, 징역형 이상의 실형과 병과된 경우에는 교정시설의 장이 집행한다.
- ⓢ 성폭력범죄를 범한 사람으로서 형의 집행 중에 가석방된 사람은 가석방기간 동안 보호관찰을 받는다. 다만, 가석방을 허가한 행정관청이 보호관찰을 할 필요가 없다고 인정한 경우에는 그러하지 아니하다.
- ⓞ 신상정보의 공개(법 제47조)
  - 등록정보의 공개에 관하여는 아동 · 청소년의 성보호에 관한 법률을 적용한다.
  - 등록정보의 공개는 여성가족부장관이 집행한다.
  - 법무부장관은 등록정보의 공개에 필요한 정보를 여성가족부장관에게 송부하여야 한다.
- ⓩ 등록정보의 고지(법 제49조)
  - 등록정보의 고지에 관하여는 아동 · 청소년의 성보호에 관한 법률을 적용한다.
  - 등록정보의 고지는 여성가족부장관이 집행한다.
  - 법무부장관은 등록정보의 고지에 필요한 정보를 여성가족부장관에게 송부하여야 한다.
⑤ 아동 · 청소년의 성보호에 관한 법률상 보호관찰
  - ㉠ 등록정보의 공개(법 제49조)
    - 법원은 다음의 어느 하나에 해당하는 자에 대하여 판결로 제4항의 공개정

SEMI-NOTE

수강명령 또는 이수명령의 내용
- 일탈적 이상행동의 진단 · 상담
- 성에 대한 건전한 이해를 위한 교육
- 그 밖에 성폭력범죄를 범한 사람의 재범예방을 위하여 필요한 사항

법률의 준용
보호관찰, 사회봉사, 수강명령 및 이수명령에 관하여 이 법에서 규정한 사항 외의 사항에 대하여는 보호관찰 등에 관한 법률을 준용

등록정보의 공개
법무부장관은 등록정보를 등록대상 성범죄와 관련한 범죄 예방 및 수사에 활용하게 하기 위하여 검사 또는 각급 경찰관서의 장에게 배포 가능

공개하도록 제공되는 등록정보
성명, 나이, 주소 및 실제거주지, 신체정보(키와 몸무게), 사진, 등록대상 성범죄 요지, 성폭력범죄 전과사실(죄명 및 횟수), 전자장치 부착 여부 등

SEMI-NOTE

공개정보
공개정보의 구체적인 형태와 내용에 관하여는 대통령령으로 정하며, 공개정보를 정보통신망을 이용하여 열람하고자 하는 자는 실명인증 절차를 거쳐야 함

공개정보의 악용금지
공개정보는 아동·청소년 등을 등록대상 성범죄로부터 보호하기 위하여 성범죄 우려가 있는 자를 확인할 목적으로만 사용되어야 함

고지하여야 하는 고지정보
- 고지대상자가 이미 거주하고 있거나 전입하는 경우에는 공개정보
- 고지대상자가 전출하는 경우에는 고지정보와 그 대상자의 전출 정보

여성가족부장관의 고지
여성가족부장관은 고지명령의 집행 이후 관할구역에 출생신고·입양신고·전입신고가 된 아동·청소년의 친권자 또는 법정대리인이 있는 가구 및 관할구역에 설립·설치된 영유아보육법에 따른 어린이집의 원장, 유치원의 장 및 학교의 장, 학교교과교습학원의 장과 지역아동센터 및 청소년수련시설의 장에게 고지해야 함

보를 성폭력범죄의 처벌 등에 관한 특례법의 등록기간 동안 정보통신망을 이용하여 공개하도록 하는 명령을 등록대상 사건의 판결과 동시에 선고하여야 한다.
  – 아동·청소년대상 성범죄를 저지른 자
  – 성폭력범죄의 처벌 등에 관한 특례법의 범죄를 저지른 자
  – 죄를 다시 범할 위험성이 있다고 인정되는 자
- 등록정보의 공개기간은 판결이 확정된 때부터 기산한다.
- 다음의 기간은 공개기간에 넣어 계산하지 아니한다.
  – 공개명령을 받은 자가 신상정보 공개의 원인이 된 성범죄로 교정시설 또는 치료감호시설에 수용된 기간. 이 경우 신상정보 공개의 원인이 된 성범죄와 다른 범죄가 경합되어 형이 선고된 경우에는 그 선고형 전부를 신상정보 공개의 원인이 된 성범죄로 인한 선고형으로 본다.
  – 기간 이전의 기간으로서 기간과 이어져 공개대상자가 다른 범죄로 교정시설 또는 치료감호시설에 수용된 기간
  – 기간 이후의 기간으로서 기간과 이어져 공개대상자가 다른 범죄로 교정시설 또는 치료감호시설에 수용된 기간

ⓒ 등록정보의 고지(법 제50조)
- 법원은 공개대상자 중 다음의 어느 하나에 해당하는 자에 대하여 판결로 공개명령 기간 동안 고지정보를 해당사람에 대하여 고지하도록 하는 명령을 등록대상 성범죄 사건의 판결과 동시에 선고하여야 한다.
  – 아동·청소년대상 성범죄를 저지른 자
  – 성폭력범죄의 처벌 등에 관한 특례법의 범죄를 저지른 자
  – 죄를 다시 범할 위험성이 있다고 인정되는 자
- 고지명령을 선고받은 자는 공개명령을 선고받은 자로 본다.
- 고지명령은 다음의 기간 내에 하여야 한다.
  – 집행유예를 선고받은 고지대상자는 신상정보 최초 등록일부터 <u>1개월 이내</u>
  – 금고 이상의 실형을 선고받은 고지대상자는 출소 후 거주할 지역에 전입한 날부터 1개월 이내
  – 고지대상자가 다른 지역으로 전출하는 경우에는 변경정보 등록일부터 1개월 이내
- 고지정보는 고지대상자가 거주하는 읍·면·동의 아동·청소년의 친권자 또는 법정대리인이 있는 가구, 어린이집의 원장, 유치원의 장, 학교의 장, 읍·면사무소와 동 주민자치센터의 장, 학교교과교습학원의 장과 지역아동센터 및 청소년수련시설의 장에게 고지한다.

ⓒ 고지명령의 집행(법 제51조)
- 법원은 고지명령의 판결이 확정되면 판결문 등본을 판결이 확정된 날부터 <u>14일 이내</u>에 법무부장관에게 송달하여야 하며, 법무부장관은 기간 내에 고지명령이 집행될 수 있도록 최초등록 및 변경등록 시 고지대상자, 고지기간 및 고지정보를 지체 없이 여성가족부장관에게 송부하여야 한다.

- 법무부장관은 고지대상자가 출소하는 경우 출소 1개월 전까지 다음의 정보를 여성가족부장관에게 송부하여야 한다.
  - 고지대상자의 출소 예정일
  - 고지대상자의 출소 후 거주지 상세주소
- 여성가족부장관은 제50조제4항에 따른 고지정보를 관할구역에 거주하는 아동·청소년의 친권자 또는 법정대리인이 있는 가구, 어린이집의 원장 및 유치원의 장과 학교의 장, 읍·면사무소와 동 주민자치센터의 장, 학교교과교습학원의 장과 지역아동센터 및 청소년수련시설의 장에게 우편으로 송부하고, 읍·면 사무소 또는 동(경계를 같이 하는 읍·면 또는 동을 포함한다) 주민자치센터 게시판에 30일간 게시하는 방법으로 고지명령을 집행한다.
- 여성가족부장관은 고지명령의 집행에 관한 업무 중 우편송부 및 게시판 게시 업무를 고지대상자가 실제 거주하는 읍·면사무소의 장 또는 동 주민자치센터의 장에게 위임할 수 있다.
- 위임을 받은 읍·면사무소의 장 또는 동 주민자치센터의 장은 우편송부 및 게시판 게시 업무를 집행하여야 한다.

㉣ **아동·청소년 관련기관 등에의 취업제한 등** : 법원은 아동·청소년대상 성범죄 또는 성인대상 성범죄로 형 또는 치료감호를 선고하는 경우에는 판결로 그 형 또는 치료감호의 전부 또는 일부의 집행을 종료하거나 집행이 유예·면제된 날(벌금형을 선고받은 경우에는 그 형이 확정된 날)부터 일정기간 동안 다음 각 호에 따른 시설·기관 또는 사업장을 운영하거나 아동·청소년 관련기관등에 취업 또는 사실상 노무를 제공할 수 없도록 하는 명령을 성범죄 사건의 판결과 동시에 선하여야 한다(법 제56조 제1항).

⑥ **성폭력범죄자의 성충동 약물치료에 관한 법률상 약물치료명령** ★ 빈출개념
  ㉠ **목적** : 사람에 대하여 성폭력범죄를 저지른 성도착증 환자로서 성폭력범죄를 다시 범할 위험성이 있다고 인정되는 사람에 대하여 성충동 약물치료를 실시하여 성폭력범죄의 재범을 방지하고 사회복귀를 촉진하는 것을 목적으로 한다(법 제1조).
  ㉡ **성충동 약물치료** : 비정상적인 성적 충동이나 욕구를 억제하기 위한 조치로서 성도착증 환자에게 약물 투여 및 심리치료 등의 방법으로 도착적인 성기능을 일정기간 동안 약화 또는 정상화하는 치료를 말한다(법 제2조 제3호).
  ㉢ **약물치료명령의 요건** : 약물치료는 다음의 요건을 모두 갖추어야 한다(법 제3조).
  - 비정상적 성적 충동이나 욕구를 억제하거나 완화하기 위한 것으로서 의학적으로 알려진 것일 것
  - 과도한 신체적 부작용을 초래하지 아니할 것
  - 의학적으로 알려진 방법대로 시행될 것
  ㉣ **치료명령의 청구(법 제4조)**
  - 검사는 치료명령 청구대상자에 대하여 정신건강의학과 전문의의 진단이나 감정을 받은 후 치료명령을 청구하여야 한다.

SEMI-NOTE

고지명령의 집행
여성가족부장관이 집행함

고지명령
여성가족부장관은 고지 외에도 그 밖의 방법에 의하여 고지명령을 집행 가능

치료명령의 청구
검사는 사람에 대하여 성폭력범죄를 저지른 성도착증 환자로서 성폭력범죄를 다시 범할 위험성이 있다고 인정되는 19세 이상의 사람에 대하여 약물치료명령을 법원에 청구 가능

SEMI-NOTE

치료명령
검사 또는 치료명령 피청구자 및 형사소송법 제340조·제341조에 규정된 사람은 치료명령에 대하여 독립하여 상소 및 상소의 포기·취하를 할 수 있으며, 상소권회복 또는 재심의 청구나 비상상고의 경우에도 또한 같음

- 치료명령의 청구는 공소가 제기되거나 치료감호가 독립청구된 성폭력범죄 사건의 항소심 변론종결 시까지 하여야 한다.
- 법원은 피고사건의 심리결과 치료명령을 할 필요가 있다고 인정하는 때에는 검사에게 치료명령의 청구를 요구할 수 있다.
- 피고사건에 대하여 판결의 확정 없이 공소가 제기되거나 치료감호가 독립청구된 때부터 15년이 지나면 치료명령을 청구할 수 없다.

ⓜ **치료명령의 판결 등(법 제8조)**
- 법원은 치료명령 청구가 이유 있다고 인정하는 때에는 15년의 범위에서 치료기간을 정하여 판결로 치료명령을 선고하여야 한다.
- 치료명령을 선고받은 사람은 치료기간 동안 보호관찰 등에 관한 법률에 따른 보호관찰을 받는다.
- 법원은 다음의 어느 하나에 해당하는 때에는 판결로 치료명령 청구를 기각하여야 한다.
  - 치료명령 청구가 이유 없다고 인정하는 때
  - 피고사건에 대하여 무죄·면소·공소기각의 판결 또는 결정을 선고하는 때
  - 피고사건에 대하여 벌금형을 선고하는 때
  - 피고사건에 대하여 선고를 유예하거나 집행유예를 선고하는 때
- 치료명령 청구사건의 판결은 피고사건의 판결과 동시에 선고하여야 한다.
- 치료명령 선고의 판결 이유에는 요건으로 되는 사실, 증거의 요지 및 적용 법조를 명시하여야 한다.
- 치료명령의 선고는 피고사건의 양형에 유리하게 참작되어서는 아니 된다.
- 피고사건의 판결에 대하여 상소 및 상소의 포기·취하가 있는 때에는 치료명령 청구사건의 판결에 대하여도 상소 및 상소의 포기·취하가 있는 것으로 본다. 상소권회복 또는 재심의 청구나 비상상고가 있는 때에도 또한 같다.

ⓗ **치료명령의 집행(법 제13조, 제14조)** : 치료명령은 검사의 지휘를 받아 보호관찰관이 집행하고, 지휘는 판결문 등본을 첨부한 서면으로 한다.
- 치료명령은 의사의 진단과 처방에 의한 약물 투여, 정신보건전문요원 등 전문가에 의한 인지행동 치료 등 심리치료 프로그램의 실시 등의 방법으로 집행한다.
- 보호관찰관은 치료명령을 받은 사람에게 치료명령을 집행하기 전에 약물치료의 효과, 부작용 및 약물치료의 방법·주기·절차 등에 관하여 충분히 설명하여야 한다.
- 치료명령을 받은 사람이 형의 집행이 종료되거나 면제·가석방 또는 치료감호의 집행이 종료·가종료 또는 치료위탁으로 석방되는 경우 보호관찰관은 석방되기 전 2개월 이내에 치료명령을 받은 사람에게 치료명령을 집행하여야 한다.
- 다음의 어느 하나에 해당하는 때에는 치료명령의 집행이 정지된다.
  - 치료명령의 집행 중 구속영장의 집행을 받아 구금된 때
  - 치료명령의 집행 중 금고 이상의 형의 집행을 받게 된 때

- 가석방 또는 가종료·가출소된 자에 대하여 치료기간 동안 가석방 또는 가종료·가출소가 취소되거나 실효된 때
• 집행이 정지된 치료명령의 잔여기간에 대하여는 다음의 구분에 따라 집행한다.
  - 구금이 해제되거나 금고 이상의 형의 집행을 받지 아니하는 것으로 확정된 때부터 그 잔여기간을 집행한다.
  - 그 형의 집행이 종료되거나 면제된 후 또는 가석방된 때부터 그 잔여기간을 집행한다.
  - 그 형이나 치료감호 또는 보호감호의 집행이 종료되거나 면제된 후 그 잔여기간을 집행한다.
ⓐ 치료명령 집행의 종료 : 선고된 치료명령은 다음의 어느 하나에 해당하는 때에 그 집행이 종료된다(법 제20조).
  • 치료기간이 지난 때
  • 치료명령과 함께 선고한 형이 사면되어 그 선고의 효력을 상실하게 된 때
  • 치료명령이 임시해제된 사람이 그 임시해제가 취소됨이 없이 잔여 치료기간을 지난 때

SEMI-NOTE

치료명령의 시효(법 제21조)
• 치료명령을 받은 사람은 그 판결이 확정된 후 집행을 받지 아니하고 함께 선고된 피고사건의 형의 시효 또는 치료감호의 시효가 완성되면 그 집행이 면제된다.
• 치료명령의 시효는 치료명령을 받은 사람을 체포함으로써 중단된다.

6. 보호관찰 등에 관한 법률상 보호관찰, 사회봉사명령, 수강명령

(1) 보호관찰

① 의의 : 죄를 지은 사람으로서 재범 방지를 위하여 체계적인 사회 내 처우가 필요하다고 인정되는 사람을 지도하고 보살피며 도움으로써 건전한 사회 복귀를 촉진하고, 효율적인 범죄예방 활동을 전개함으로써 개인 및 공공의 복지를 증진함과 아울러 사회를 보호하는 것

② 연혁 : 미국에서 창안된 사회내처우로 프로베이션(probation)과 퍼로울(parole)이 있음. 프로베이션(probation)은 구금 이전에 보호관찰을 시행하는 조치이고, 퍼로울은 구금 시설 내에서 교정하다가 조기에 석방하면서 보호관찰을 행하는 것

③ 목적 : 죄를 지은 사람으로서 재범 방지를 위하여 보호관찰, 사회봉사, 수강 및 갱생보호 등 체계적인 사회 내 처우가 필요하다고 인정되는 사람을 지도하고 보살피며 도움으로써 건전한 사회 복귀를 촉진하고, 효율적인 범죄예방 활동을 전개함으로써 개인 및 공공의 복지를 증진함과 아울러 사회를 보호함을 목적으로 한다(보호관찰법 제1조).

④ 보호관찰의 법적 근거 : 형법, 소년법, 성폭력범죄의 처벌 및 피해자보호 등에 관한 법률, 보안관찰법, 청소년의 성보호에 관한 법률, 치료감호 등에 관한 법률, 보호관찰 등에 관한 법률 등

⑤ 대상자(법 제3조)
  ㉠ 보호관찰을 조건으로 형의 선고유예를 받은 사람
  ㉡ 보호관찰을 조건으로 형의 집행유예를 선고받은 사람
  ㉢ 보호관찰을 조건으로 가석방되거나 임시퇴원된 사람

보호관찰
범인을 교도소 기타의 시설에 수용하지 아니하고 자유로운 사회에서 인정한 준수사항을 명하여 이를 지키도록 지도하고 필요한 때에는 원호하여 그의 개선·갱생을 도모하는 처분

한국의 보호관찰
보호관찰 등에 관한 법률을 통하여 소년범에 대한 보호관찰을 실시

SEMI-NOTE

보호관찰의 기능
처벌기능, 재활기능, 범죄통제기능, 억제기능, 지역사회 통합기능 등

심사위원회의 설치
고등검찰청 소재지 등 대통령령으로 정하는 지역에 설치함

위원의 신분
상임위원은 고위공무원단에 속하는 일반직공무원 또는 4급 공무원으로서 임기제공무원으로 한다(법 제9조 제1항).

　ⓔ 보호처분을 받은 사람
　ⓜ 다른 법률에서 이 법에 따른 보호관찰을 받도록 규정된 사람
⑥ 보호관찰 대상자의 준수사항
　㉠ 일반적인 준수사항(법 제32조 제2항)
　　• 주거지에 상주(常住)하고 생업에 종사할 것
　　• 범죄로 이어지기 쉬운 나쁜 습관을 버리고 선행(善行)을 하며 범죄를 저지를 염려가 있는 사람들과 교제하거나 어울리지 말 것
　　• 보호관찰관의 지도 · 감독에 따르고 방문하면 응대할 것
　　• 주거를 이전(移轉)하거나 1개월 이상 국내외 여행을 할 때에는 미리 보호관찰관에게 신고할 것
　㉡ 특별준수사항(법 제32조 제3항)
　　• 야간 등 재범의 기회나 충동을 줄 수 있는 특정 시간대의 외출 제한
　　• 재범의 기회나 충동을 줄 수 있는 특정 지역 · 장소의 출입 금지
　　• 피해자 등 재범의 대상이 될 우려가 있는 특정인에 대한 접근 금지
　　• 범죄행위로 인한 손해를 회복하기 위하여 노력할 것
　　• 일정한 주거가 없는 자에 대한 거주장소 제한
　　• 사행행위에 빠지지 아니할 것
　　• 일정량 이상의 음주를 하지 말 것
　　• 마약 등 중독성 있는 물질을 사용하지 아니할 것
　　• 마약류 투약, 흡연, 섭취 여부에 관한 검사에 따를 것
　　• 그 밖에 보호관찰 대상자의 재범 방지를 위하여 필요하다고 인정되어 대통령령으로 정하는 사항
⑦ 보호관찰 심사위원회
　㉠ 설치(법 제5조) : 보호관찰에 관한 사항을 심사 · 결정하기 위하여 법무부장관 소속으로 보호관찰 심사위원회를 둔다.
　㉡ 관장사무(법 제6조)
　　• 가석방과 그 취소에 관한 사항
　　• 임시퇴원, 임시퇴원의 취소 및 보호소년 등의 처우에 관한 법률 제43조제3항에 따른 보호소년의 퇴원(이하 "퇴원"이라 한다)에 관한 사항
　　• 보호관찰의 임시해제와 그 취소에 관한 사항
　　• 보호관찰의 정지와 그 취소에 관한 사항
　　• 가석방 중인 사람의 부정기형의 종료에 관한 사항
　　• 이 법 또는 다른 법령에서 심사위원회의 관장 사무로 규정된 사항
　　• 위원장이 회의에 부치는 사항
　㉢ 구성(법 제7조)
　　• 심사위원회는 위원장을 포함하여 5명 이상 9명 이하의 위원으로 구성한다.
　　• 심사위원회의 위원장은 고등검찰청 검사장 또는 고등검찰청 소속 검사 중에서 법무부장관이 임명한다.
　　• 심사위원회의 위원은 판사, 검사, 변호사, 보호관찰소장, 지방교정청장, 교

도소장, 소년원장 및 보호관찰에 관한 지식과 경험이 풍부한 사람 중에서 법무부장관이 임명하거나 위촉한다.
- 심사위원회의 위원 중 3명 이내의 상임위원을 둔다.
ㄹ) 위원의 임기 : 위원의 임기는 2년으로 하되, 연임할 수 있다. 다만, 공무원인 비상임위원의 임기는 그 직위에 있는 기간으로 한다(법 제8조).
ㅁ) 심사(법 제11조)
- 심사위원회는 심사자료에 의하여 관장사무 사항을 심사한다.
- 심사위원회는 심사에 필요하다고 인정하면 보호관찰 대상자와 그 밖의 관계인을 소환하여 심문하거나 상임위원 또는 보호관찰관에게 필요한 사항을 조사하게 할 수 있다.
- 심사위원회는 심사에 필요하다고 인정하면 국공립기관이나 그 밖의 단체에 사실을 알아보거나 관계 자료의 제출을 요청할 수 있다.
ㅂ) 의결 및 결정(법 제12조)
- 심사위원회의 회의는 재적위원 과반수의 출석으로 개의하고, 출석위원 과반수의 찬성으로 의결한다.
- 회의를 개최할 시간적 여유가 없는 부득이한 경우로서 대통령령으로 정하는 경우에는 서면으로 의결할 수 있다. 이 경우 재적위원 과반수의 찬성으로 의결한다.
- 결정은 이유를 붙이고 심사한 위원이 서명 또는 기명날인한 문서로 한다.

⑧ 보호관찰소
㉠ 보호관찰소의 설치(법 제14조)
- 보호관찰, 사회봉사, 수강 및 갱생보호에 관한 사무를 관장하기 위하여 법무부장관 소속으로 보호관찰소를 둔다.
- 보호관찰소의 사무 일부를 처리하게 하기 위하여 그 관할 구역에 보호관찰지소를 둘 수 있다.
㉡ 보호관찰관(법 제16조)
- 보호관찰소에는 관장사무를 처리하기 위하여 보호관찰관을 둔다.
- 보호관찰관은 형사정책학, 행형학, 범죄학, 사회사업학, 교육학, 심리학, 그 밖에 보호관찰에 필요한 전문적 지식을 갖춘 사람이어야 한다.
㉢ 범죄예방 자원봉사위원(법 제18조)
- 범죄예방활동을 하고, 보호관찰활동과 갱생보호사업을 지원하기 위하여 범죄예방 자원봉사위원을 둘 수 있다.
- 법무부장관은 법무부령으로 정하는 바에 따라 범죄예방위원을 위촉한다.
- 범죄예방위원의 명예와 이 법에 따른 활동은 존중되어야 한다.
- 범죄예방위원은 명예직으로 하되, 예산의 범위에서 직무수행에 필요한 비용의 전부 또는 일부를 지급할 수 있다.
- 범죄예방위원의 위촉 및 해촉, 정원, 직무의 구체적 내용, 조직, 비용의 지급, 그 밖에 필요한 사항은 법무부령으로 정한다.

⑨ 판결 전 조사

SEMI-NOTE

회의의 공개여부
심사위원회의 회의는 비공개

보호관찰소의 관장 사무(법 제15조)
- 보호관찰, 사회봉사명령 및 수강명령의 집행
- 갱생보호
- 검사가 보호관찰관이 선도함을 조건으로 공소제기를 유예하고 위탁한 선도 업무
- 범죄예방 자원봉사위원에 대한 교육훈련 및 업무지도
- 범죄예방활동
- 이 법 또는 다른 법령에서 보호관찰소의 관장 사무로 규정된 사항

SEMI-NOTE

법원의 요구
법원은 통지를 받은 보호관찰소의 장에게 조사진행상황과 보호관찰 상황에 관한 보고를 요구 가능

판결의 통지 등(법 제20조)
- 법원은 보호관찰을 명하는 판결이 확정된 때부터 3일 이내에 판결문 등본 및 준수사항을 적은 서면을 피고인의 주거지를 관할하는 보호관찰소의 장에게 보내야 한다.
- 법원은 그 의견이나 그 밖에 보호관찰에 참고가 될 수 있는 자료를 첨부할 수 있다.

가석방 · 퇴원 및 임시퇴원의 신청
- 교도소 · 구치소 · 소년교도소 및 소년원의 장은 가석방에 필요한 기간이 지난 소년수형자 또는 수용 중인 보호소년에 대하여 법무부령으로 정하는 바에 따라 관할 심사위원회에 가석방, 퇴원 또는 임시퇴원 심사를 신청 가능
- 신청을 할 때에는 통지받은 환경조사 및 환경개선활동 결과를 고려해야 함

심사위원회의 심사 · 결정
심사위원회는 심사 · 결정을 할 때 본인의 인격, 교정성적, 직업, 생활태도, 가족관계 및 재범 위험성 등 모든 사정을 고려해야 함

㉠ 판결 전 조사(법 제19조)
- 법원은 피고인에 대하여 보호관찰, 사회봉사 또는 수강을 명하기 위하여 필요하다고 인정하면 그 법원의 소재지 또는 피고인의 주거지를 관할하는 보호관찰소의 장에게 범행 동기, 직업, 생활환경, 교우관계, 가족상황, 피해회복 여부 등 피고인에 관한 사항의 조사를 요구할 수 있다.
- 요구를 받은 보호관찰소의 장은 지체 없이 이를 조사하여 서면으로 해당 법원에 알려야 한다. 이 경우 필요하다고 인정하면 피고인이나 그 밖의 관계인을 소환하여 심문하거나 소속 보호관찰관에게 필요한 사항을 조사하게 할 수 있다.

㉡ 결정 전 조사(법 제19조의2)
- 법원은 소년 보호사건에 대한 조사 또는 심리를 위하여 필요하다고 인정하면 그 법원의 소재지 또는 소년의 주거지를 관할하는 보호관찰소의 장에게 소년의 품행, 경력, 가정상황, 그 밖의 환경 등 필요한 사항에 관한 조사를 의뢰할 수 있다.
- 의뢰를 받은 보호관찰소의 장은 지체 없이 조사하여 서면으로 법원에 통보하여야 하며, 조사를 위하여 필요한 경우에는 소년 또는 관계인을 소환하여 심문하거나 소속 보호관찰관으로 하여금 필요한 사항을 조사하게 할 수 있다.

⑩ 가석방 및 임시퇴원
㉠ 교도소장 등의 통보의무(법 제21조)
- 교도소 · 구치소 · 소년교도소의 장은 징역 또는 금고의 형을 선고받은 소년이 가석방에 필요한 기간을 지나면 그 교도소 · 구치소 · 소년교도소의 소재지를 관할하는 심사위원회에 그 사실을 통보하여야 한다.
- 소년원장은 보호소년이 수용된 후 6개월이 지나면 그 소년원의 소재지를 관할하는 심사위원회에 그 사실을 통보하여야 한다.

㉡ 가석방 · 퇴원 및 임시퇴원의 심사와 결정
- 심사위원회는 신청을 받으면 소년수형자에 대한 가석방 또는 보호소년에 대한 퇴원 · 임시퇴원이 적절한지를 심사하여 결정한다.
- 심사위원회는 통보를 받은 사람에 대하여는 신청이 없는 경우에도 직권으로 가석방 · 퇴원 및 임시퇴원이 적절한지를 심사하여 결정할 수 있다.
- 심사위원회는 소년수형자의 가석방이 적절한지를 심사할 때에는 보호관찰의 필요성을 심사하여 결정한다.

㉢ 성인수형자에 대한 보호관찰의 심사와 결정(법 제24조)
- 심사위원회는 가석방되는 사람에 대하여 보호관찰의 필요성을 심사하여 결정한다.
- 심사위원회는 보호관찰심사를 할 때에는 보호관찰 사안조사 결과를 고려하여야 한다.

㉣ 법무부장관의 허가 : 심사위원회는 심사 결과 가석방, 퇴원 또는 임시퇴원이 적절하다고 결정한 경우 및 심사 결과 보호관찰이 필요없다고 결정한 경우에

는 결정서에 관계 서류를 첨부하여 법무부장관에게 이에 대한 허가를 신청하여야 하며, 법무부장관은 심사위원회의 결정이 정당하다고 인정하면 이를 허가할 수 있다(법 제25조).

⑪ 환경조사 및 환경개선활동
  ㉠ 환경조사(법 제26조) : 수용기관·병원·요양소·의료재활소년원의 장은 소년수형자 및 보호처분 중 어느 하나에 해당하는 처분을 받은 사람을 수용한 경우에는 지체 없이 거주예정지를 관할하는 보호관찰소의 장에게 신상조사서를 보내 환경조사를 의뢰하여야 한다.
  ㉡ 환경개선활동(법 제27조)
    - 보호관찰소의 장은 환경조사 결과에 따라 수용자의 건전한 사회 복귀를 촉진하기 위하여 필요하다고 인정하면 본인의 동의를 얻거나 가족·관계인의 협력을 받아 본인의 환경개선을 위한 활동을 할 수 있다.
    - 보호관찰소의 장은 환경개선활동을 위하여 필요하다고 인정하면 수용기관의 장에게 수용자의 면담 등 필요한 협조를 요청할 수 있다.

법령 보호관찰법

제28조(성인수형자에 대한 보호관찰 사안조사) ① 교도소·구치소·소년교도소의 장은 징역 또는 금고 이상의 형을 선고받은 성인에 대하여 가석방심사위원회에 가석방 적격심사신청을 할 때에는 신청과 동시에 가석방 적격심사신청 대상자의 명단과 신상조사서를 해당 교도소·구치소·소년교도소의 소재지를 관할하는 심사위원회에 보내야 한다.
② 심사위원회는 교도소·구치소·소년교도소의 장으로부터 가석방 적격심사신청 대상자의 명단과 신상조사서를 받으면 해당 성인수형자를 면담하여 직접 수형자의 환경 사항, 석방 후의 재범 위험성 및 사회생활에 대한 적응 가능성 등에 관한 조사를 하거나 교도소·구치소·소년교도소의 소재지 또는 해당 성인수형자의 거주예정지를 관할하는 보호관찰소의 장에게 그 자료를 보내 보호관찰 사안조사를 의뢰할 수 있다.
③ 보호관찰 사안조사를 의뢰받은 보호관찰소의 장은 지체 없이 보호관찰 사안조사를 하고 그 결과를 심사위원회에 통보하여야 한다.
④ 교도소·구치소·소년교도소의 장은 심사위원회 또는 보호관찰소의 장으로부터 보호관찰 사안조사를 위하여 성인수형자의 면담 등 필요한 협조 요청을 받으면 이에 협조하여야 한다.

⑫ 보호관찰
  ㉠ 보호관찰의 개시 및 신고(법 제29조)
    - 보호관찰은 법원의 판결이나 결정이 확정된 때 또는 가석방·임시퇴원된 때부터 시작된다.
    - 보호관찰 대상자는 대통령령으로 정하는 바에 따라 주거, 직업, 생활계획, 그 밖에 필요한 사항을 관할 보호관찰소의 장에게 신고하여야 한다.
  ㉡ 보호관찰의 기간(법 제30조)
    - 보호관찰을 조건으로 형의 선고유예를 받은 사람 : 1년
    - 보호관찰을 조건으로 형의 집행유예를 선고받은 사람 : 그 유예기간. 다만, 법원이 보호관찰 기간을 따로 정한 경우에는 그 기간
    - 가석방자 : 형법 또는 소년법에 규정된 기간

SEMI-NOTE

환경조사(법 제26조)
환경조사를 의뢰받은 보호관찰소의 장은 수용자의 범죄 또는 비행의 동기, 수용 전의 직업, 생활환경, 교우관계, 가족 상황, 피해회복 여부, 생계대책 등을 조사하여 수용기관의 장에게 알려야 한다. 이 경우 필요하다고 인정하면 수용자를 면담하거나 관계인을 소환하여 심문하거나 소속 보호관찰관에게 필요한 사항을 조사하게 할 수 있다.

환경개선활동(법 제27조)
보호관찰소의 장은 환경개선활동의 결과를 수용기관의 장과 수용기관의 소재지를 관할하는 심사위원회에 알려야 한다.

직무상 주의사항
직무를 담당하는 사람은 직무상 비밀을 엄수하고, 보호관찰 대상자 및 관계인의 인권을 존중하며, 보호관찰 대상자의 건전한 사회 복귀에 방해되는 일이 없도록 주의

- 임시퇴원자 : 퇴원일부터 6개월 이상 2년 이하의 범위에서 심사위원회가 정한 기간
- 소년법의 보호처분을 받은 사람 : 그 법률에서 정한 기간
- 다른 법률에 따라 이 법에서 정한 보호관찰을 받는 사람 : 그 법률에서 정한 기간

ⓒ 보호관찰 담당자 : 보호관찰은 보호관찰 대상자의 주거지를 관할하는 보호관찰소 소속 보호관찰관이 담당한다(법 제31조).

ⓔ 분류처우 : 보호관찰소의 장은 범행 내용, 재범위험성 등 보호관찰 대상자의 개별적 특성을 고려하여 그에 알맞은 지도·감독의 방법과 수준에 따라 분류처우를 하여야 한다(법 제33조의2 제1항).

ⓜ 원호의 방법(법 제34조 제2항)
- 숙소 및 취업의 알선
- 직업훈련 기회의 제공
- 환경의 개선
- 보호관찰 대상자의 건전한 사회 복귀에 필요한 원조의 제공

ⓗ 보호관찰 대상자 등의 조사(법 제37조)
- 보호관찰소의 장은 보호관찰을 위하여 필요하다고 인정하면 보호관찰 대상자나 그 밖의 관계인을 소환하여 심문하거나 소속 보호관찰관에게 필요한 사항을 조사하게 할 수 있다.
- 보호관찰소의 장은 보호관찰을 위하여 필요하다고 인정하면 국공립기관이나 그 밖의 단체에 사실을 알아보거나 관련 자료의 열람 등 협조를 요청할 수 있다.

ⓢ 대상자의 유치(법 제42조)
- 보호관찰소의 장은 다음의 신청이 필요하다고 인정되면 구인한 보호관찰 대상자를 수용기관 또는 소년분류심사원에 유치할 수 있다.
  - 보호관찰을 조건으로 한 형(벌금형을 제외한다)의 선고유예의 실효 및 집행유예의 취소 청구의 신청
  - 가석방 및 임시퇴원의 취소 신청
  - 보호처분의 변경 신청
- 유치를 하려는 경우에는 보호관찰소의 장이 검사에게 신청하여 검사의 청구로 관할 지방법원 판사의 허가를 받아야 한다. 이 경우 검사는 보호관찰 대상자가 구인된 때부터 48시간 이내에 유치 허가를 청구하여야 한다.
- 보호관찰소의 장은 유치 허가를 받은 때부터 24시간 이내에 신청을 하여야 한다.
- 검사는 보호관찰소의 장으로부터 신청을 받고 그 이유가 타당하다고 인정되면 48시간 이내에 관할 지방법원에 보호관찰을 조건으로 한 형의 선고유예의 실효 또는 집행유예의 취소를 청구하여야 한다.

ⓞ 유치기간(법 제43조)
- 유치의 기간은 구인한 날부터 20일로 한다.

SEMI-NOTE

지도·감독(법 제33조)
- 보호관찰관은 보호관찰 대상자의 재범을 방지하고 건전한 사회 복귀를 촉진하기 위하여 필요한 지도·감독을 한다.
- 지도·감독 방법
  - 보호관찰 대상자와 긴밀한 접촉을 가지고 항상 그 행동 및 환경 등을 관찰하는 것
  - 보호관찰 대상자에게 준수사항을 이행하기에 적절한 지시를 하는 것
  - 보호관찰 대상자의 건전한 사회 복귀를 위하여 필요한 조치를 하는 것

유치기간 연장
법원은 신청이 있는 경우에 심리를 위하여 필요하다고 인정되면 심급마다 20일의 범위에서 한 차례만 유치기간을 연장 가능

유치기간의 형기 산입
유치된 사람에 대하여 보호관찰을 조건으로 한 형의 선고유예가 실효되거나 집행유예가 취소된 경우 또는 가석방이 취소된 경우에는 그 유치기간을 형기에 산입한다(법 제45조).

- 보호관찰소의 장은 신청이 있는 경우에 심사위원회의 심사에 필요하면 검사에게 신청하여 검사의 청구로 지방법원 판사의 허가를 받아 10일의 범위에서 한 차례만 유치기간을 연장할 수 있다.
- ㉣ 유치의 해제 : 보호관찰소의 장은 다음의 어느 하나에 해당하는 경우에는 유치를 해제하고 보호관찰 대상자를 즉시 석방하여야 한다(법 제44조).
  - 검사가 보호관찰소의 장의 신청을 기각한 경우
  - 법원이 검사의 청구를 기각한 경우
  - 심사위원회가 보호관찰소의 장의 신청을 기각한 경우
  - 법무부장관이 심사위원회의 신청을 허가하지 아니한 경우
  - 법원이 보호관찰소의 장의 신청을 기각한 경우
⑬ 보호장구
  ㉠ 보호장구의 사용(법 제46조의2)
    - 보호관찰소 소속 공무원은 보호관찰 대상자가 다음의 어느 하나에 해당하고, 정당한 직무집행 과정에서 필요하다고 인정되는 상당한 이유가 있으면 보호장구를 사용할 수 있다.
      - 구인 또는 긴급구인한 보호관찰 대상자를 보호관찰소에 인치하거나 수용기관 등에 유치하기 위해 호송하는 때
      - 구인 또는 긴급구인한 보호관찰 대상자가 도주하거나 도주할 우려가 있는 때
      - 위력으로 보호관찰소 소속 공무원의 정당한 직무집행을 방해하는 때
      - 자살·자해 또는 다른 사람에 대한 위해의 우려가 큰 때
      - 보호관찰소 시설의 설비·기구 등을 손괴하거나 그 밖에 시설의 안전 또는 질서를 해칠 우려가 큰 때
  ㉡ 보호장구의 종류 및 사용요건(법 제46조의3)
    - 보호장구의 종류 : 수갑, 포승, 보호대, 가스총, 전자충격기
    - 보호장구의 종류별 사용요건
      - 수갑·포승·보호대 : 보호장구의 사용의 어느 하나에 해당하는 때
      - 가스총 : 보호장구의 사용의 어느 하나에 해당하는 때
      - 전자충격기 : 보호장구의 사용의 어느 하나에 해당하는 경우로서 상황이 긴급하여 다른 보호장구만으로는 그 목적을 달성할 수 없는 때
  ㉢ 보호장구 사용의 고지 등(법 제46조의4)
    - 보호장구를 사용할 경우에는 보호관찰 대상자에게 그 사유를 알려주어야 한다. 다만, 상황이 급박하여 시간적인 여유가 없을 때에는 보호장구 사용 직후 지체 없이 알려주어야 한다.
    - 보호장구를 사용할 경우에는 사전에 상대방에게 이를 경고하여야 한다. 다만, 상황이 급박하여 경고할 시간적인 여유가 없는 때에는 그러하지 아니하다.
  ㉣ 보호장구 남용 금지 : 보호장구는 필요한 최소한의 범위에서 사용하여야 하며, 보호장구를 사용할 필요가 없게 되면 지체 없이 사용을 중지하여야 한다(법 제46조의5).

SEMI-NOTE

보호장구의 사용(법 제46조의2)
보호장구를 사용하는 경우에는 보호관찰 대상자의 나이, 신체적·정신적 건강 상태 및 보호관찰 집행 상황 등을 고려해야 함

보호장구의 사용절차 및 방법
보호장구의 사용절차 및 방법 등에 관하여 필요한 사항은 법무부령으로 정함

SEMI-NOTE

보호관찰 기간

보호관찰 대상자가 보호관찰 기간 중 금고 이상의 형의 집행을 받게 된 때에는 해당 형의 집행기간 동안 보호관찰 대상자에 대한 보호관찰 기간은 계속 진행되고, 해당 형의 집행이 종료·면제되거나 보호관찰 대상자가 가석방된 경우 보호관찰 기간이 남아있는 때에는 그 잔여기간 동안 보호관찰을 집행함

⑭ 보호관찰의 종료
  ㉠ 보호관찰을 조건으로 한 형의 선고유예의 실효 및 집행유예의 취소 : 선고유예의 실효 및 집행유예의 취소는 검사가 보호관찰소의 장의 신청을 받아 법원에 청구한다(법 제47조).
  ㉡ 가석방 및 임시퇴원의 취소(법 제48조)
    • 심사위원회는 가석방 또는 임시퇴원된 사람이 보호관찰기간 중 준수사항을 위반하고 위반 정도가 무거워 보호관찰을 계속하기가 적절하지 아니하다고 판단되는 경우에는 보호관찰소의 장의 신청을 받거나 직권으로 가석방 및 임시퇴원의 취소를 심사하여 결정할 수 있다.
  ㉢ 보호처분의 변경(법 제49조)
    • 보호관찰소의 장은 보호처분에 따라 보호관찰을 받고 있는 사람이 보호관찰 기간 중 준수사항을 위반하고 그 정도가 무거워 보호관찰을 계속하기 적절하지 아니하다고 판단되면 보호관찰소 소재지를 관할하는 법원에 보호처분의 변경을 신청할 수 있다.
    • 보호처분의 변경을 할 경우 신청대상자가 19세 이상인 경우에도 보호사건 규정을 적용한다.
  ㉣ 부정기형의 종료 등(법 제50조)
    • 형을 선고받은 후 가석방된 사람이 그 형의 단기가 지나고 보호관찰의 목적을 달성하였다고 인정되면 정한 기간 전이라도 심사위원회는 보호관찰소의 장의 신청을 받거나 직권으로 형의 집행을 종료한 것으로 결정할 수 있다.
    • 임시퇴원자가 임시퇴원이 취소되지 아니하고 보호관찰 기간을 지난 경우에는 퇴원된 것으로 본다.
  ㉤ 보호관찰의 종료(법 제51조)
    • 보호관찰은 보호관찰 대상자가 다음의 어느 하나에 해당하는 때에 종료한다.
      – 보호관찰 기간이 지난 때
      – 보호관찰을 조건으로 한 형의 선고유예가 실효되거나 같은 법 제63조 또는 제64조에 따라 보호관찰을 조건으로 한 집행유예가 실효되거나 취소된 때
      – 다른 법률에 따라 가석방 또는 임시퇴원이 실효되거나 취소된 때
      – 보호처분이 변경된 때
      – 부정기형 종료 결정이 있는 때
      – 보호관찰이 정지된 임시퇴원자가 보호소년 등의 처우에 관한 법률의 나이가 된 때
      – 다른 법률에 따라 보호관찰이 변경되거나 취소·종료된 때
  ㉥ 임시해제(법 제52조)
    • 심사위원회는 보호관찰 대상자의 성적이 양호할 때에는 보호관찰소의 장의 신청을 받거나 직권으로 보호관찰을 임시해제할 수 있다.
    • 임시해제 중에는 보호관찰을 하지 아니한다. 다만, 보호관찰 대상자는 준수사항을 계속하여 지켜야 한다.

임시해제 결정의 취소

심사위원회는 임시해제 결정을 받은 사람에 대하여 다시 보호관찰을 하는 것이 적절하다고 인정되면 보호관찰소의 장의 신청을 받거나 직권으로 임시해제 결정을 취소 가능

- 임시해제 결정이 취소된 경우에는 그 임시해제 기간을 보호관찰 기간에 포함한다.
ⓐ 보호관찰의 정지(법 제53조)
  - 심사위원회는 가석방 또는 임시퇴원된 사람이 있는 곳을 알 수 없어 보호관찰을 계속할 수 없을 때에는 보호관찰소의 장의 신청을 받거나 직권으로 보호관찰을 정지하는 결정을 할 수 있다.
  - 심사위원회는 보호관찰을 정지한 사람이 있는 곳을 알게 되면 즉시 그 정지를 해제하는 결정을 하여야 한다.
  - 보호관찰 정지 중인 사람이 구인된 경우에는 구인된 날에 정지해제결정을 한 것으로 본다.
  - 심사위원회는 정지결정을 한 후 소재 불명이 천재지변이나 그 밖의 부득이한 사정 등 보호관찰 대상자에게 책임이 있는 사유로 인한 것이 아닌 것으로 밝혀진 경우에는 그 정지결정을 취소하여야 한다. 이 경우 정지결정은 없었던 것으로 본다.

(2) 사회봉사명령과 수강명령

① 사회봉사명령의 의의 : 죄질이 경미하거나 집행유예, 가석방 등으로 풀려나는 범죄인에 대해 처벌·교화 효과를 위해 일정한 기간 동안 무보수로 다양한 봉사활동에 종사하도록 하는 형벌의 일종
② 수강명령의 의의 : 유죄가 인정된 의존성·중독성 범죄자를 교도소 등에 구금하는 대신 자유로운 생활을 허용하면서 일정시간 보호관찰소 또는 보호관찰소 지정 전문기관에서 교육을 받도록 명하는 제도
③ 사회봉사명령과 수강명령의 법적 근거 : 소년법, 형법, 가정폭력범죄의 처벌 등에 관한 법률, 아동·청소년의 성보호에 관한 법률, 성폭력범죄의 처벌 등에 관한 법률, 보호관찰 등에 관한 법률 등
④ 사회봉사명령·수강명령의 범위(법 제59조)
  ㉠ 법원은 사회봉사를 명할 때에는 500시간, 수강을 명할 때에는 200시간의 범위에서 그 기간을 정하여야 한다. 다만, 다른 법률에 특별한 규정이 있는 경우에는 그 법률에서 정하는 바에 따른다.
  ㉡ 법원은 사회봉사·수강명령 대상자가 사회봉사를 하거나 수강할 분야와 장소 등을 지정할 수 있다.
⑤ 판결의 통지 등(법 제60조)
  ㉠ 법원은 사회봉사 또는 수강을 명하는 판결이 확정된 때부터 3일 이내에 판결문 등본 및 준수사항을 적은 서면을 피고인의 주거지를 관할하는 보호관찰소의 장에게 보내야 한다.
  ㉡ 법원은 그 의견이나 그 밖에 사회봉사명령 또는 수강명령의 집행에 참고가 될 만한 자료를 첨부할 수 있다.
  ㉢ 법원 또는 법원의 장은 통지를 받은 보호관찰소의 장에게 사회봉사명령 또는 수강명령의 집행상황에 관한 보고를 요구할 수 있다.

SEMI-NOTE

보호관찰의 정지(법 제53조)
형기 또는 보호관찰 기간은 정지결정을 한 날부터 그 진행이 정지되고, 정지해제결정을 한 날부터 다시 진행된다.

대상자
사회봉사 또는 수강을 하여야 할 사람(법 제3조 제2항)
- 사회봉사 또는 수강을 조건으로 형의 집행유예를 선고받은 사람
- 소년법에 따라 사회봉사명령 또는 수강명령을 받은 사람
- 다른 법률에서 이 법에 따른 사회봉사 또는 수강을 받도록 규정된 사람

사회봉사명령의 기능
처벌기능, 사회에 대한 배상기능, 범죄행위에 대한 속죄기능, 범죄인의 사회복귀 지원기능 등

SEMI-NOTE

가석방 및 임시퇴원의 취소
심사위원회는 심사 결과 가석방 또는 임시퇴원을 취소하는 것이 적절하다고 결정한 경우에는 결정서에 관계 서류를 첨부하여 법무부장관에게 이에 대한 허가를 신청하여야 하며, 법무부장관은 심사위원회의 결정이 정당하다고 인정되면 이를 허가 가능

준수사항
준수사항은 서면으로 고지하여야 함

보호관찰, 사회봉사·수강명령(형법 제62조의2)
① 형의 집행을 유예하는 경우에는 보호관찰을 받을 것을 명하거나 사회봉사 또는 수강을 명할 수 있다.
② 보호관찰의 기간은 집행을 유예한 기간으로 한다. 다만, 법원은 유예기간의 범위내에서 보호관찰기간을 정할 수 있다.
③ 사회봉사명령 또는 수강명령은 집행유예기간내에 이를 집행한다.

전자장치 부착의 장·단점
• 장점 : 수용비용의 절감, 수용목적의 달성, 사회복귀의 원활, 처우의 다양화, 지속적 감시로 인한 사회안전 확보
• 단점 : 인권침해의 가능성, 낙인효과 초래, 전자감시의 실패 가능성, 지나친 사회통제, 비용의 과다

---

⑥ 사회봉사·수강명령 집행 담당자(법 제61조)
  ㉠ 사회봉사명령 또는 수강명령은 보호관찰관이 집행한다. 다만, 보호관찰관은 국공립기관이나 그 밖의 단체에 그 집행의 전부 또는 일부를 위탁할 수 있다.
  ㉡ 보호관찰관은 사회봉사명령 또는 수강명령의 집행을 국공립기관이나 그 밖의 단체에 위탁한 때에는 이를 법원 또는 법원의 장에게 통보하여야 한다.
  ㉢ 법원은 법원 소속 공무원으로 하여금 사회봉사 또는 수강할 시설 또는 강의가 사회봉사·수강명령 대상자의 교화·개선에 적당한지 여부와 그 운영 실태를 조사·보고하도록 하고, 부적당하다고 인정하면 그 집행의 위탁을 취소할 수 있다.
  ㉣ 보호관찰관은 사회봉사명령 또는 수강명령의 집행을 위하여 필요하다고 인정하면 국공립기관이나 그 밖의 단체에 협조를 요청할 수 있다.

⑦ 사회봉사·수강명령 대상자의 준수사항(법 제62조)
  ㉠ 사회봉사·수강명령 대상자는 대통령령으로 정하는 바에 따라 주거, 직업, 그 밖에 필요한 사항을 관할 보호관찰소의 장에게 신고하여야 한다.
  ㉡ 사회봉사·수강명령 대상자는 다음의 사항을 준수하여야 한다.
    • 보호관찰관의 집행에 관한 지시에 따를 것
    • 주거를 이전하거나 1개월 이상 국내외여행을 할 때에는 미리 보호관찰관에게 신고할 것
  ㉢ 법원은 판결의 선고를 할 때 준수사항 외에 대통령령으로 정하는 범위에서 본인의 특성 등을 고려하여 특별히 지켜야 할 사항을 따로 과할 수 있다.

⑧ 사회봉사·수강의 종료(법 제63조)
  ㉠ 사회봉사·수강은 사회봉사·수강명령 대상자가 다음의 어느 하나에 해당하는 때에 종료한다.
    • 사회봉사명령 또는 수강명령의 집행을 완료한 때
    • 형의 집행유예 기간이 지난 때
    • 사회봉사·수강명령을 조건으로 한 집행유예의 선고가 실효되거나 취소된 때
    • 다른 법률에 따라 사회봉사·수강명령이 변경되거나 취소·종료된 때
  ㉡ 사회봉사·수강명령 대상자가 사회봉사·수강명령 집행 중 금고 이상의 형의 집행을 받게 된 때에는 해당 형의 집행이 종료·면제되거나 사회봉사·수강명령 대상자가 가석방된 경우 잔여 사회봉사·수강명령을 집행한다.

7. 전자감시제도와 약물치료

(1) 전자감시제도-전자장치부착 등에 관한 법률

① 목적 : 이 법은 수사·재판·집행 등 형사사법 절차에서 전자장치를 효율적으로 활용하여 불구속재판을 확대하고, 범죄인의 사회복귀를 촉진하며, 범죄로부터 국민을 보호함을 목적으로 한다(전자장치부착법 제1조).
② 국가의 책무 : 국가는 이 법의 집행과정에서 국민의 인권이 부당하게 침해되지 아니하도록 주의하여야 한다(법 제3조).
③ 적용 범위 : 만 19세 미만의 자에 대하여 부착명령을 선고한 때에는 19세에 이르

기까지 이 법에 따른 전자장치를 부착할 수 없다(법 제4조).
④ **전자장치 부착명령의 청구(법 제5조)**
   ㉠ 검사는 다음의 어느 하나에 해당하고, 성폭력범죄를 다시 범할 위험성이 있다고 인정되는 사람에 대하여 전자장치를 부착하도록 하는 명령을 법원에 청구할 수 있다.
      - 성폭력범죄로 징역형의 실형을 선고받은 사람이 그 집행을 종료한 후 또는 집행이 면제된 후 10년 이내에 성폭력범죄를 저지른 때
      - 성폭력범죄로 이 법에 따른 전자장치를 부착받은 전력이 있는 사람이 다시 성폭력범죄를 저지른 때
      - 성폭력범죄를 2회 이상 범하여(유죄의 확정판결을 받은 경우를 포함한다) 그 습벽이 인정된 때
      - 19세 미만의 사람에 대하여 성폭력범죄를 저지른 때
      - 신체적 또는 정신적 장애가 있는 사람에 대하여 성폭력범죄를 저지른 때
   ㉡ 검사는 미성년자 대상 유괴범죄를 저지른 사람으로서 미성년자 대상 유괴범죄를 다시 범할 위험성이 있다고 인정되는 사람에 대하여 부착명령을 법원에 청구할 수 있다. 다만, 유괴범죄로 징역형의 실형 이상의 형을 선고받아 그 집행이 종료 또는 면제된 후 다시 유괴범죄를 저지른 경우에는 부착명령을 청구하여야 한다.
   ㉢ 검사는 살인범죄를 저지른 사람으로서 살인범죄를 다시 범할 위험성이 있다고 인정되는 사람에 대하여 부착명령을 법원에 청구할 수 있다. 다만, 살인범죄로 징역형의 실형 이상의 형을 선고받아 그 집행이 종료 또는 면제된 후 다시 살인범죄를 저지른 경우에는 부착명령을 청구하여야 한다.
   ㉣ 검사는 다음의 어느 하나에 해당하고 강도범죄를 다시 범할 위험성이 있다고 인정되는 사람에 대하여 부착명령을 법원에 청구할 수 있다.
      - 강도범죄로 징역형의 실형을 선고받은 사람이 그 집행을 종료한 후 또는 집행이 면제된 후 10년 이내에 다시 강도범죄를 저지른 때
      - 강도범죄로 이 법에 따른 전자장치를 부착하였던 전력이 있는 사람이 다시 강도범죄를 저지른 때
      - 강도범죄를 2회 이상 범하여(유죄의 확정판결을 받은 경우를 포함한다) 그 습벽이 인정된 때
⑤ **조사(법 제6조)**
   ㉠ 검사는 부착명령을 청구하기 위하여 필요하다고 인정하는 때에는 피의자의 주거지 또는 소속 검찰청 소재지를 관할하는 보호관찰소의 장에게 범죄의 동기, 피해자와의 관계, 심리상태, 재범의 위험성 등 피의자에 관하여 필요한 사항의 조사를 요청할 수 있다.
   ㉡ 요청을 받은 보호관찰소의 장은 조사할 보호관찰관을 지명하여야 한다.
   ㉢ 지명된 보호관찰관은 지체 없이 필요한 사항을 조사한 후 검사에게 조사보고서를 제출하여야 한다.
   ㉣ 검사는 요청을 받은 보호관찰소의 장에게 조사진행상황의 보고를 요구할 수 있다.

SEMI-NOTE

부착명령 기한
특정범죄사건에 대하여 판결의 확정 없이 공소가 제기된 때부터 15년이 경과한 경우에는 부착명령을 청구할 수 없음

전자장치 부착명령 청구
- 부착명령의 청구는 공소가 제기된 특정범죄사건의 항소심 변론종결 시까지 하여야 한다.
- 법원은 공소가 제기된 특정범죄사건을 심리한 결과 부착명령을 선고할 필요가 있다고 인정하는 때에는 검사에게 부착명령의 청구를 요구할 수 있다.

SEMI-NOTE

검사의 부착명령 청구
부착명령을 청구함에 있어서 필요한 경우에는 피의자에 대한 정신감정이나 그 밖에 전문가의 진단 등의 결과를 참고해야 함

부착명령의 판결
법원은 다음의 어느 하나에 해당하는 때에는 판결로 부착명령 청구를 기각하여야 함
- 부착명령 청구가 이유 없다고 인정하는 때
- 특정범죄사건에 대하여 무죄(심신상실을 이유로 치료감호가 선고된 경우는 제외한다)·면소·공소기각의 판결 또는 결정을 선고하는 때
- 특정범죄사건에 대하여 벌금형을 선고하는 때
- 특정범죄사건에 대하여 선고유예 또는 집행유예를 선고하는 때

상소권자의 상소
검사 또는 피부착명령청구자 및 당사자 외의 상소권자는 부착명령에 대하여 독립하여 상소 및 상소의 포기·취하를 할 수 있으며, 상소권회복 또는 재심의 청구나 비상상고의 경우에도 또한 같음

---

⑥ **부착명령 청구사건의 관할(법 제7조)**
  ㉠ 부착명령 청구사건의 관할은 부착명령 청구사건과 동시에 심리하는 특정범죄 사건의 관할에 따른다.
  ㉡ 부착명령 청구사건의 제1심 재판은 지방법원 합의부의 관할로 한다.

⑦ **부착명령의 판결 등(법 제9조)**
  ㉠ 법원은 부착명령 청구가 이유 있다고 인정하는 때에는 다음에 따른 기간의 범위 내에서 부착기간을 정하여 판결로 부착명령을 선고하여야 한다. 다만, 19세 미만의 사람에 대하여 특정범죄를 저지른 경우에는 부착기간 하한을 다음에 따른 부착기간 하한의 2배로 한다.
    - 법정형의 상한이 사형 또는 무기징역인 특정범죄 : 10년 이상 30년 이하
    - 법정형 중 징역형의 하한이 3년 이상의 유기징역인 특정범죄 : 3년 이상 20년 이하
    - 법정형 중 징역형의 하한이 3년 미만의 유기징역인 특정범죄 : 1년 이상 10년 이하
  ㉡ 여러 개의 특정범죄에 대하여 동시에 부착명령을 선고할 때에는 법정형이 가장 중한 죄의 부착기간 상한의 2분의 1까지 가중하되, 각 죄의 부착기간의 상한을 합산한 기간을 초과할 수 없다. 다만, 하나의 행위가 여러 특정범죄에 해당하는 경우에는 가장 중한 죄의 부착기간을 부착기간으로 한다.
  ㉢ 부착명령을 선고받은 사람은 부착기간 동안 보호관찰을 받는다.
  ㉣ 부착명령 청구사건의 판결은 특정범죄사건의 판결과 동시에 선고하여야 한다.
  ㉤ 부착명령 선고의 판결이유에는 요건으로 되는 사실, 증거의 요지 및 적용 법조를 명시하여야 한다.
  ㉥ 부착명령의 선고는 특정범죄사건의 양형에 유리하게 참작되어서는 아니 된다.
  ㉦ 특정범죄사건의 판결에 대하여 상소 및 상소의 포기·취하가 있는 때에는 부착명령 청구사건의 판결에 대하여도 상소 및 상소의 포기·취하가 있는 것으로 본다. 상소권회복 또는 재심의 청구나 비상상고가 있는 때에도 또한 같다.

⑧ **대상자의 준수사항** : 법원은 부착명령을 선고하는 경우 부착기간의 범위에서 준수기간을 정하여 다음의 준수사항 중 하나 이상을 부과할 수 있다. 다만, ㉤의 준수사항은 500시간의 범위에서 그 기간을 정하여야 한다(법 제9조의2 제1항). ★빈출개념
  ㉠ 야간, 아동·청소년의 통학시간 등 특정 시간대의 외출제한
  ㉡ 어린이 보호구역 등 특정지역·장소에의 출입금지 및 접근금지
  ㉢ 주거지역의 제한
  ㉣ 피해자 등 특정인에의 접근금지
  ㉤ 특정범죄 치료 프로그램의 이수
  ㉥ 마약 등 중독성 있는 물질의 사용금지
  ㉦ 그 밖에 부착명령을 선고받는 사람의 재범방지와 성행교정을 위하여 필요한 사항

⑨ 부착명령 판결 등에 따른 조치(법 제10조)
　㉠ 법원은 부착명령을 선고한 때에는 그 판결이 확정된 날부터 3일 이내에 부착명령을 선고받은 자의 주거지를 관할하는 보호관찰소의 장에게 판결문의 등본을 송부하여야 한다.
　㉡ 교도소, 소년교도소, 구치소, 치료감호소 및 군교도소의 장은 피부착명령자가 석방되기 5일 전까지 피부착명령자의 주거지를 관할하는 보호관찰소의 장에게 그 사실을 통보하여야 한다.
⑩ 집행지휘(법 제12조)
　㉠ 부착명령은 검사의 지휘를 받아 보호관찰관이 집행한다.
　㉡ 지휘는 판결문 등본을 첨부한 서면으로 한다.
⑪ 부착명령의 집행(법 제13조)
　㉠ 부착명령은 특정범죄사건에 대한 형의 집행이 종료되거나 면제·가석방되는 날 또는 치료감호의 집행이 종료·가종료되는 날 석방 직전에 피부착명령자의 신체에 전자장치를 부착함으로써 집행한다. 다만, 다음의 경우에는 다음의 구분에 따라 집행한다.
　　• 피부착명령자가 부착명령 판결 확정 시 석방된 상태이고 미결구금일수 산입 등의 사유로 이미 형의 집행이 종료된 경우에는 부착명령 판결 확정일부터 부착명령을 집행한다.
　㉡ 부착명령을 집행하는 경우 보호관찰소의 장은 피부착명령자를 소환할 수 있으며, 피부착명령자가 소환에 따르지 아니하는 때에는 관할 지방검찰청의 검사에게 신청하여 부착명령 집행장을 발부받아 구인할 수 있다.
　㉢ 보호관찰소의 장은 피부착명령자를 구인한 경우에는 부착명령의 집행을 마친 즉시 석방하여야 한다.
　㉣ 부착명령의 집행은 신체의 완전성을 해하지 아니하는 범위 내에서 이루어져야 한다.
　㉤ 부착명령이 여러 개인 경우 확정된 순서에 따라 집행한다.
　㉥ 다음의 어느 하나에 해당하는 때에는 부착명령의 집행이 정지된다.
　　• 부착명령의 집행 중 다른 죄를 범하여 구속영장의 집행을 받아 구금된 때
　　• 부착명령의 집행 중 다른 죄를 범하여 금고 이상의 형의 집행을 받게 된 때
　　• 가석방 또는 가종료된 자에 대하여 전자장치 부착기간 동안 가석방 또는 가종료가 취소되거나 실효된 때
　㉦ 구속영장의 집행을 받아 구금된 후에 다음의 어느 하나에 해당하는 사유로 구금이 종료되는 경우 그 구금기간 동안에는 부착명령이 집행된 것으로 본다.
　　• 사법경찰관이 불송치결정을 한 경우
　　• 검사가 혐의없음, 죄가안됨, 공소권없음 또는 각하의 불기소처분을 한 경우
　　• 법원의 무죄, 면소, 공소기각 판결 또는 공소기각 결정이 확정된 경우
　㉧ 집행이 정지된 부착명령의 잔여기간에 대하여는 다음의 구분에 따라 집행한다.
　　• 구금이 해제되거나 금고 이상의 형의 집행을 받지 아니하게 확정된 때부터 그 잔여기간을 집행한다.

SEMI-NOTE

부착명령의 집행(법 제13조)
부착명령의 원인이 된 특정범죄사건이 아닌 다른 범죄사건으로 형이나 치료감호의 집행이 계속될 경우에는 부착명령의 원인이 된 특정범죄사건이 아닌 다른 범죄사건에 대한 형의 집행이 종료되거나 면제·가석방 되는 날 또는 치료감호의 집행이 종료·가종료 되는 날부터 집행한다.

잔여기간의 집행
그 형이나 치료감호의 집행이 종료되거나 면제된 후 그 잔여기간을 집행

- 그 형의 집행이 종료되거나 면제된 후 또는 가석방된 때부터 그 잔여기간을 집행한다.
  ⓒ 부착명령의 집행 및 정지에 관하여 필요한 사항은 대통령령으로 정한다.
⑫ 피부착자의 의무(법 제14조)
  ㉠ 전자장치가 부착된 자는 전자장치의 부착기간 중 전자장치를 신체에서 임의로 분리·손상, 전파 방해 또는 수신자료의 변조, 그 밖의 방법으로 그 효용을 해하여서는 아니 된다.
  ㉡ 피부착자는 특정범죄사건에 대한 형의 집행이 종료되거나 면제·가석방되는 날부터 10일 이내에 주거지를 관할하는 보호관찰소에 출석하여 대통령령으로 정하는 신상정보 등을 서면으로 신고하여야 한다.
  ㉢ 피부착자는 주거를 이전하거나 7일 이상의 국내여행을 하거나 출국할 때에는 미리 보호관찰관의 허가를 받아야 한다.
⑬ 부착기간의 연장 등(법 제14조의2) : 피부착자가 다음의 어느 하나에 해당하는 경우에는 법원은 보호관찰소의 장의 신청에 따른 검사의 청구로 1년의 범위에서 부착기간을 연장하거나 준수사항을 추가 또는 변경하는 결정을 할 수 있다.
  ㉠ 정당한 사유 없이 준수사항을 위반한 경우
  ㉡ 정당한 사유 없이 신고하지 아니한 경우
  ㉢ 정당한 사유 없이 제14조제3항을 위반하여 허가를 받지 아니하고 주거 이전·국내여행 또는 출국을 하거나, 거짓으로 허가를 받은 경우
  ㉣ 정당한 사유 없이 출국허가 기간까지 입국하지 아니한 경우
⑭ 보호관찰관의 임무(법 제15조)
  ㉠ 보호관찰관은 피부착자의 재범방지와 건전한 사회복귀를 위하여 필요한 지도와 원호를 한다.
  ㉡ 보호관찰관은 전자장치 부착기간 중 피부착자의 소재지 인근 의료기관에서의 치료, 상담시설에서의 상담치료 등 피부착자의 재범방지 및 수치심으로 인한 과도한 고통의 방지를 위하여 필요한 조치를 할 수 있다.
  ㉢ 보호관찰관은 필요한 경우 부착명령의 집행을 개시하기 전에 교도소장등에게 요청하여 교화프로그램 및 징벌에 관한 자료 등 피부착자의 형 또는 치료감호 집행 중의 생활실태를 확인할 수 있는 자료를 확보하고, 형 또는 치료감호의 집행을 받고 있는 피부착자를 면접할 수 있다. 이 경우 교도소장 등은 보호관찰관에게 협조하여야 한다.
⑮ 수신자료의 보존·사용·폐기 등(법 제16조)
  ㉠ 보호관찰소의 장은 피부착자의 전자장치로부터 발신되는 전자파를 수신하여 그 자료를 보존하여야 한다.
  ㉡ 수신자료는 다음의 경우 외에는 열람·조회·제공 또는 공개할 수 없다.
    - 피부착자의 특정범죄 혐의에 대한 수사 또는 재판자료로 사용하는 경우
    - 보호관찰관이 지도·원호를 목적으로 사용하는 경우
    - 보호관찰심사위원회의 부착명령 임시해제와 그 취소에 관한 심사를 위하여 사용하는 경우

SEMI-NOTE

준수사항의 결정
사정변경이 있는 경우에도 법원은 상당한 이유가 있다고 인정하면 보호관찰소의 장의 신청에 따른 검사의 청구로 준수사항을 부과, 추가, 변경 또는 삭제하는 결정 가능

수신자료 열람 또는 조회
검사 또는 사법경찰관은 수신자료를 열람 또는 조회하는 경우 관할 지방법원 또는 지원의 허가를 받아야 하며 다만, 관할 지방법원 또는 지원의 허가를 받을 수 없는 긴급한 사유가 있는 때에는 수신자료 열람 또는 조회를 요청한 후 지체 없이 그 허가를 받아 보호관찰소의 장에게 송부하여야 함

- 보호관찰소의 장이 피부착자의 범죄 혐의에 대한 수사를 의뢰하기 위하여 사용하는 경우
  ㉢ 검사 또는 사법경찰관은 긴급한 사유로 수신자료를 열람 또는 조회하였으나 지방법원 또는 지원의 허가를 받지 못한 경우에는 지체 없이 열람 또는 조회한 수신자료를 폐기하고, 그 사실을 보호관찰소의 장에게 통지하여야 한다.
  ㉣ 보호관찰소의 장은 다음의 어느 하나에 해당하는 때에는 수신자료를 폐기하여야 한다.
  - 부착명령과 함께 선고된 형이 실효된 때
  - 부착명령과 함께 선고된 형이 사면으로 인하여 그 효력을 상실한 때
  - 전자장치 부착이 종료된 자가 자격정지 이상의 형 또는 이 법에 따른 전자장치 부착을 받음이 없이 전자장치 부착을 종료한 날부터 5년이 경과한 때

⑯ **피부착자의 신상정보 제공 등(법 제16조의2)**
  ㉠ 보호관찰소의 장은 범죄예방 및 수사에 필요하다고 판단하는 경우 피부착자가 신고한 신상정보 및 피부착자에 대한 지도·감독 중 알게 된 사실 등의 자료를 피부착자의 주거지를 관할하는 경찰관서의 장 등 수사기관에 제공할 수 있다.
  ㉡ 수사기관은 범죄예방 및 수사활동 중 인지한 사실이 피부착자 지도·감독에 활용할 만한 자료라고 판단할 경우 이를 보호관찰소의 장에게 제공할 수 있다.
  ㉢ 보호관찰소의 장은 피부착자가 범죄를 저질렀거나 저질렀다고 의심할만한 상당한 이유가 있을 때에는 이를 수사기관에 통보하여야 한다.
  ㉣ 수사기관은 체포 또는 구속한 사람이 피부착자임을 알게 된 경우에는 피부착자의 주거지를 관할하는 보호관찰소의 장에게 그 사실을 통보하여야 한다.
  ㉤ 제공 및 통보의 절차와 관리 등에 필요한 사항은 대통령령으로 정한다.

⑰ **부착명령 집행의 종료(법 제20조)**
  ㉠ 부착명령기간이 경과한 때
  ㉡ 부착명령과 함께 선고한 형이 사면되어 그 선고의 효력을 상실하게 된 때
  ㉢ 부착명령이 임시해제된 자가 그 임시해제가 취소됨이 없이 잔여 부착명령기간을 경과한 때

⑱ **형 집행 종료 후의 보호관찰**
  ㉠ 보호관찰명령의 청구 : 검사는 다음의 어느 하나에 해당하는 사람에 대하여 형의 집행이 종료된 때부터 보호관찰을 받도록 하는 명령을 법원에 청구할 수 있다(법 제21조의2).
  - 성폭력범죄를 저지른 사람으로서 성폭력범죄를 다시 범할 위험성이 있다고 인정되는 사람
  - 미성년자 대상 유괴범죄를 저지른 사람으로서 미성년자 대상 유괴범죄를 다시 범할 위험성이 있다고 인정되는 사람
  - 살인범죄를 저지른 사람으로서 살인범죄를 다시 범할 위험성이 있다고 인정되는 사람
  - 강도범죄를 저지른 사람으로서 강도범죄를 다시 범할 위험성이 있다고 인정되는 사람
  ㉡ 보호관찰명령의 판결(법 제21조의3)

SEMI-NOTE

수신자료의 활용
수신자료의 보존·사용·열람·조회·제공·폐기 등에 관하여 필요한 사항은 대통령령으로 정함

부착명령의 임시해제 신청 등(법 제17조)
① 보호관찰소의 장 또는 피부착자 및 그 법정대리인은 해당 보호관찰소를 관할하는 심사위원회에 부착명령의 임시해제를 신청할 수 있다.
② 신청은 부착명령의 집행이 개시된 날부터 3개월이 경과한 후에 하여야 한다. 신청이 기각된 경우에는 기각된 날부터 3개월이 경과한 후에 다시 신청할 수 있다.
③ 임시해제의 신청을 할 때에는 신청서에 임시해제의 심사에 참고가 될 자료를 첨부하여 제출하여야 한다.

부착명령의 시효(법 제21조)
① 피부착명령자는 그 판결이 확정된 후 집행을 받지 아니하고 함께 선고된 특정범죄사건의 형의 시효가 완성되면 그 집행이 면제된다.
② 부착명령의 시효는 피부착명령자를 체포함으로써 중단된다.

SEMI-NOTE

준수사항
법원은 19세 미만의 사람에 대해서 성폭력범죄를 저지른 사람에 대해서는 보호관찰명령을 선고하는 경우 준수사항을 부과해야 함

보호관찰 기간의 연장 등(법 제21조의7)
사정변경이 있는 경우에도 법원은 상당한 이유가 있다고 인정하면 보호관찰소의 장의 신청에 따른 검사의 청구로 제21조의4에 따른 준수사항을 추가, 변경 또는 삭제하는 결정을 할 수 있다.

- 법원은 보호관찰명령 청구사유의 어느 하나에 해당하는 사람이 금고 이상의 선고형에 해당하고 보호관찰명령의 청구가 이유 있다고 인정하는 때에는 2년 이상 5년 이하의 범위에서 기간을 정하여 보호관찰명령을 선고하여야 한다.
- 법원은 부착명령 청구를 기각하는 경우로서 보호관찰명령 청구사유의 어느 하나에 해당하여 보호관찰명령을 선고할 필요가 있다고 인정하는 때에는 직권으로 제1항에 따른 기간을 정하여 보호관찰명령을 선고할 수 있다.

ⓒ 준수사항(법 제21조의4)
- 법원은 보호관찰명령을 선고하는 경우 준수사항 중 하나 이상을 부과할 수 있다. 다만, 준수사항은 300시간의 범위에서 그 기간을 정하여야 한다.

ⓒ 보호관찰명령의 집행 : 보호관찰명령은 특정범죄사건에 대한 형의 집행이 종료되거나 면제 · 가석방되는 날 또는 치료감호 집행이 종료 · 가종료되는 날부터 집행한다. 다만, 보호관찰명령의 원인이 된 특정범죄사건이 아닌 다른 범죄사건으로 형이나 치료감호의 집행이 계속될 경우에는 보호관찰명령의 원인이 된 특정범죄사건이 아닌 다른 범죄사건에 대한 형의 집행이 종료되거나 면제 · 가석방되는 날 또는 치료감호의 집행이 종료 · 가종료되는 날부터 집행한다(법 제21조의5).

ⓜ 보호관찰대상자의 의무(법 제21조의6)
- 보호관찰대상자는 특정범죄사건에 대한 형의 집행이 종료되거나 면제 · 가석방되는 날부터 10일 이내에 주거지를 관할하는 보호관찰소에 출석하여 서면으로 신고하여야 한다.
- 보호관찰대상자는 주거를 이전하거나 1개월 이상의 국내여행을 하거나 출국할 때에는 미리 보호관찰관의 허가를 받아야 한다.

ⓑ 보호관찰 기간의 연장 등(법 제21조의7)
- 보호관찰대상자가 정당한 사유 없이 준수사항을 위반하거나 의무를 위반한 때에는 법원은 보호관찰소의 장의 신청에 따른 검사의 청구로 다음의 결정을 할 수 있다.
  - 1년의 범위에서 보호관찰 및 부착기간의 연장
  - 준수사항의 추가 또는 변경
- 처분은 병과할 수 있다.

⑲ 가석방 및 가종료 등과 전자장치 부착
ⓒ 가석방과 전자장치 부착(법 제22조)
- 부착명령 판결을 선고받지 아니한 특정 범죄자로서 형의 집행 중 가석방되어 보호관찰을 받게 되는 자는 준수사항 이행 여부 확인 등을 위하여 가석방기간 동안 전자장치를 부착하여야 한다. 다만, 심사위원회가 전자장치 부착이 필요하지 아니하다고 결정한 경우에는 그러하지 아니하다.
- 심사위원회는 특정범죄 이외의 범죄로 형의 집행 중 가석방되어 보호관찰을 받는 사람의 준수사항 이행 여부 확인 등을 위하여 가석방 예정자의 범죄내용, 개별적 특성 등을 고려하여 가석방 기간의 전부 또는 일부의 기간

- 을 정하여 전자장치를 부착하게 할 수 있다.
- 심사위원회는 결정을 위하여 가석방 예정자에 대한 전자장치 부착의 필요성과 적합성 여부 등을 조사하여야 한다.
- 심사위원회는 전자장치를 부착하게 되는 자의 주거지를 관할하는 보호관찰소의 장에게 가석방자의 인적사항 등 전자장치 부착에 필요한 사항을 즉시 통보하여야 한다.
- 교도소장등은 가석방 예정자가 석방되기 5일 전까지 그의 주거지를 관할하는 보호관찰소의 장에게 그 사실을 통보하여야 한다.

ⓒ 가종료 등과 전자장치 부착(법 제23조)
- 치료감호심의위원회는 부착명령 판결을 선고받지 아니한 특정 범죄자로서 치료감호의 집행 중 가종료 또는 치료위탁되는 피치료감호자나 보호감호의 집행 중 가출소되는 피보호감호자에 대하여 치료감호법 또는 사회보호법에 따른 준수사항 이행 여부 확인 등을 위하여 보호관찰기간의 범위에서 기간을 정하여 전자장치를 부착하게 할 수 있다.
- 치료감호심의위원회는 전자장치 부착을 결정한 경우에는 즉시 피부착결정자의 주거지를 관할하는 보호관찰소의 장에게 통보하여야 한다.

ⓒ 전자장치의 부착(법 제24조)
- 전자장치 부착은 보호관찰관이 집행한다.
- 전자장치는 다음의 어느 하나에 해당하는 때 석방 직전에 부착한다.
  - 가석방되는 날
  - 가종료 또는 치료위탁되거나 가출소되는 날. 다만, 피치료감호자에게 치료감호와 병과된 형의 잔여 형기가 있거나 치료감호의 원인이 된 특정범죄사건이 아닌 다른 범죄사건으로 인하여 집행할 형이 있는 경우에는 해당 형의 집행이 종료·면제되거나 가석방되는 날 부착한다.
- 전자장치 부착집행 중 보호관찰 준수사항 위반으로 유치허가장의 집행을 받아 유치된 때에는 부착집행이 정지된다. 이 경우 심사위원회가 보호관찰소의 장의 가석방 취소신청을 기각한 날 또는 법무부장관이 심사위원회의 허가신청을 불허한 날부터 그 잔여기간을 집행한다.

ⓔ 부착집행의 종료(법 제25조)
- 가석방 기간이 경과하거나 가석방이 실효 또는 취소된 때
- 가종료자등의 부착기간이 경과하거나 보호관찰이 종료된 때
- 가석방된 형이 사면되어 형의 선고의 효력을 상실하게 된 때

⑳ 형의 집행유예와 부착명령
ⓒ 형의 집행유예와 부착명령(법 제28조)
- 법원은 특정범죄를 범한 자에 대하여 형의 집행을 유예하면서 보호관찰을 받을 것을 명할 때에는 보호관찰기간의 범위 내에서 기간을 정하여 준수사항의 이행여부 확인 등을 위하여 전자장치를 부착할 것을 명할 수 있다.
- 법원은 부착명령기간 중 소재지 인근 의료기관에서의 치료, 지정 상담시설에서의 상담치료 등 대상자의 재범방지를 위하여 필요한 조치들을 과할 수 있다.

SEMI-NOTE

가종료 등과 전자장치 부착
치료감호시설의 장·보호감호시설의 장 또는 교도소의 장은 가종료자등이 가종료 또는 치료위탁되거나 가출소되기 5일 전까지 가종료자등의 주거지를 관할하는 보호관찰소의 장에게 그 사실을 통보해야 함

부착명령의 집행(법 제29조)
부착명령은 전자장치 부착을 명하는 법원의 판결이 확정된 때부터 집행

> SEMI-NOTE

협조 요청
보호관찰소의 장은 조사를 위하여 필요하다고 인정하면 국공립 기관이나 그 밖의 단체에 사실을 알아보거나 관련 자료의 열람 등 협조를 요청할 수 있음

- 법원은 전자장치 부착을 명하기 위하여 필요하다고 인정하는 때에는 피고인의 주거지 또는 그 법원의 소재지를 관할하는 보호관찰소의 장에게 범죄의 동기, 피해자와의 관계, 심리상태, 재범의 위험성 등 피고인에 관하여 필요한 사항의 조사를 요청할 수 있다.
  - ⓒ 부착명령의 집행(법 제29조)
    - 부착명령의 집행 중 보호관찰 준수사항 위반으로 유치허가장의 집행을 받아 유치된 때에는 부착명령 집행이 정지된다. 이 경우 검사가 보호관찰소의 장의 집행유예 취소신청을 기각한 날 또는 법원이 검사의 집행유예취소 청구를 기각한 날부터 그 잔여기간을 집행한다.
  - ⓒ 부착명령 집행의 종료(법 제30조)
    - 부착명령기간이 경과한 때
    - 집행유예가 실효 또는 취소된 때
    - 집행유예된 형이 사면되어 형의 선고의 효력을 상실하게 된 때
- ㉑ 보석과 전자장치 부착
  - ㉠ 보석과 전자장치 부착(법 제31조의2)
    - 법원은 보석조건으로 피고인에게 전자장치 부착을 명할 수 있다.
    - 법원은 전자장치 부착을 명하기 위하여 필요하다고 인정하면 그 법원의 소재지 또는 피고인의 주거지를 관할하는 보호관찰소의 장에게 피고인의 직업, 경제력, 가족상황, 주거상태, 생활환경 및 피해회복 여부 등 피고인에 관한 사항의 조사를 의뢰할 수 있다.
    - 의뢰를 받은 보호관찰소의 장은 지체 없이 조사하여 서면으로 법원에 통보하여야 하며, 조사를 위하여 필요한 경우에는 피고인이나 그 밖의 관계인을 소환하여 심문하거나 소속 보호관찰관에게 필요한 사항을 조사하게 할 수 있다.
  - ㉡ 전자장치 부착의 집행(법 제31조의3)
    - 법원은 전자장치 부착을 명한 경우 지체 없이 그 결정문의 등본을 피고인의 주거지를 관할하는 보호관찰소의 장에게 송부하여야 한다.
    - 전자장치 부착명령을 받고 석방된 피고인은 법원이 지정한 일시까지 주거지를 관할하는 보호관찰소에 출석하여 신고한 후 보호관찰관의 지시에 따라 전자장치를 부착하여야 한다.
    - 보호관찰소의 장은 피고인의 보석조건 이행 여부 확인을 위하여 적절한 조치를 하여야 한다.
    - 전자장치 부착 집행의 절차 및 방법 등에 관한 사항은 대통령령으로 정한다.
  - ㉢ 보석조건 이행 상황 등 통지(법 제31조의4)
    - 보호관찰소의 장은 피고인의 보석조건 이행 상황을 법원에 정기적으로 통지하여야 한다.
    - 보호관찰소의 장은 피고인이 전자장치 부착명령을 위반한 경우 및 전자장치 부착을 통하여 피고인에게 부과된 주거의 제한 등 보석조건을 위반하였음을 확인한 경우 지체 없이 법원과 검사에게 이를 통지하여야 한다.

전자장치 부착의 종료(법 제31조의5)
- 구속영장의 효력이 소멸한 경우
- 보석이 취소된 경우
- 보석조건이 변경되어 전자장치를 부착할 필요가 없게 되는 경우

- 통지를 받은 법원은 피고인의 보석조건을 변경하거나 보석을 취소하는 경우 이를 지체 없이 보호관찰소의 장에게 통지하여야 한다.
- 통지의 절차 및 방법 등에 관한 사항은 대통령령으로 정한다.

㉒ 전자장치 부착기간의 계산(법 제32조)
  ㉠ 전자장치 부착기간은 이를 집행한 날부터 기산하되, 초일은 시간을 계산함이 없이 1일로 산정한다.
  ㉡ 다음의 어느 하나에 해당하는 기간은 전자장치 부착기간에 산입하지 아니한다. 다만, 보호관찰이 부과된 사람의 전자장치 부착기간은 보호관찰기간을 초과할 수 없다.
    - 피부착자가 제14조제1항을 위반하여 전자장치를 신체로부터 분리하거나 손상하는 등 그 효용을 해한 기간
    - 피부착자의 치료, 출국 또는 그 밖의 적법한 사유로 전자장치가 신체로부터 일시적으로 분리된 후 해당 분리사유가 해소된 날부터 정당한 사유 없이 전자장치를 부착하지 아니한 기간

(2) 약물치료-성폭력범죄자의 성충동 약물치료에 관한 법률

① 목적 : 사람에 대하여 성폭력범죄를 저지른 성도착증 환자로서 성폭력범죄를 다시 범할 위험성이 있다고 인정되는 사람에 대하여 성충동 약물치료를 실시하여 성폭력범죄의 재범을 방지하고 사회복귀를 촉진하는 것을 목적으로 한다(법 제1조).

② 약물치료의 요건(법 제3조)
  ㉠ 비정상적 성적 충동이나 욕구를 억제하거나 완화하기 위한 것으로서 의학적으로 알려진 것일 것
  ㉡ 과도한 신체적 부작용을 초래하지 아니할 것
  ㉢ 의학적으로 알려진 방법대로 시행될 것

③ 약물치료명령의 청구 및 판결
  ㉠ 치료명령의 청구(법 제4조)
    - 검사는 치료명령 청구대상자에 대하여 정신건강의학과 전문의의 진단이나 감정을 받은 후 치료명령을 청구하여야 한다.
    - 치료명령의 청구는 공소가 제기되거나 치료감호가 독립청구된 성폭력범죄 사건의 항소심 변론종결 시까지 하여야 한다.
    - 법원은 피고사건의 심리결과 치료명령을 할 필요가 있다고 인정하는 때에는 검사에게 치료명령의 청구를 요구할 수 있다.
    - 피고사건에 대하여 판결의 확정 없이 공소가 제기되거나 치료감호가 독립청구된 때부터 15년이 지나면 치료명령을 청구할 수 없다.
    - 정신건강의학과 전문의의 진단이나 감정에 필요한 사항은 대통령령으로 정한다.
  ㉡ 조사(법 제5조)
    - 검사는 치료명령을 청구하기 위하여 필요하다고 인정하는 때에는 치료명령 피청구자의 주거지 또는 소속 검찰청 소재지를 관할하는 보호관찰소의 장에게 범죄의 동기, 피해자와의 관계, 심리상태, 재범의 위험성 등 치료명령

SEMI-NOTE

치료명령의 청구
검사는 사람에 대하여 성폭력범죄를 저지른 성도착증 환자로서 성폭력범죄를 다시 범할 위험성이 있다고 인정되는 19세 이상의 사람에 대하여 약물치료명령을 법원에 청구 가능

| SEMI-NOTE |

치료명령선고 명시사항
치료명령 선고의 판결 이유에는 요건으로 되는 사실, 증거의 요지 및 적용 법조를 명시하여야 함

이행사항
치료명령을 받은 사람은 치료기간 동안의 준수사항과 다음의 준수사항을 이행하여야 함
- 보호관찰관의 지시에 따라 성실히 약물치료에 응할 것
- 보호관찰관의 지시에 따라 정기적으로 호르몬 수치 검사를 받을 것
- 보호관찰관의 지시에 따라 인지행동 치료 등 심리치료 프로그램을 성실히 이수할 것

치료명령
치료명령은 의사의 진단과 처방에 의한 약물 투여, 정신보건전문요원 등 전문가에 의한 인지행동 치료 등 심리치료 프로그램의 실시 등의 방법으로 집행

- 피청구자에 관하여 필요한 사항의 조사를 요청할 수 있다.
- 요청을 받은 보호관찰소의 장은 조사할 보호관찰관을 지명하여야 한다.
- 지명된 보호관찰관은 검사의 지휘를 받아 지체 없이 필요한 사항을 조사한 후 검사에게 조사보고서를 제출하여야 한다.

ⓒ 치료명령의 판결 등(법 제8조)
- 법원은 치료명령 청구가 이유 있다고 인정하는 때에는 15년의 범위에서 치료기간을 정하여 판결로 치료명령을 선고하여야 한다.
- 치료명령을 선고받은 사람은 치료기간 동안 보호관찰을 받는다.
- 법원은 다음의 어느 하나에 해당하는 때에는 판결로 치료명령 청구를 기각하여야 한다.
  - 치료명령 청구가 이유 없다고 인정하는 때
  - 피고사건에 대하여 무죄·면소·공소기각의 판결 또는 결정을 선고하는 때
  - 피고사건에 대하여 벌금형을 선고하는 때
  - 피고사건에 대하여 선고를 유예하거나 집행유예를 선고하는 때
- 치료명령 청구사건의 판결은 피고사건의 판결과 동시에 선고하여야 한다.
- 치료명령의 선고는 피고사건의 양형에 유리하게 참작되어서는 아니 된다.
- 피고사건의 판결에 대하여 상소 및 상소의 포기·취하가 있는 때에는 치료명령 청구사건의 판결에 대하여도 상소 및 상소의 포기·취하가 있는 것으로 본다. 상소권회복 또는 재심의 청구나 비상상고가 있는 때에도 또한 같다.
- 검사 또는 치료명령 피청구자 및 당사자 이외의 상소권자는 치료명령에 대하여 독립하여 상소 및 상소의 포기·취하를 할 수 있다. 상소권회복 또는 재심의 청구나 비상상고의 경우에도 또한 같다.

ⓔ 준수사항(법 제10조)
- 법원은 치료명령을 선고하는 경우 준수사항을 부과할 수 있다.
- 법원은 치료명령을 선고할 때에 치료명령을 받은 사람에게 치료명령의 취지를 설명하고 준수사항을 적은 서면을 교부하여야 한다.
- 인지행동 치료 등 심리치료 프로그램에 관하여 필요한 사항은 대통령령으로 정한다.

ⓜ 치료명령 판결 등의 통지(법 제11조)
- 법원은 치료명령을 선고한 때에는 그 판결이 확정된 날부터 3일 이내에 치료명령을 받은 사람의 주거지를 관할하는 보호관찰소의 장에게 판결문의 등본과 준수사항을 적은 서면을 송부하여야 한다.
- 교도소, 소년교도소, 구치소 및 치료감호시설의 장은 치료명령을 받은 사람이 석방되기 3개월 전까지 치료명령을 받은 사람의 주거지를 관할하는 보호관찰소의 장에게 그 사실을 통보하여야 한다.

④ 치료명령의 집행
㉠ 집행지휘(법 제13조)
- 치료명령은 검사의 지휘를 받아 보호관찰관이 집행한다.
- 지휘는 판결문 등본을 첨부한 서면으로 한다.

ⓛ **치료명령의 집행(법 제14조)**
- 보호관찰관은 치료명령을 받은 사람에게 치료명령을 집행하기 전에 약물치료의 효과, 부작용 및 약물치료의 방법·주기·절차 등에 관하여 충분히 설명하여야 한다.
- 치료명령을 받은 사람이 형의 집행이 종료되거나 면제·가석방 또는 치료감호의 집행이 종료·가종료 또는 치료위탁으로 석방되는 경우 보호관찰관은 석방되기 전 2개월 이내에 치료명령을 받은 사람에게 치료명령을 집행하여야 한다.
- 다음의 어느 하나에 해당하는 때에는 치료명령의 집행이 정지된다.
  - 치료명령의 집행 중 구속영장의 집행을 받아 구금된 때
  - 치료명령의 집행 중 금고 이상의 형의 집행을 받게 된 때
  - 가석방 또는 가종료·가출소된 자에 대하여 치료기간 동안 가석방 또는 가종료·가출소가 취소되거나 실효된 때
- 집행이 정지된 치료명령의 잔여기간에 대하여는 다음의 구분에 따라 집행한다.
  - 구금이 해제되거나 금고 이상의 형의 집행을 받지 아니하는 것으로 확정된 때부터 그 잔여기간을 집행한다.
  - 그 형의 집행이 종료되거나 면제된 후 또는 가석방된 때부터 그 잔여기간을 집행한다.
  - 그 형이나 치료감호 또는 보호감호의 집행이 종료되거나 면제된 후 그 잔여기간을 집행한다.
- 그 밖에 치료명령의 집행 및 정지에 관하여 필요한 사항은 대통령령으로 정한다.

ⓒ **치료명령을 받은 사람의 의무(법 제15조)**
- 치료명령을 받은 사람은 치료기간 중 상쇄약물의 투약 등의 방법으로 치료의 효과를 해하여서는 아니 된다.
- 치료명령을 받은 사람은 형의 집행이 종료되거나 면제·가석방 또는 치료감호의 집행이 종료·가종료 또는 치료위탁되는 날부터 10일 이내에 주거지를 관할하는 보호관찰소에 출석하여 서면으로 신고하여야 한다.

ⓔ **치료명령의 임시해제 신청 등(법 제17조)**
- 신청은 치료명령의 집행이 개시된 날부터 6개월이 지난 후에 하여야 한다. 신청이 기각된 경우에는 기각된 날부터 6개월이 지난 후에 다시 신청할 수 있다.
- 임시해제의 신청을 할 때에는 신청서에 임시해제의 심사에 참고가 될 자료를 첨부하여 제출하여야 한다.

ⓜ **치료명령 임시해제의 심사 및 결정(법 제18조)**
- 심사위원회는 임시해제를 심사할 때에는 치료명령을 받은 사람의 인격, 생활태도, 치료명령 이행상황 및 재범의 위험성에 대한 전문가의 의견 등을 고려하여야 한다.

치료명령의 임시해제 신청
보호관찰소의 장 또는 치료명령을 받은 사람 및 그 법정대리인은 해당 보호관찰소를 관할하는 보호관찰 심사위원회(이하 "심사위원회"라 한다)에 치료명령의 임시해제를 신청 가능

SEMI-NOTE

출국시 허가
치료명령을 받은 사람은 주거 이전 또는 7일 이상의 국내여행을 하거나 출국할 때에는 미리 보호관찰관의 허가를 받아야 함

임시해제의 취소
임시해제가 취소된 사람은 잔여 치료기간 동안 약물치료를 받아야 하며, 이 경우 임시해제기간은 치료기간에 산입하지 않음

치료명령과 시효
치료명령을 받은 사람은 치료명령 결정이 확정된 후 집행을 받지 아니하고 10년이 경과하면 시효가 완성되어 집행이 면제됨

- 심사위원회는 임시해제의 심사를 위하여 필요한 때에는 보호관찰소의 장으로 하여금 필요한 사항을 조사하게 하거나 치료명령을 받은 사람이나 그 밖의 관계인을 직접 소환·심문 또는 조사할 수 있다.
- 요구를 받은 보호관찰소의 장은 필요한 사항을 조사하여 심사위원회에 통보하여야 한다.
- 심사위원회는 치료명령을 받은 사람이 치료명령이 계속 집행될 필요가 없을 정도로 개선되어 죄를 다시 범할 위험성이 없다고 인정하는 때에는 치료명령의 임시해제를 결정할 수 있다.
- 심사위원회는 치료명령의 임시해제를 하지 아니하기로 결정한 때에는 결정서에 그 이유를 명시하여야 한다.
- 치료명령이 임시해제된 경우에는 준수사항이 임시해제된 것으로 본다.

ⓑ 임시해제의 취소 등(법 제19조)
- 보호관찰소의 장은 치료명령이 임시해제된 사람이 성폭력범죄를 저지르거나 주거 이전 상황 등의 보고에 불응하는 등 재범의 위험성이 있다고 판단되는 때에는 심사위원회에 임시해제의 취소를 신청할 수 있다. 이 경우 심사위원회는 임시해제된 사람의 재범의 위험성이 현저하다고 인정될 때에는 임시해제를 취소하여야 한다.

ⓐ 치료명령 집행의 종료(법 제20조)
- 치료기간이 지난 때
- 치료명령과 함께 선고한 형이 사면되어 그 선고의 효력을 상실하게 된 때
- 치료명령이 임시해제된 사람이 그 임시해제가 취소됨이 없이 잔여 치료기간을 지난 때

ⓞ 치료명령의 시효(법 제21조)
- 치료명령을 받은 사람은 그 판결이 확정된 후 집행을 받지 아니하고 함께 선고된 피고사건의 형의 시효 또는 치료감호의 시효가 완성되면 그 집행이 면제된다.
- 치료명령의 시효는 치료명령을 받은 사람을 체포함으로써 중단된다.

⑤ 수형자·가종료자 등에 대한 치료명령

㉠ 성폭력 수형자에 대한 치료명령 청구(법 제22조)
- 검사는 사람에 대하여 성폭력범죄를 저질러 징역형 이상의 형이 확정되었으나 치료명령이 선고되지 아니한 수형자 중 성도착증 환자로서 성폭력범죄를 다시 범할 위험성이 있다고 인정되고 약물치료를 받는 것을 동의하는 사람에 대하여 그의 주거지 또는 현재지를 관할하는 지방법원에 치료명령을 청구할 수 있다.
- 수형자에 대한 치료명령의 절차는 다음에 따른다.
  - 교도소·구치소의 장은 가석방 요건을 갖춘 성폭력 수형자에 대하여 약물치료의 내용, 방법, 절차, 효과, 부작용, 비용부담 등에 관하여 충분히 설명하고 동의 여부를 확인하여야 한다.
  - 성폭력 수형자가 약물치료에 동의한 경우 수용시설의 장은 지체 없이 수

용시설의 소재지를 관할하는 지방검찰청의 검사에게 인적사항과 교정성
　　　적 등 필요한 사항을 통보하여야 한다.
　　- 검사는 소속 검찰청 소재지 또는 성폭력 수형자의 주소를 관할하는 보호
　　　관찰소의 장에게 성폭력 수형자에 대하여 조사를 요청할 수 있다.
　　- 보호관찰소의 장은 요청을 접수한 날부터 2개월 이내에 조사보고서를 제
　　　출하여야 한다.
　　- 검사는 성폭력 수형자에 대하여 약물치료의 내용, 방법, 절차, 효과, 부
　　　작용, 비용부담 등에 관하여 설명하고 동의를 확인한 후 정신건강의학과
　　　전문의의 진단이나 감정을 받아 법원에 치료명령을 청구할 수 있다. 이
　　　때 검사는 치료명령 청구서에 치료명령 피청구자의 동의사실을 기재하
　　　여야 한다.
　　- 법원은 치료명령 청구가 이유 있다고 인정하는 때에는 결정으로 치료명
　　　령을 고지하고 치료명령을 받은 사람에게 준수사항 기재서면을 송부하
　　　여야 한다.
　• 결정에 따른 치료기간은 15년을 초과할 수 없다.
ⓒ **가석방(법 제23조)**
　• 수용시설의 장은 결정이 확정된 성폭력 수형자에 대하여 법무부령으로 정
　　하는 바에 따라 가석방심사위원회에 가석방 적격심사를 신청하여야 한다.
ⓒ **비용부담** : 치료명령의 결정을 받은 사람은 치료기간 동안 치료비용을 부담하
　　여야 한다. 다만, 치료비용을 부담할 경제력이 없는 사람의 경우에는 국가가
　　비용을 부담할 수 있다(법 제24조 제1항).
ⓔ **가종료 등과 치료명령(법 제25조)**
　• 치료감호심의위원회는 성폭력범죄자 중 성도착증 환자로서 치료감호의 집
　　행 중 가종료 또는 치료위탁되는 피치료감호자나 보호감호의 집행 중 가출
　　소되는 피보호감호자에 대하여 보호관찰 기간의 범위에서 치료명령을 부
　　과할 수 있다.
　• 치료감호심의위원회는 치료명령을 부과하는 결정을 할 경우에는 결정일 전
　　6개월 이내에 실시한 정신건강의학과 전문의의 진단 또는 감정 결과를 반
　　드시 참작하여야 한다.
　• 치료감호심의위원회는 치료명령을 부과하는 결정을 한 경우에는 즉시 가종
　　료자 등의 주거지를 관할하는 보호관찰소의 장에게 통보하여야 한다.
ⓜ **준수사항** : 치료감호심의위원회는 치료명령을 부과하는 경우 치료기간의 범위
　　에서 준수기간을 정하여 준수사항 중 하나 이상을 부과할 수 있다(법 제26조).
ⓑ **치료명령의 집행** : 보호관찰관은 가종료자 등이 가종료·치료위탁 또는 가출
　　소 되기 2개월 이내에 치료명령을 집행하여야 한다. 다만, 치료감호와 형
　　이 병과된 가종료자의 경우 집행할 잔여 형기가 있는 때에는 그 형의 집행이
　　종료되거나 면제되어 석방되기 전 2개월 이내에 치료명령을 집행하여야 한다
　　(법 제27조).

SEMI-NOTE

치료명령과 이송
검사는 정신건강의학과 전문의의 진단
이나 감정을 위하여 필요한 경우 수용시
설의 장에게 성폭력 수형자를 치료감호
시설 등에 이송하도록 할 수 있음

가석방
가석방심사위원회는 성폭력 수형자의
가석방 적격심사를 할 때에는 치료명령
이 결정된 사실을 고려해야 함

치료명령 집행의 종료(법 제28조)
• 치료기간이 지난 때
• 가출소·가종료·치료위탁으로 인한
　보호관찰 기간이 경과하거나 보호관
　찰이 종료된 때

9급공무원

교정학개론

나두공

02장 교정학

01절 교정학의 기초

02절 시설내 처우와 사회적 처우

03절 사회내처우

04절 교도소 사회연구

05절 회복적 사법주의와 피해자보호

06절 교정의 민영화

02장 교정학

01절 교정학의 기초

1. 교정학의 이해

(1) 교정의 의의
① 교정은 수용자의 잘못된 품성이나 행동을 바로잡는 것
② 범죄자가 검거되어 유죄가 선고 및 확정되어 그에 따른 형사사법 절차에 따라 범죄자들을 다루는 국가나 사회의 통제기관을 뜻하기도 함

(2) 행형에서의 교정
① 교정학에서 교정은 범죄인의 재사회화를 위한 교육적·복지적 차원의 형사처분
② 교정은 유죄가 확정된 범죄자의 처벌을 통하여 앞으로 법령을 위반하지 않고 살아가도록 그들을 지역사회로 재통합시키기 위해 취하는 행동
③ 교정은 범죄인을 교화·개선을 통하여 재사회화를 목표로 하는 근대 행형의 사조에서 비롯됨
④ 교정은 시설내처우를 주축으로 하여 형사처분 또는 비구금적 보호처분도 포함
⑤ 행형은 범죄인을 단순히 처벌한다는 차원을 넘어 사회로 복귀하여 건전한 시민으로 생활하게 하는 것이며, 교정행정은 범죄인의 재사회화를 위한 처우의 개별화 조치
⑥ 현대의 교정은 범죄인이나 비행소년에 대한 시설내처우뿐만 아니라 보호관찰, 사회봉사명령 등과 같은 사회내처우도 포함

(3) 교정의 목적
① 응보적 목적과 공리적 목적 : 응보형주의자들은 처벌을 통해 보복의 원칙에 입각한 해악의 부과에 두었으나, 공리주의자들은 처벌의 특정이 바람직한 목표를 성취할 수 있어야 한다고 봄
② 무능화 : 범죄방지 및 피해자보호를 위해서 범죄성이 강한 자들을 추방, 구금, 사형에 처함으로써 범죄를 행하지 못하도록 범죄능력을 무력화시키자는 것
  ㉠ 집단적 무능화 : 유죄 확정된 강력범죄자들을 장기형을 선고하여 가석방을 지연시키고, 장기형을 강제하는 법률의 제정이나 선시제도를 이용하여 선행에 대한 가산점을 줄임으로써 가능
  ㉡ 선별적 무능화 : 중범죄자나 누범자들을 대상으로 장기형을 선고하여 격리시키면 범죄발생을 대폭 감소시킬 수 있고, 경미한 범죄자와 재범의 위험성이 낮은 범죄자에 대하여 사회내처우를 확대하는 전략
  ㉢ 무능화의 장점과 단점
    • 장점 : 상습범을 격리하여 범죄가 감소하고, 교정의 과밀화가 해소되며, 사회내처우를 활용하여 예산을 절감할 수 있음

SEMI-NOTE

교정
틀어지거나 잘못된 것을 바로잡음 또는 골절이나 탈구로 어긋난 뼈를 본디로 돌리는 일을 뜻함

소년법과 교정
소년법에서는 비행자도 교정의 대상으로 삼음

범죄자 처우
범죄자의 인격, 특성 등을 고려하여 그에 알맞은 대우를 하는 것

선시제도
수형자를 열악한 시설내 생활로부터 가능한 빨리 사회에 내보내 그의 재사회화를 촉진시킨다는 형사정책적 의미 포함

• 단점 : 누범자의 판단기준을 현재나 미래에 두지 않고, 중범죄자나 누범자들이 구금되더라도 다른 범죄자들이 그 자리를 차지하므로 범죄감소효과를 기대하기 어려움

(4) 교정개념의 의의
① 가장 좁은 의미의 교정개념 : 자유형인 징역, 금고, 구류의 집행이 이루어지는 처우
② 좁은 의미의 교정개념 : 수형자에 대한 교정에 미결수용자와 사형확정자를 포함시킨 것
③ 넓은 의미의 교정개념 : 수형자와 미결수용자의 처우에 구금성 보안처분을 포함시킨 것을 말한다. 즉 수용을 통한 시설내처우 전체를 포함하는 것
④ 가장 넓은 의미의 교정개념 : 시설내처우뿐만 아니라 사회내처우까지 아우르는 개념으로 현재 우리나라에서 시행

(5) 교정과 행형
① 행형의 개념
  ㉠ 넓은 의미의 행형 : 모든 종류의 형벌의 집행을 말하는 것으로 재판의 집행을 뜻함. 형법상의 형벌에는 생명형·자유형·재산형이 있고, 신체형은 인정되지 않음
  ㉡ 좁은 의미의 행형 : 자유를 박탈하는 형사제재조치의 집행만을 의미하는 것으로, 자유형과 자유박탈적 보안처분의 집행이 이에 해당
② 행형과 교정 : 범죄인의 교화와 개선에 중점을 두는 오늘날은 행형보다는 교정이라는 용어가 많이 사용됨

행형	교정
교정시설에서 자유형 집행과정	행형의 이념 내지 목표
형사절차의 법률적·형식적 측면 강조	형사절차의 이념적·실천적 측면 강조
수형자의 교화·개선이라는 특별예방 목적 외에 응보형 내지 일반예방 목적까지 포괄	특별예방과 교육적 목적 우선
교정의 기초 조성하는 법적 개념	행형의 목적 개념
비행소년 미포함	비행소년 포함

③ 교정의 중요성
  ㉠ 교정은 범죄발생 후 수사, 기소, 재판, 행형, 보호 등 일련의 형사사법절차임
  ㉡ 형사사법작용의 마무리 단계로 교정이 중요
  ㉢ 사회의 안녕질서 유지와 재범방지를 위하여 교정에 대한 전사회적인 참여와 중요성의 인식이 강화되어야 함

(6) 교정학의 의의와 발전
① 의의 : 교정사실을 연구대상으로 하는 학문으로 범죄인 등이 처우받고 있는 교정시설 및 지역사회의 제반활동을 연구하는 학문

SEMI-NOTE

한국의 사회내처우
보호관찰, 사회봉사명령, 수강명령, 갱생보호, 가석방, 전자장치부착명령, 약물치료명령 등

한국의 행형
우리나라는 좁은 의미의 행형을 채택하고 있으며 형의 집행 및 수용자의 처우에 관한 법률이 규율함

SEMI-NOTE

교정학의 연구대상
교정학은 범죄인의 처우를 통하여 교화·개선 내지 재사회화를 목표로 하기에 범죄, 범죄인, 형사제재, 보호처분, 보안처분 등을 대상

② 교정학 성격
  ㉠ 교정학은 경험과학으로의 성격과 규범학의 성격을 지님
  ㉡ 범죄의 예방과 진압에 기여하는 학문
  ㉢ 자유형의 집행을 주로 연구대상으로 하는 학문
③ 교정학의 발전
  ㉠ 감옥학 : 1870년대 영국과 프랑스에서 대강의 학문적 체계를 구축
  ㉡ 행형학 : 종래의 감옥학이 시설의 질서와 관리기능을 강조한 반면 행형학은 수형자 중심의 교육기능을 강조
  ㉢ 교정처우론 : 범죄인의 교화개선 및 성공적인 사회복귀에 목적
  ㉣ 교정보호론 : 정의에 입각한 처벌과 범죄인에 대한 법률적 보호의 필요성을 강조
  ㉤ 교정학은 감옥학에서 시작하여 행형학, 교정처우론, 교정보호론 등으로 세분화되어 왔으며 현재는 교정학으로 통합

2. 교정처우

(1) 범죄자처우

① 범죄자처우의 의의 : 국가가 형사사법 절차에서 범죄인의 인격이나 기타 개인적인 특성을 고려하여 그에 대응하는 대우와 취급을 개별적으로 시행하는 것
② 범죄인처우의 유형
  ㉠ 사법적 처우 : 처우의 개별화를 위해 행형 또는 교정단계 이전 양형단계에서 형사제재의 종류와 정도를 결정하는 것을 의미하며, 범죄자에 대하여 형벌, 보안처분, 보호처분 중 어떤 제재를 가할 것인가에 대한 처우선택의 문제와 어느 정도로 가할 것인가에 대한 양정의 문제가 핵심
  ㉡ 교정처우 : 행형단계에서 이루어지는 범죄자처우이기에 교정시설 내에서의 범죄자처우를 의미

보호적 처우
사법적 처우와 연계하거나 교정처우 이후의 단계에서 범죄인의 재사회화를 주된 목적으로 하는 처우이고, 선고·집행유예 시 보호관찰, 사회봉사명령, 수강명령, 가석방 시 보호관찰과 갱생보호 등이 있음

③ 범죄인처우의 기본원리
  ㉠ 인도주의 : 인간의 존엄성이 보장되도록 인도적이고 인간적인 방법으로 범죄인을 처우해야 한다는 것
  ㉡ 법률주의 : 범죄인을 법률에 따라 처우해야 한다는 것
  ㉢ 과학주의 : 여러 과학적인 지식을 통하여 객관적이고 합리적인 기준에 따라 범죄인을 처우해야 한다는 것
  ㉣ 평등주의 : 사회적 신분이나 지위에 따라 범죄인을 차별해서는 안 된다는 것
  ㉤ 사회접근주의 : 범죄인이 사회에 원만하게 복귀할 수 있도록 교정시설 내에서 수형자 생활이 일반 사회생활과 비슷하게 유지하여야 한다는 것
  ㉥ 개별주의 : 범죄인의 원인, 환경, 특성에 따라 범죄인처우의 내용을 달리해야 한다는 것이며, 개별화에는 법률의 개별화, 재판의 개별화, 행형의 개별화의 순으로 발전한다고 인식
    • 법률의 개별화 : 형법의 규정상 형벌구성요건을 세분화

살레이유(Saleilles)
저서 「형벌의 개별화」를 통해서 개별화의 3단계를 법률의 개별화, 재판의 개별화, 행형의 개별화로 분류

- 재판의 개별화 : 법원이 범죄자의 개인적인 특성, 환경 등을 고려하여 사법적 형의 종류와 정도를 결정한다는 것
- 행형의 개별화 : 행형단계에서 범죄인의 특성, 환경 등을 고려하여 그에 상응하는 처우를 행한다는 것

(2) 시설내처우, 중간처우, 및 사회내처우

① 시설내처우
  ㉠ 시설내처우는 범죄인을 교정시설 내에 구금, 자유를 박탈하여 형벌을 집행하는 처우
  ㉡ 현재 이러한 자유형은 재사회화 효과에 비판에 직면해 있어 자유형을 중심으로 하는 시설내처우를 가능한 한 피하고 사회내처우를 확대하는 것을 목표

② 중간처우
  ㉠ 과잉구금, 시설내처우의 폐해, 폐쇄시설에서의 사회적응의 곤란성, 석방 후 낙인 등의 이유에서 범죄자를 시설내에서 처우하는 것보다 사회내에서 처우해야 한다는 주장이 제기됨
  ㉡ 최근의 범죄자처우는 개방처우, 귀휴제, 외부통근제도 등의 도입으로 시설내처우의 완화경향
  ㉢ 중간처우는 시설내에서 격리나 구금의 정도를 완화하여 사회와의 교류를 확대하여 사회복귀를 쉽게 하기 위하여 나타난 제도
  ㉣ 우리나라의 중간처우제도에는 외부통근제도, 외부통학제, 귀휴제, 가족만남의 날 참여, 사회봉사, 사회견학, 교정시설 밖의 종교행사 참여, 문화공연 관람 등이 있음
  ㉤ 중간처우는 교정시설에 설치된 개방시설 및 지역사회에 설치된 개방시설에서의 적응교육 및 취업지원 등이 있음

③ 사회내처우
  ㉠ 범죄자를 교정시설에 구금하지 않고 사회내에서 자율적인 생활을 하면서 개선, 갱생을 원호하는 처우
  ㉡ 보호관찰, 수강명령, 사회봉사명령, 갱생보호, 가석방, 전자감시명령, 가택구금 등

(3) 교정이념 및 목적론

① 응보형주의
  ㉠ 응보형주의 : 형벌의 본질은 범죄에 대한 정당한 응보에 있다는 사상
  ㉡ 형벌은 다른 목적이 없고 그 자체가 목적이라고 이해
  ㉢ 응보형주의는 계몽철학의 영향을 받은 개인주의, 자유주의 사상의 산물

② 일반예방주의
  ㉠ 형벌을 범죄를 행할 잠재적 가능성이 있는 일반인에게 형벌의 공포감을 심어주어 범죄를 저지르지 못하도록 범죄를 예방하는 작용을 하는 것으로 보는 입장
  ㉡ 심리강제설은 인간이 범죄를 저지름으로써 얻는 쾌락과 형벌을 받음으로써 돌아오는 고통을 비교하여 고통이 쾌락보다 더 크다고 판단될 경우 범죄를 저

SEMI-NOTE

한국 수용자처우법
사회적 처우와 중간처우로 구분하고 있음

형벌의 목적론
응보형주의, 일반예방주의, 특별예방주의, 목적형주의, 교육형주의로 발전

일반예방주의
형법에 어떤 범죄에 대한 형벌이 규정되어 있거나 또는 어떤 범인에 대하여 실제로 형벌이 부과되고 집행되기만 해도 일반 시민들은 잘못을 저질렀을 때 형벌을 받는다는 점을 인지하게 되어 잠재적으로 범죄를 예방할 수 있는 효과를 가지게 된다는 것

SEMI-NOTE

리스트
범인을 3종으로 구별하여 개선을 필요로 하지 않는 자에게는 위하를, 개선이 가능한 자에게는 개선을, 개선불가능한 자에게는 배해를 내용으로 하는 형벌을 과해야 한다고 주장함(배해는 반사회적인 위험성이 있는 사람을 사회에서 격리하는 것을 의미)

지르지 않으려고 하는 심리적 강제를 받게 된다는 이론
ⓒ 이 이론은 획일적인 형벌을 통한 사회통합만을 강조하고 범죄인의 교화개선을 고려하지 않음

③ 특별예방주의
㉠ 특별예방주의는 범죄인 자신으로 하여금 다시 죄를 범하지 않도록 만드는 것
㉡ 범죄인을 대상으로 교육하고 개선시켜 다시는 사회의 안전을 침해하지 않도록 범죄인을 재사회화하는 과정이 필요하다고 봄
ⓒ 이 제도에는 선고유예, 집행유예, 가석방 등

④ 목적형주의
㉠ 형벌의 본질이나 목적이 응보에 있지 않고 법익의 보호와 범죄인을 교정 개선하여 사회복귀를 가능하게 하는 데 있다는 이론
㉡ 형벌의 목적은 법익보호에 있고, 장래 범죄를 행하지 않도록 하기 위해서는 형벌은 개별화하여 과해져야 한다고 주장

⑤ 교육형주의
㉠ 형벌을 과하는 목적은 범죄인의 갱생이나 사회복귀를 위한 교육에 있다고 주장
㉡ 인도주의적, 복지적인 관점에서 범죄인의 특성에 따른 특별예방의 입장에 서며 부정기형, 누진처우의 도입 등을 주장
ⓒ 형벌집행은 곧 교육과정이며 교육을 통하여 범죄인의 사회복귀가 형벌의 목적

⑥ 신응보주의
㉠ 형벌개념을 가화하여 범죄자에 대한 교화보다는 응보에 무게를 둔 이론이며, 특별예방주의나 교육형주의의 교정정책이 재범방지에 실패했다고 봄
㉡ 범죄인들이 범죄를 통하여 사회에 해를 끼쳤으면 마땅히 처벌받아야 한다는 것
ⓒ 엄격한 형벌을 집행함으로써 교도소의 과밀화를 야기하고 교정주의를 포기함으로써 형사정책적 처우목적을 상실하였다는 비판 받음

선별적 무능력화(무해화)
삼진법은 이 이론을 기초로 하여 입법화 되었는데 범죄의 경중을 불문하고 영원히 격리하는 것

⑦ 선별적 무능력화(무해화)
㉠ 소수의 상습적 중범죄자를 사회로부터 장기간 격리시키면 이들의 범죄능력을 무력하게 만들 수 있어 범죄량을 감소시켜 교도소의 과밀문제를 해소할 수 있다고 봄
㉡ 형이 가벼운 범죄자들은 가석방으로 내보내 사회내처우를 적용

⑧ 배상주의
㉠ 형벌의 목적은 범죄로 인해 일어난 사회의 무형적 손해를 배상하는 데에 있다는 입장
㉡ 범죄행위를 포함한 모든 위법행위들이 시장경제원리에 의해 민사법에서 배상될 수 있는 불법행위로 처리될 수 있다고 봄
ⓒ 부유하면 다른 사람에게 해를 끼칠 수 있는 능력도 커진다는 문제점 존재

(4) 교정처우 모델

① 구금모델 : 범죄자에 대하여 교화보다는 시설 내의 질서유지, 훈육, 보안을 강조하였고 자유의사론에 입각한 정기형을 주장

행형의 목적
수형자의 사회복귀 내지 재사회화

② **개선모델** : 행형의 목적이 범죄자의 교화·개선을 통한 범죄방지에 있다고 보며, 회개와 반성을 통한 정신적 교화·개선을 중요시

③ **의료모델**
   ㉠ 사회복귀를 교정의 이념으로 삼고 범죄를 치료가 가능한 도덕적 질병으로 인식
   ㉡ 범죄인을 과학적 방법으로 치료, 교정이 가능하다고 주장
   ㉢ 이 이론은 국가형벌권을 자의적으로 확장시킬 위험이 있어 인권침해를 초래할 가능성이 많음

④ **사법모델**
   ㉠ 정당한 처벌을 통한 사법정의의 확보와 그에 따른 인권보호에 초점
   ㉡ 일정한 합목적성에 따라 범죄자의 적응을 강제하지 않고, 사법적 공정성이 정의에 합당하도록, 범죄행위에 대한 책임에 상응하게 공정한 형벌을 법적 절차에 따라 획일적으로 부과
   ㉢ 범죄자를 다양한 권리·의무의 주체로 인정하고, 수형자의 인권보장을 가장 강조한 모델
   ㉣ 국가재량의 축소, 수형자 자치의 확대, 부정기형에서 정기형으로의 복귀, 수형자의 법적 구제확대, 교정시설 처우의 공개, 가석방위원회의 폐지, 가석방의 지양, 과학적 범죄예측을 통한 선별적 무능화 방안 제시, 삼진법 도입 등을 주장

⑤ **재통합모델**
   ㉠ 수형자를 자율성을 가진 처우의 주체로 인정하여 수형자의 동의와 자발성을 전제로 하는 처우를 강조
   ㉡ 수형자의 법적 지위의 확립과 처우행형의 조화를 통하여 사회복귀적 처우모델로 가장 이상적인 것으로 인정되고 있음
   ㉢ 과학적 처우기술의 적용, 교육 및 직업훈련 계획의 개선과 향상, 외부통근제, 귀휴 등의 사회적 처우가 적극 활용되어야 한다는 입장

⑥ **조정모델**
   ㉠ 범죄자의 사회와의 재통합을 돕는데 초점을 맞추는 처우모델
   ㉡ 범죄인을 일반인과 다른 병적인 요인도 있으나 동시에 자신의 행위를 조정하여 스스로 책임있는 선택과 합법적 결정도 할 수 있는 자유의지가 있다고 봄
   ㉢ 이 이론은 응보적 형벌을 바탕으로 하면서도 재사회화를 위한 처우도 적극 실시되어야 한다고 봄
   ㉣ 교류분석, 시설내처우로서 현실요법, 환경요법, 요법처우공동체, 행동수정요법 등을 중시

⑦ **경제모델** : 사회경제적 조건을 범죄의 원인으로 보고 기술교육과 취업기회의 제공으로 범죄자들을 재통합하고자 함

(5) 범죄인처우의 새로운 경향

① **비범죄화**
   ㉠ 의의 : 지금까지 형법에서 범죄로 규정하고 있던 행위규정을 폐지하여 범죄목록에서 삭제하거나 형사사법절차에서 특정범죄에 대한 형사처벌의 범위를 축소하는 것

SEMI-NOTE

의료모델
재량권의 남용으로 인한 수형자의 인권침해, 형기의 장기화, 개인적 자기결정의 자유 침해로 인한 인간의 존엄성을 침해 등을 야기

현실요법
수형자가 현실을 인식하고 책임있는 행동을 하도록 교육하는 것

비범죄화의 필요성
형사처벌의 폐지가 아니라 형사처벌의 완화를 목표로 하고 형법의 보충성의 원칙이나 최후 수단성을 강조

SEMI-NOTE

ⓒ 비범죄화의 영역 : 피해자 없는 범죄로 매춘, 도박, 마약흡입, 낙태, 간통 등이 있음
ⓒ 비범죄화의 유형 : 법률상 비범죄화, 재판상 비범죄화, 사실상(행정, 수사, 단속) 비범죄화

② 비형벌화
  ㉠ 의의 : 형벌 대신에 다른 제재를 가하는 것으로 형벌이라는 제재를 회피하는 것
  ㉡ 비형벌화의 종류
    • 입법상의 비형벌화
    • 재판 전 단계에서의 비형벌화
    • 재판단계에서의 비형벌화
    • 교정단계에서의 비형벌화

③ 다이버전(Diversion)
  ㉠ 의의 : 범죄의 증가와 이에 따른 법원의 부담가중, 교도소의 과밀수용이 문제가 되어 경미한 범죄에 대한 비범죄화 내지 교정시설의 선별수용, 형사절차에서의 선별처리 등의 다양한 대처방안
  ㉡ 필요성 : 낙인효과의 방지, 사회복귀의 도모, 재범방지 등
  ㉢ 다이버전의 유형
    • 형사사법절차 이전의 단계 : 비범죄화를 의미하며 경미한 범죄에 대한 실정법상의 다이버전
    • 구금의 대안으로서 다이버전 : 경찰단계에서 교정단계에 이르기까지 전 형사사법단계에서 가능하며 경찰단계에서의 훈방, 검찰단계에서의 선도조건부 기소유예, 재판단계에서의 형의 유예, 교정단계에서의 보호관찰부 가석방 등이 각 사법단계별 대표적인 다이버전
    • 개입여부에 따른 분류 : 전통적인 형사절차를 취하지 않는 일체의 제도를 의미하는 단순 다이버전과 일정한 비공식적 체제를 수반하는 형태의 다이버전인 개입형 다이버전

다이버전
일반적으로 공식적인 사법절차로부터의 이탈이라는 요소와 사회내처우 프로그램에의 위탁이라는 요소에 의하여 파악 가능

④ 회복적 사법
  ㉠ 의의 : 범죄행위로 인해 발생한 손해의 회복을 꾀하며, 이 회복 과정에서 범죄자뿐만 아니라 피해자도 문제해결의 주체
  ㉡ 적용 : 회복적 사법의 이념과 프로그램은 범죄문제뿐만 아니라 살아가면서 야기되는 민사상의 갈등, 이혼 등 가정 내의 불화, 학교나 직장에서 발생하는 성희롱이나 차별 등의 문제에도 다양하게 적용

(6) 교정의 역사

① 복수시대 : 원시시대부터 고대국가 형성기까지의 형벌로 피해자 측이 범죄에 무한한 복수를 행하는 동해보복(Talio)이 주류를 이루었고, 사형벌이 주류였음

② 위하적 시대
  ㉠ 고대부터 17세기까지의 기간에 형성되었고, 절대군주의 등장에 따라 왕권의 강화 및 중앙집권제의 추진으로 형벌에 의한 치안유지가 강력해진 시기

교정제도
복수시대, 위하적 시대, 교육적 시대, 과학적 처우단계, 사회적 권리보장단계로 발전

ⓒ 대표적인 법전은 카롤리나 형법전이고 사적 복수를 금지하고 국가가 형벌을 관장
③ 교육적 개선단계
㉠ 국가는 구형자의 교화개선에 중점을 두고, 오번제, 점수제 등이 이 제도에 영향 받음
㉡ 종전의 생명형과 신체형 중심에서 자유형 위주로 개편되었고 계몽주의, 민주주의 등의 영향을 받아 인권을 중시
㉢ 이 시기에 죄형법정주의가 확립됨
④ 과학적 처우시대
㉠ 19세기 말부터 20세기 초에 걸쳐 행형의 개별화가 추진된 시기이며, 범죄성의 개선과 교육을 강조
㉡ 특별예방주의에 의한 범죄인의 재사회화에 관심을 두고 개별적 처우를 통한 건전한 사회인으로 복귀에 중점
⑤ 사회적 권리보장시대 : 2차 대전 이후 범죄인의 사회내처우의 필요성이 강조되는 시기로 보호관찰, 가석방, 중간처우의 집, 통근제도 등이 등장
⑥ 국제적 협력시대 : 세계 각국에 범죄의 보편화 현상에 따라 교정과 관련하여 국제적인 조직을 형성

(7) 우리나라의 역사

① 고대시대
㉠ 고조선 : 8조금법을 통하여 응보형주의에 의한 복수주의를 채택하여 살인, 상해, 절도에 관한 규정을 둠
㉡ 부여
• 응보형 성격을 띠고 훔친 물건의 12배를 배상하게 하는 1책 12법이 존재
• 구금의 형태로 원형옥이 존재하였는데 이후 조선시대까지의 원형옥의 전형
㉢ 옥저와 동예 : 읍락 상호간의 경계가 설정되어 경계를 침범하면 책화라 하여 노비와 우마로 배상함
㉣ 삼한 : 제정분리의 사회로 소도라는 신성 특별구역이 존재
② 삼국시대
㉠ 삼국은 응보형주의에 기초를 두었고 형벌은 사형, 유형, 장형, 재산형 등이 있었으며 감옥의 명칭은 뇌옥, 영어, 형옥, 수옥 등을 사용
㉡ 신라 : 형률을 관장하는 이방부가 있음
㉢ 고구려 : 모반자, 패전자, 투항자, 겁탈자는 사형에 처하고 절도죄는 12배를 배상하도록 하였고 모반자는 가혹한 방법으로 사형에 처하며 가족은 노비로 삼음
㉣ 백제 : 살인자, 반역자, 퇴군자는 사형에 처하였으며 부인이 간음하면 남편집 종으로 삼고, 절도죄는 유형 또는 3배를 배상
③ 고려시대
㉠ 6부에 형부를 두고 형부 아래에 형옥을 담당하는 전옥서 노비의 부적과 송사를 담당하는 상서도관을 둠

SEMI-NOTE

죄형법정주의
범죄의 성립과 그에 대한 형벌은 오직 법률에 의해서만 인정된다는 것

우리나라의 감옥제도
• **전옥서** : 고려시대 옥에 갇힌 죄수에 관한 일을 담당하던 관청. 고려 초에 설치되었으며, 성종 14년(995)에 대리시로 개칭되었다가, 문종 때에 다시 전옥서로 바뀜
• **가옥** : 고려 광종 때에 전옥서 외에 임시로 설치한 옥
• **사옥** : 지방 관아에 부설 감옥
• **휼형제도** : 특별귀휴제도와 유사한 제도로 일정기간 출옥을 허용한 제도
• **속전제도** : 금전을 내고 형을 대신하는 제도

SEMI-NOTE

수령과 관찰사
군과 현의 수령은 장형 이하의 사건만 처리하고 관찰사는 유형 이하의 사건만을 처리

감옥규칙
감옥사무의 지침으로 조선의 전통적 행형에서 근대적 행형으로 전환하는 과도기적 특징을 지니는 규칙

교정시설
수용자들의 권익보호와 교정교육, 직업훈련 등 사회적응 능력의 배양을 통하여 건전한 사회복귀를 도모하고자 설치 운영하는 시설

연령에 의한 구분
• 일반교도소 : 19세 이상의 수형자를 수용하는 교정시설
• 소년교도소 : 19세 미만의 수형자를 수용하는 교정시설

ⓒ 형벌은 장, 도, 유, 사의 5종이 있고 부가형으로 삽루, 경면, 속전, 가재몰수, 노비몰입 등이 있었음
④ 조선시대
  ㉠ 고려와 같이 장형, 태형, 도형, 유형, 사형을 근간으로 하고 부가형을 실시함
  ㉡ **형벌제도** : 태형, 장형, 도형, 유형, 부처, 안치, 본향안치, 위리안치, 절도안치, 금고, 규형, 휼형제도, 감강종경, 보방제도 등
  ㉢ **형벌관장기관** : 형조, 사헌부, 의금부, 한성부, 관찰사, 수령
  ㉣ **감옥제도** : 범죄의 혐의가 있는 자에 대하여 수사, 재판의 형사절차를 거쳐 형을 집행할 때까지의 미결구금을 위한 장소이며, 직수아문, 전옥서 등이 있음
  ㉤ **갑오개혁** : 5형 중 장형을 폐지하고 유형·도형을 징역형으로 하였으며 미결수와 기결수를 분리 수용
⑤ 갑오개혁~일제강점기 이전
  ㉠ **광무시대** : 대전회통·대명률·형율명례를 폐지하고 형법대전을 제정하고, 감옥관계를 개편하고 감옥기구를 감옥서로 일원화하여 근대 행형의 기틀을 마련
  ㉡ **융희시대** : 감옥사무가 법무관할로 이전됨
⑥ 일제강점기~미군정시기
  ㉠ **일제강점기** : 조선감화령을 제정하여 감옥을 형무소로 개칭하였고, 비행청소년에 대한 처우를 처음으로 도입함. 행형법규는 목적형주의를 표방하고 교회, 누진처우, 가출옥 등을 실시
  ㉡ **미군정시기** : 일제강점기 행형을 그대로 실시
⑦ 대한민국의 행형법의 제정과 공포하였고 행형법의 개정으로 형무소를 교도소로, 형무관을 교도관으로 변경

3. 교정시설

(1) 교정시설의 의의

① **좁은 의미의 교정시설** : 교정의 대상이 되는 수용자를 수용하는 시설
② **넓은 의미의 교정시설** : 교도소뿐만 아니라 형사피의자와 형사피고인, 미결수용자, 사형확정자 등을 수용하는 시설까지 포함
③ **가장 넓은 의미의 교정시설** : 형벌집행을 위한 시설뿐만 아니라 시설수용을 하는 각종 보안처분, 보호처분을 집행하기 위한 시설까지 포함하는 것으로 치료감호소, 소년원, 소년분류심사원 등도 포함

(2) 교정시설의 구분

① 형의 확정에 의한 구분
  ㉠ **구치소** : 형이 확정되지 않은 미결수용자를 수용하는 교정시설
  ㉡ **교도소** : 형이 확정된 기결수용자를 수용하는 교정시설로 징역감, 금고감, 노역유치장으로 구분

② 성별에 의한 구분 : 남자교도소와 여자교도소로 구분하고 남녀 분리 수용을 원칙
③ 수용설비와 계호의 정도에 의한 구분
  ㉠ 개방시설 : 수형자(受刑者)의 도주를 막기 위한 계호설비를 철폐하고, 수형자의 책임관념에 의하여 질서를 유지하고 개선·갱생을 꾀하는 것을 목적으로 한 교정시설
  ㉡ 완화경비시설 : 도주방지를 위한 통상적인 설비 및 수형자에 대한 관리·감시를 일반경비시설보다 완화한 교정시설
  ㉢ 일반경비시설 : 도주방지를 위한 통상적인 설비 및 수형자에 대한 관리·감시를 하는 교정시설
  ㉣ 중경비시설 : 도주방지 및 수형자 간의 접촉을 차단하는 설비를 강화하고 수형자에 대한 관리·감시를 엄중히 하는 교정시설

(3) 교정시설의 구조

① 분방형 : 장방형의 사동을 방사익형으로 배열한 구조로 수용자와 외부와의 연결을 방지하고, 도주예방을 위한 목적으로 설계한 교도소로 펜실베니아 감옥과 간트 교도소가 이 방식을 채택
② 파놉티콘형 : 벤담이 고안한 구조로 거실에 있는 수용자들은 감시탑의 내부를 볼 수 없고 반대로 감시탑에서는 수용자의 거실을 훤히 들여다볼 수 있도록 되어 있음
③ 파빌리온형 : 형렬식 형태로 계호 측면에서는 많은 인력이 소요되나 사동간 공간이 확보되어 채광 및 통풍이 우수하고 수형자의 개별처우 및 경비기능 측면에서 우수한 전주형
④ 오번형 : 야간에는 독거, 주간에는 엄정침묵하에 작업하는 완화독거제이며, 외부 창이 없는 2열의 내방식 구조로 통풍과 채광이 불리
⑤ 캠프스형 : 청소년이나 여성수형자를 위한 교정시설로 활용
⑥ 정원형 : 앞뜰 또는 정원을 가로질러 이동할 수 있도록 설계된 건축구조
⑦ 전주형 : 일자형 사동을 병렬하는 구조로 우리나라의 교도소가 대부분 이 형태
⑧ 고층형 : 전주형의 기능상 한계와 부지확보가 어려워지고 또한 구치시설의 경우 도심에 있어 교정시설이 고층으로 변화

(4) 수형자 구금제도

① 펜실베니아제
  ㉠ 의의 : 수형자 1인을 1개 수용시설에 주야간 격리수용하는 구금방식
  ㉡ 장점과 단점

| 장점 | • 자신의 회오나 반성의 기회를 주는 등 교화적 목적에 효과적
• 혼거에서 오는 악풍감염을 방지
• 폭동이나 난동 등을 사전에 차단
• 미결수용자의 경우 증거인멸을 방지하고 수형자의 명예보호나 개별처우에 적합
• 감염병의 예방과 확산방지에 효과적이고, 계호와 규율유지가 용이 |

SEMI-NOTE

펜실베니아제
절대침묵이 강조되고 운동, 접견, 작업 등 모든 처우를 자신의 거실 내에서 행하도록 하여 다른 수형자와의 접촉을 피할 수 있음

단점	• 독립된 공간확보로 재정부담이 큼 • 다른 수용자와의 차단으로 사회적 존재로서의 인간본성에 반함 • 수형자 개별관리에 많은 인력이 소요되고 감시비용이 증가 • 공동생활을 하지 않아 원만한 사회복귀에 적합하지 않음

② 오번제

㉠ 의의 : 주간에는 침묵상태에서 함께 작업을 하고, 야간에는 독방에 수용하는 방식

㉡ 장점과 단점

장점	• 엄정독거제의 결함 보완 • 주간에 작업을 통한 직업훈련의 용이
단점	• 작업의 협의가 불가능하여 작업능률 감소 • 개별처우에 불리 • 감시와 규율유지 곤란 • 비위생적이고 방역곤란

오번제의 특징
- 엄정독거제보다 완화된 구금형태
- 야간에만 독거를 하는 야간독거제
- 주간 작업시 침묵을 강요하는 침묵제

③ 혼거제

㉠ 의의 : 수형자의 사회복귀에 적합한 사회성의 배양에 중점을 두는 구금제도

㉡ 혼거수용 인원의 기준 : 혼거수용 인원은 3명 이상으로 한다. 다만, 요양이나 그 밖의 부득이한 사정이 있는 경우에는 예외

㉢ 혼거수용의 제한 : 소장은 노역장 유치명령을 받은 수형자와 징역형·금고형 또는 구류형을 선고받아 형이 확정된 수형자를 혼거수용해서는 아니 되나, 징역형·금고형 또는 구류형의 집행을 마친 다음에 계속해서 노역장 유치명령을 집행하거나 그 밖에 부득이한 사정이 있는 경우에는 그러하지 않음

㉣ 장점과 단점

장점	• 수형자의 사회성 배양에 적합 • 형법집행과 처우의 통일로 관리비용이 절감 • 단체생활로 인한 출소 후 사회복귀가 원만함 • 수용자상호 간의 감시를 통하여 자살 등 교정사고를 예방 가능
단점	• 수용자 상호 간 악풍감염의 우려 • 출소 후 공범가능성 • 계호가 용이하지 않고 규율유지 및 위생관리가 불리

독거수용
수용자는 독거수용하나. 다음의 어느 하나에 해당하는 사유가 있으면 혼거수용할 수 있음
- 독거실 부족 등 시설여건이 충분하지 아니한 때
- 수용자의 생명 또는 신체의 보호, 정서적 안정을 위하여 필요한 때
- 수형자의 교화 또는 건전한 사회복귀를 위하여 필요한 때

④ 독거제

㉠ 의의 : 수용자를 독거하게 하는 것으로 우리 법령은 독거수용이 원칙

㉡ 처우상 독거수용 : 주간에는 교육·작업 등의 처우를 위하여 일과에 따른 공동생활을 하게 하고 휴업일과 야간에만 독거수용하는 것

㉢ 계호상 독거수용 : 사람의 생명·신체의 보호 또는 교정시설의 안전과 질서유지를 위하여 항상 독거수용하고 다른 수용자와의 접촉을 금지하는 것을 말하나, 수사·재판·실외운동·목욕·접견·진료 등을 위하여 필요한 경우에는 그러지 않음

(5) 교도소사회

① 교도소화
  - ㉠ 교정시설의 일반적인 문화, 관습, 규범, 민속 등을 다소간 취하는 것
  - ㉡ 신입수용자가 교정시설의 규범과 가치에 익숙해지고 그것을 내면화하는 것
  - ㉢ 교도소화의 중요한 관점은 범죄성과 반사회성을 유발하거나 심화시키고 수용자의 특성을 이념으로 변화시키는 영향력

② 교도소화의 특징
  - ㉠ 수용자가 행동과 태도가 사용자사회로 동화된다는 것
  - ㉡ 수용기간이 길어지면 반교정적, 반사회적, 친범죄적 부분화의 재현이 커진다는 것
  - ㉢ 수형기간이 길어지면 교도소화의 정도가 강화
  - ㉣ 수형자의 역할은 수형단계에 따라 변화
  - ㉤ 교도소화는 교정시설의 형태나 특성에 따라 변화

③ 수형자사회의 부문화
  - ㉠ 의의: 수형자들의 일반적인 가치관이나 문화체계
  - ㉡ 부문화의 형태: 합법지향적 부문화, 범죄지향적 부문화, 수형지향적 부문화

(6) 과밀수용의 원인과 해소방안

① 과밀수용의 의의: 일정한 시설에 수용되어 있는 인원이 적정수준에 비해 과도하게 많은 경우

② 과밀수용의 원인: 인구와 범죄의 증가, 형사정책의 강화, 범죄대응력의 향상, 교화개선기능의 미흡 등

③ 과밀수용의 부작용
  - ㉠ 교도관 측면: 담당 업무의 증가로 스트레스의 증가, 수용자와의 갈등 증가, 교정사고 방지를 위한 역할 저하 등
  - ㉡ 수용자 측면: 개별처우의 곤란으로 수용자의 공격성, 자기도피, 무관심, 권태감 등이 증가하나, 일탈행위가 증가하며 하위문화가 급속히 증가
  - ㉢ 사회일반 측면: 수용인원이 증가하면 예산이 증가하고 인력과 공간부족으로 재범방지를 위한 프로그램의 시행이 곤란

4. 형집행법(수형자처우법) 일반 ✪ 빈출개념

(1) 형집행법(수형자처우법)의 의의

① 의의
  - ㉠ 형사사건으로 수용시설에 수용된 사람에 대하여 구금, 형집행, 그밖의 교정업무 집행을 규율하기 위한 법률체계
  - ㉡ 좁은 의미의 형집행법: 유죄판결이 확정되어 자유형을 집행하는 수형자에 대하여 교도소 수용부터 교도소 내의 생활, 삭방에 이르기까지의 전과정을 규율하는 법률체계

SEMI-NOTE

수형자의 교도소화
수용으로 인한 고통, 각종 권익의 박탈 등 수익이 직접적인 원인이라 보는 설명체계는 박탈모형임

과밀수용의 해소방안
- 비구금적인 정책으로 수용할 인원을 줄이는 방안
- 증가된 인원만 해소한다는 방안으로 단기적인 전략
- 중범자나 누범자만을 선별적으로 구금하는 방안
- 가석방, 선시제도 등을 이용하는 방안

수용자처우법
형의 집행 및 수용자의 처우 등에 관한 법률(수용자처우법)은 넓은 의미의 형집행법

SEMI-NOTE

ⓒ 넓은 의미의 형집행법 : 수형자의 형집행뿐만 아니라 미결수용자, 사형확정자, 감치명령을 받은 자 등의 처우와 권리, 교정시설의 운영에 관하여 필요한 사항을 규율하는 법률체계
② 형식적 의미의 형집행법과 실질적 의미의 형집행법
ⓐ 형식적 의미의 형집행법 : 법에 규정되어 있는 내용이 무엇인지를 묻지 아니하고 법의 외형적인 존재형식을 기준으로 판단하므로 존재형식이 형집행법의 규정으로 되어 있으면 형식적 의미의 형집행법으로 형의 집행 및 수용자의 처우 등에 관한 법률이 있음
ⓑ 실질적 의미의 형집행법 : 법의 형식에 구애됨이 없이 법에 규정된 내용만을 기준으로 판단하므로 형집행법에는 형의 집행 및 수용자의 처우 등에 관한 법률 외에 형법, 형사소송법, 소년법, 교도관직무규칙 등이 있음

(2) 수형자처우법(형집행법)의 연혁
① 근대 이후 : 감옥규칙은 역사상 최초로 체계적이고 성문화된 수형자처우법
② 일제강점기 : 조선감옥령이 제정되어 행형이 이루어짐
③ 미군정시대 : 일제강점기 법령 가운데 한국인을 차별하던 법령만 폐지하고 그대로 존속
④ 행형법 제정 1950년 공포된 행형법은 교육형주의 원칙을 선언하고 교정이라는 용어를 처음 사용, 종래엔 개정됨

형의 집행 및 수용자의 처우 등에 관한 법률(현재 법률명)
종래의 행형법을 교정행정의 취지를 살려 법률명을 개정

(3) 형집행법의 목적
수형자의 교정교화와 건전한 사회복귀를 도모하고, 수용자의 처우와 권리 및 교정시설의 운영에 관하여 필요한 사항을 규정함을 목적
① 수형자의 교정교화와 건전한 사회복귀 도모 : 수형자를 시설에 수용하는 것이 응보가 아닌 교정교화와 건전한 사회복귀를 도모하는 것으로 교육형주의 내지 교정주의에 부합하는 내용을 담음
② 수용자의 처우와 권리 및 교정시설의 운영에 관하여 필요한 사항을 규정함 목적 : 수형자의 처우에 관한 내용뿐만 아니라 수용자를 수용하는 교정시설의 운영을 위하여 필요한 시설 내 안전과 질서유지에 관한 내용을 규정

(4) 법적 성격, 특징, 구조 등
① 법적 성격 : 공법 중 행정법에 속하고 절차법의 성격을 띤 강행법
ⓐ 공법 : 이 법은 국가기관인 교정시설과 수용자의 법률관계를 규율하는 공법에 속함
ⓑ 행정법 : 이 법은 수용자처우에 관한 법률이고 합목적성이 중시되는 행정법에 속함
ⓒ 형사법 : 국가형벌권의 내용과 집행에 관한 내용을 규율하는 형사법에 속함
ⓓ 절차법 : 형사제재에 관한 구체적 실현을 위한 절차와 방법을 규율하는 절차법에 속함

② 특징
  ⊙ 모든 수용자에 대한 형사정책적 합목적성을 추구하는 법무행정
  ⊙ 범죄인에 대한 처우는 사법과 행정의 두 영역이 있는데 형집행은 행정의 영역
  ⊙ 형집행법은 합목적성 내지 구체적 타당성에 의하여 지배되면서도 사법의 지도원리인 법적 안정성 내지 일반적 확실성에 의해서도 지배됨
  ⊙ 교정절차와 법집행절차에 대한 사법적(司法的) 통제를 통한 수용자의 권리강화를 포함
③ 구조 : 제1편 총칙, 제2편 수용자의 처우, 제3편 수용의 종료, 제4편 교정자문위원회, 제5편 벌칙으로 구성

5. 형집행법의 법원과 적용범위

(1) 법원(法源)

① 법원의 의의
  ⊙ 법원은 법의 원천, 즉 법적 효과를 일으키는 근거를 말하며, 법의 효력을 발생시키는 규범의 존재형식이 법원
  ⊙ 교정시설의 수용과 처우에서 시설의 운용과 시설 직원과 수용자의 관계 및 수용자 생활에 관한 법원은 형의 집행 및 수용자의 처우 등에 관한 법률, 시행령, 시행규칙
② 형집행법의 주요 법원
  ⊙ 일반법령 : 자유형의 집행을 비롯한 시설수용을 내용으로 하는 법률은 형의 집행 및 수용자의 처우 등에 관한 법률이고 이 외에 형집행에 관한 법률로는 헌법, 형법, 형사소송법, 소년법, 보호소년 등의 처우에 관한 법률, 보안관찰법, 보호관찰 등에 관한 법률, 치료감호 등에 관한 법률, 사면법, 국제수형자이송법 등이 있음
  ⊙ 형집행법령 : 형의 집행 및 수용자의 처우 등에 관한 법률·시행·시행규칙, 군에서의 형의 집행 및 군수용자의 처우에 관한 법률, 민영교도소 등의 설치 운영에 관한 법률 등
  ⊙ 국제법규 : 수용자처우에 관한 유엔 최저기준규칙, 피구금자보호원칙, 수형자 처우를 위한 기본원칙 등

(2) 교정의 기본이 되는 원칙

① 죄형법정주의 : 법률 없이는 범죄도 형벌도 없다는 것으로 형사법의 기본원칙이므로 자유형의 집행도 법률에 근거하여야 함
② 행형의 법정주의 : 형벌의 구체적인 집행방법도 반드시 법에 의해 규정되어 있어야 한다는 원칙

(3) 적용범위

① 의의 : 법의 적용범위는 법의 형식적 효력의 문제로 시간적 효력, 장소에 관한 효력, 사람에 대한 효력에 관한 것

SEMI-NOTE

사법(司法)
법에 의한 민사·형사 사건의 재판 및 그에 관련되는 국가작용

수용자처우에 관한 유엔 최저기준규칙
일명 만델라 규칙으로 각국 행형시설의 관리, 수용자 처우 등 행형운영과 관련된 업무에 있어 가장 기본적인 지침으로 인식되고 있으며, 수용자의 구금에 대한 최저기준으로서 각국의 행형과 관련한 입법 정책수립, 실무에 대한 지침으로서 그 가치와 영향력을 행사해옴

법의 적용
수용자의 면회, 호송, 이송, 외부작업, 사회견학 등으로 수용자가 교정시설의 구외나 시설 밖에 머물고 있는 경우라도 교도관의 통제가 요구되는 곳은 법이 적용됨

② 시간적 효력
  ㉠ 형집행법은 일반법과 마찬가지로 시행부터 폐지시까지 그 효력이 미침
  ㉡ 경과규정이 없는 경우 소급효금지의 원칙이 적용되는데, 형벌 법규는 시행 이후의 행위에 대해서만 적용하며, 시행 이전의 행위에까지 소급하여 적용할 수 없다는 원칙임
  ㉢ 헌법에 모든 국민은 행위시 법률에 의하여 범죄를 구성하지 아니하는 행위로 소추되지 아니 한다(헌법 제13조 제1항)고 규정하여 행위시법을 규정하고 있고, 형법에서는 범죄의 성립과 처벌은 행위시의 법률에 의한다(형법 제1조 제1항)고 규정
  ㉣ 형의 집행 및 수용자의 처우 등에 관한 법률은 명시적인 규정을 두고 있지 않지만 소급효금지의 원칙이 적용됨

③ 장소에 대한 효력
  ㉠ 형의 집행 및 수용자의 처우 등에 관한 법률은 교정시설의 구내와 교도관이 수용자를 계호하고 있는 그 밖의 장소로서 교도관의 통제가 요구되는 공간에 대하여 적용한다(법 제3조)고 하여 장소적 범위를 명시
  ㉡ 일차적으로 교정시설의 구내에 적용
  ㉢ 교도관이 수용자를 계호하고 있는 그 밖의 장소로서 교도관의 통제가 요구되는 공간에 대하여도 적용
  ㉣ 귀휴가 허가된 수형자가 자신의 집에 머물고 있는 경우 적용되지 않음

④ 사람에 대한 효력
  ㉠ 수용자 : 수형자 · 미결수용자 · 사형확정자 등 법률과 적법한 절차에 따라 교도소 · 구치소 및 그 지소에 수용된 사람
    • 수형자 : 징역형 · 금고형 또는 구류형의 선고를 받아 그 형이 확정되어 교정시설에 수용된 사람과 벌금 또는 과료를 완납하지 아니하여 노역장 유치명령을 받아 교정시설에 수용된 사람
    • 미결수용자 : 형사피의자 또는 형사피고인으로서 체포되거나 구속영장의 집행을 받아 교정시설에 수용된 사람
    • 사형확정자 : 사형의 선고를 받아 그 형이 확정되어 교정시설에 수용된 사람
    • 법률과 적법한 절차에 따라 교정시설에 수용된 사람 : 법원의 감치명령, 사회보호법에 따른 보호감호처분 등을 받은 자가 수용장소로 교도소, 구치소와 그 지소인 경우
  ㉡ 교도관과 법무부장관
    • 법무부장관의 순회점검, 수용자 청원과 같은 교정과 관련된 업무에 종사하는 경우에 적용됨
    • 교도관 : 수용자의 구금 및 형의 집행, 수용자의 지도 · 처우 및 계호 등 교정행정에 관한 업무를 담당하는 공무원
  ㉢ 일반인
    • 원칙적으로 일반인의 경우 적용될 여지가 없음
    • 교정시설을 참관하는 경우, 수용자에게 금품을 교부하는 경우, 수용자와 접견하거나 편지를 수수하는 경우, 수용자와 통화하는 경우 적용

SEMI-NOTE

제외되는 사람
치료감호법에 따른 치료감호시설, 인권보호법에 따른 수용시설, 출입국관리법에 의한 외국인보호시설이나 외국인보호소 등에 수용된 사람

가석방심사위원회
위원장을 포함한 5명 이상 9명 이하의 위원으로 구성

- 일반인이 교정위원, 징벌위원회위원, 가석방심사위원회위원, 수형자취업지원협의회위원, 귀휴심사위원회위원으로 활동하는 경우 적용

6. 교정조직

(1) 중앙기구

① **교정본부** : 교정업무를 담당하는 중앙조직
  ㉠ 교정행정을 총괄하는 중앙기구로는 법무부장관과 법무부차관 아래에 교정본부장이 있고, 교정행정 전반에 걸쳐 교정본부장을 보좌하는 기구로서 교정정책단장과 보안정책단장이 있음
  ㉡ 각 소관업무에 관하여 정책을 입안하는 교정기획과, 직업훈련과, 사회복귀과, 복지과, 보안과, 의료과, 분류심사, 심리치료과 등 8개과가 존재
② **가석방심사위원회** : 가석방의 적격 여부를 심사하기 위하여 법무부장관 소속으로 가석방심사위원회를 둠
③ **중앙급식관리위원회** : 교도소·구치소 및 그 지소에 수용된 사람과 보호감호처분을 받은 피보호감호자의 급식관리에 관하여 법무부장관의 자문에 응하기 위하여 법무부에는 중앙급식관리위원회가 있음

(2) 교정시설

① **교도소와 구치소** : 법무부장관의 소관 사무를 분장하기 위하여 지방교정청 소속하에 교도소 및 구치소를 둠
② **개별교정기관** : 분류처우위원회, 지방급식관리위원회, 귀휴심사위원회, 징벌위원회, 수형자취업지원협의회, 분류처우회의 등
  ㉠ **분류처우위원회** : 수형자의 개별처우계획, 가석방심사신청 대상자 선정, 그 밖의 수형자의 분류처우에 관한 중요사항을 심의·의결하기 위하여 교정시설에 둠
  ㉡ **지방급식관리위원회** : 각 수용기관에는 수용기관장의 자문에 응하기 위하여 그 수용기관의 명칭을 붙인 지방급식관리위원회를 두며 위원장 1인을 포함하여 5인 이상 7인 이하의 위원으로 구성
  ㉢ **귀휴심사위원회** : 수형자의 귀휴허가에 관한 심사를 하기 위하여 교정시설에 귀휴심사위원회를 둠
  ㉣ **징벌위원회** : 징벌대상자의 징벌을 결정하기 위하여 교정시설에 징벌위원회를 둠
  ㉤ **수형자취업지원협의회** : 수형자의 사회생활 적응능력 함양과 성공적인 사회복귀를 위한 취업 및 창업지원 업무에 관하여 필요한 사항을 규정함을 목적으로 하며 수형자 취업지원협의회는 모든 교정시설에 설치하여 운영하나, 시설의 기능 등 특별한 사정이 있는 경우에는 예외
  ㉥ **교도관회의** : 소장의 자문에 응하여 교정행정에 관한 중요한 시책의 집행방법 등을 심의하게 하기 위하여 소장 소속의 교도관회의를 둠

SEMI-NOTE

중간감독기구 – 지방교정청
교정본부와 일선 교정기관 사이의 중간감독기관으로서, 수형자·미결수용자 및 피보호감호자의 수용관리·교정·교화 및 그 밖의 교정행정에 관하여 관할 교정시설을 지휘·감독하는 대한민국 법무부의 소속기관(법무부장관의 소관 사무를 분장하기 위하여 법무부장관 소속하에 둠)

SEMI-NOTE

범죄예방정책국의 목표
범법자로부터 사회를 보호할 뿐만 아니라 범법자의 사회적 역량을 개선시켜 범죄 없는 밝고 건강한 사회를 구현하는 것

수정적 자유형 집행방식인 사회적 처우
외부통근제, 외부통학제, 개방시설처우, 귀휴제, 주말구금제, 중간처우의 집 등

엄정독거제
교육, 교회, 운동, 목욕, 진료, 접견, 작업 등 어떠한 경우에도 다른 수형자와 접촉을 불인정

ⓐ 분류처우회의 : 수용자를 합리적으로 처우하기 위하여 교도소 내에 설치되는 것으로 수형자의 분류심사 및 급별 사정에 관한 사항, 수형자의 소행, 작업, 상훈점수의 사정에 관한 사항 및 수형자의 계급의 편입, 진급, 진급정지, 강급의 심사에 관한 사항을 심사

③ 법무부 범죄예방정책국 : 범법자의 재범을 방지하기 위하여 건전한 사회 내 생활을 영위하면서 보호관찰, 사회봉사명령, 수강명령등 체계적인 법 집행을 함으로써 사회를 보호하고 범죄인의 역량을 강화시키는 보호관찰소와 보호처분을 받은 소년을 수용하여 규율 있는 생활 속에서 전인간적인 성장발달을 도모하여 사회적 적응력을 높이는 소년원 그리고 정신질환 범죄자를 수용, 치료하여 사회를 보호하고 범법자의 재활을 도모하는 치료감호소를 총괄하는 기관

02절 시설내 처우와 사회적 처우

1. 수용자 구금제도

(1) 개설
① 자유형의 집행방법은 유형(유배)제도가 사라진 이후 수형자를 일정한 시설에 구금하여 자유를 박탈하고 교화개선을 꾀하는 구금주의가 유일한 집행제도
② 비교적 장기간에 걸쳐 신체의 자유를 구속하여 행하는 형벌의 집행체계
③ 구금의 방식은 수형자의 위생, 처우, 보건, 교화, 재정 등을 고려하여 정해짐
④ 폐쇄적 시설내처우가 원칙이지만 최근에는 개방처우를 확대하는 방향으로 흐름

(2) 독거제
① 개념
  ㉠ 수용자를 교도소 안의 독거실에 구금하여 수용하는 제도
  ㉡ 상호 간의 접촉을 방지하여 악풍감염을 사전에 방지하는 것
  ㉢ 수용자의 자유박탈의 전형적인 형태
  ㉣ 독거의 목적은 반성, 회개, 속죄를 통하여 정신적인 교정과 교화를 통하여 범죄성의 감염을 방지하는 것
② 독거제의 발전과정
  ㉠ 하워드(Howard)는 혼거구금의 폐해를 지적하면서 주야간 독거 또는 야간 독거제를 제안
  ㉡ 최초의 독거제는 산 미케레(San Michele) 소년감화원
  ㉢ 간트 교도소는 일반범죄인에 대하여 야간에는 엄정분리 수용을, 주간에는 혼거작업을 시행
  ㉣ 정신적 개선방법으로 엄정독거제가 창안된 펜실베니아제
  ㉤ 합리적 구금제도의 요구에 따라 제안된 방식이 완화된 독거제인 오번제
  ㉥ 이후 자력적 개선에 중점을 둔 엘마이라제, 사회적 훈련에 중점을 둔 수형자

자치제, 소집단화에 의한 개선방법을 시도하려는 카티지제 등이 등장

(3) 펜실베니아제

① 개념
  ㉠ 수형자 1인을 주야로 1개의 거실 내에서 엄정격리하여 수용하는 구금방법
  ㉡ 구금시설이 엄정한 독거방 위주로 되어 있어 엄정독거제 또는 분방제라고도 명칭

② 연혁
  ㉠ 하워드가 주장한 독거제에 교회의 고독 속의 참회사상을 결부시켜 수형자의 정신적 개선방법으로 만들어진 교도소
  ㉡ 이후 독거구금을 유지하면서 일정한 노동을 하는 처우방식으로 변화
  ㉢ 교도소의 일과는 독거구금, 침묵, 외부감방에서 노동이었음. 이 제도의 목적은 수용자를 모든 사람들로부터 최대한 지속적으로 분리하는 것임

③ 장점과 단점

장점	• 정신적 교화와 개선이 효과적 • 개인작업 시행에 유리 • 악풍감염 및 증거인멸 방지 • 계호관리와 규율유지 용이 • 수형자의 명예보호 • 개별처우의 적정
단점	• 수형자 간 상호감시가 어렵고 공동작업 불가능 • 독거생활은 인간본능의 박탈 • 국가 재정부담의 증가 • 교육, 운동, 의료, 작업 등 불편 • 고독상태에 두어 자해, 자살 등 장애 초래

(4) 오번제

① 개념
  ㉠ 건물은 전신주형으로 지어졌고 침묵이 강조
  ㉡ 주간에는 공장에서 혼거작업을 하고 야간에는 격리수용, 항상 침묵유지, 밀집행진, 말 없는 식사 등이 특징

② 연혁 : 에람 린즈가 오번감옥에서 처음 실시

③ 장점과 단점

장점	• 사회복귀를 위한 집단처우 가능 • 공동생활의 순응과 육체적·정신적 장애 방지 • 악풍감염 방지 • 개인의 사생활 보호 • 공모에 의한 도주, 반항, 선동 등 방지 • 정신적 교화개선 작용에 효과적
단점	• 계호와 규율유지 곤란 : 사회성 훈련이 부족하여 수형자의 정신적·생리적 장애 초래 가능성 • 개별처우의 어려움 : 동료수형자와의 교제로 재범의 가능성 증가

SEMI-NOTE

펜실베니아제
혼거구금에서 오는 악습감염의 차단, 회개반성 등은 높이 평가할 수 있으나 인간의 본성을 무시하고 교화개선을 하려는 문제점 존재

오번제
악풍감염을 방지하고 공동생활을 통한 사회성 훈련을 보완한 제도이기는 하나 수용자들에게 대화를 금지하여 억압적인 구금방식으로 인식되고 있으며, 또한 노동력을 착취하는 수단으로 사용하였다는 점을 부인할 수 없음

SEMI-NOTE

분류제
혼거제의 단점을 보완하기 위해 고안된 제도

(5) 혼거제

① 개념
　㉠ 여러 수용자를 같은 방에 함께 구금하는 방식
　㉡ 가장 오래전부터 활용하여온 구금방식
② 연혁 : 가장 오래된 구금제도이면서, 시설의 부족, 조직 및 분류제도의 불충분 등으로 인하여 해결하지 못한 제도
③ 장점과 단점

장점	• 행형비용의 절감 • 형벌집행의 통일 • 정신적 장애나 자살 등의 방지 • 단체생활로 인한 사회복귀에 도움 • 작업훈련의 원활
단점	• 수형자 상호 간 악풍감염 가능성 • 개별처우의 어려움 • 규율유지 및 계호 곤란 • 수형자 간 질서위반행위 자행 가능성 • 감염병 방지 어려움

2. 수형자자치제

(1) 수형자자치제의 의의

① 교도소 안에서의 수형자의 생활 방식을 그들 자신의 자율에 맡기는 교도소의 운영 방식
② 엄격한 계호주의의 폐단을 보완하고 자기통제원리에 입각한 자기조절 훈련과정을 처우에 결합한 것
③ 교도소 내 생활 전면에 자치를 허용하는 전면적 자치제와, 일부에 대해서만 자치를 인정하는 부분적 자치제로 구분

(2) 수형자자치제의 연혁

① 전면적 자치제가 처음 실시된 것은 1914년 오번 교도소로 오스본이 시도함
② 1927년 노호크 교도소에서 실시된 카티지제가 제한된 자치제

카티지제(Cattage system)
수형자를 개인적 적성에 따라 여러 개의 소규모 카티지로 분류하여 수용한 후 카티지별로 가족적인 분위기에서 단위별 특성에 적합한 처우를 행하는 제도로 소규모 처우제도

(3) 시행원칙

① 수형자에 대한 철저한 조사분류가 선행되어야 함
② 수형자 자치도 자유형을 집행하는 과정에서 인정되는 자치임
③ 부정기형 제도를 전제로 하는 것이 바람직함
④ 수용인원이 비교적 적은 소규모 교도소에서 실시하는 것이 바람직함
⑤ 운용이 민주적이어야 폐해가 적음

(4) 장점과 단점

장점	• 수형자에게 독립심, 자립심, 상부상조의 정신을 키워 사회적응능력 함양 • 엄격한 계호에 따른 과다비용의 절감 • 엄격한 계호주의의 폐단 시정 • 수형자와 교도관의 인격적 관계의 회복으로 교정의 효율성 극대화 • 수형자에 대하여 명예심이나 경쟁심을 자극하여 희망적 의지 증대
단점	• 형벌의 위하효과 약화 • 교도관의 권위 저하 • 자치능력이 결여된 범죄자에게 자치시키는 것 자체가 모순 • 범죄자에게 특권을 베푸는 것은 정의에 어긋남 • 소수의 힘 있는 수형자가 다른 수형자를 통제 및 억압 가능성

(5) 우리나라의 수형자자치제
① 소장은 개방처우급·완화경비처우급 수형자에게 자치생활을 허가가능
② 수형자 자치생활의 범위는 인원점검, 취미활동, 일정한 구역 안에서의 생활 등으로 함
③ 소장은 자치생활 수형자들이 교육실, 강당 등 적당한 장소에서 월 1회 이상 토론회를 할 수 있도록 하여야 함

(6) 카티지제도
① 개념
    ㉠ 단위별 특성에 적합한 처우를 행하는 제도로 소규모 처우제도
    ㉡ 수형자를 소집단으로 분리 수용하여 수형자자치제와 연계하여 처우하는 제도
② 연혁
    ㉠ 1854년 오하이오 학교에서 처음 시행
    ㉡ 1904년 뉴욕주의 소년보호수용소에서 채택
    ㉢ 1913년부터 수형자자치제와 결합하여 운영하여 누진처우와도 연결
③ 내용
    ㉠ 수형자를 적성에 따라 여러 개의 카티지로 구분하고 그 소집단별로 자치적으로 생활하는 것을 원칙
    ㉡ 수형자의 엄격한 행동제한과 처우방법이 적용
    ㉢ 벨기에의 소년교정시설에서 카티지제, 누진처우제, 자치제가 동시에 통합적으로 시행
④ 장점과 단점

장점	• 누진제, 자치제와 결합하여 분류와 처우를 가족적으로 소형화 • 점수제, 독거제, 혼거제의 단점을 보완
단점	• 범죄인의 증가와 이에 소요되는 막대한 수용경비 문제 • 범죄인에 대한 배려가 일반 국민의 법감정과 배치되는 문제 • 수형자의 분류처우와 이들을 지도할 전문요원의 확보문제

SEMI-NOTE

소장의 권한
소장은 자치생활 수형자가 법무부장관 또는 소장이 정하는 자치생활 중 지켜야 할 사항을 위반한 경우에는 자치생활 허가를 취소 가능

카티지제도
과학적 분류제도 및 부정기형이 전제될 때 효과적이며, 수형자 자치제의 한 형태

SEMI-NOTE

선시제
사면의 일환으로 하는 감형과 다르고 형의 집행방법만 변경하는 가석방제도와 구분됨

선행보상기간
수감 중 범죄를 저지르거나 규율위반 등으로 징벌을 받는 경우 선행보상기간은 철회가능

한국의 제도
우리나라의 경우 석방시기를 앞당기는 제도는 가석방제도만 시행됨

누진처우제도
형을 집행할 때 재판에서 선고한 형기를 여러 개의 단계로 나누고 형을 받은 사람의 개선 정도에 따라 점차 처우를 개선하는 제도

3. 선행보상제도(선시제도)

(1) 선행보상제도의 의의
① 수형자가 자신의 선행, 규율준수, 적극적인 작업참여 등에 의하여 형기가 단축되는 제도
② 교정시설의 규칙을 준수하고 작업에도 자발적으로 참여하여 실적이 우수하고 선행을 행하는 수형자에게 그 대가로 수형기간의 일부를 줄여주는 제도
③ 선행이나 성실한 작업수행의 대가로 석방해주는 제도
④ 조기 석방된 자는 형기가 만료될 때까지 일정조건이 부과된 보호관찰처분을 받고 가석방된 것으로 간주
⑤ 이 제도는 시설내처우에 속하고, 가석방은 사회내처우에 해당
⑥ 유기형 수형자를 대상으로 하며 무기형 수형자, 단기수형자에게는 적합하지 않음

(2) 연혁
① 1817년 미국 뉴욕주에서 선시법(Good Time Law)을 제정하여 최초로 선행보상제도를 도입하였고, 1970년대 미국 48개 주에서 실시
② 프랑스는 형사소송법전에서 선행보상제도로서의 감형에 관한 규정을 둠
③ 우리나라에서는 1948년 우량수형자 석방령에 의해 징역 또는 금고의 형을 선고받은 자가 성실히 관규를 준수하고 수용 중 징벌을 받지 않는 경우 형기마다 일정 비율로 삭감한 기간이 경과하면 반드시 석방하도록 하는 선행보상제도가 도입된 바 있음

(3) 선행보상제도의 기능 및 효과
① 수형자 자신의 자발적인 노력에 의한 모범적인 수형생활 및 사회복귀 촉진
② 수형자 스스로 규율준수 등 모범적인 수형생활로 인한 수용질서 유지
③ 국제수형자 이송 활성화에 기여

(4) 선행보상제도의 문제점
① 행형성적이 우수한 수형자가 반드시 건전한 시민이 된다 하기 어려움
② 선시제로 인하여 개별처우가 효율적으로 이루어지기 어려움
③ 형기단축의 기준이 명확하지 않음
④ 외형적인 선행이 내면적 교화 · 개선으로 보기 어려움

4. 누진처우제도

(1) 누진처우제도(단계적 처우제도)의 의의
① 수형자에 대하여 점진적인 단계로 처우하는 제도
② 이 제도는 과학적 인격조사와 수형자분류제도가 완비되어야 함
③ 목적은 수형자의 조속한 적응과 자율적인 행형에 있음

(2) 분류처우와 누진처우

① 수형자분류처우는 다양한 분류기준에 따라 개별처우를 하는데 중점을 두는 제도
② 누진처우는 수용분류를 전제로 하여 어떤 시설에 수용하는가에 따라 분류기준을 정하고 그 시설 내에서 어떻게 처우할 것인가를 누진계급에 따라 획일적으로 정하는 처우방식
③ 누진처우의 획일주의는 처우의 개별화를 저해

(3) 누진처우제도의 연혁

① 1840년 호주의 노퍽섬의 마코노키(Machonochie)가 창안한 점수제가 시초(독거–혼거–가석방)
② 1856년 아일랜드 교정국장 크로프톤(Crofton)이 4단계로 시행(시험–점수–중간교도소–조건부 석방)
③ 뉴욕 감옥협회의 엘마이라제(Elmira)에 의한 엘마이라제 감화원을 설립

(4) 누진제도의 유형

누진계급의 측정방법 : 고사제와 점수제

① **고사제**
  ㉠ 의의 : 일정한 기간을 경과한 후 그 기간 내의 행형성적을 담당교도관의 보고에 따라 행형위원회가 진급여부를 심사하여 결정하는 방법
  ㉡ 내용 : 수형자를 3분하여 누적적 집행을 한 후 성적양호자는 석방
  ㉢ 진급과 가석방의 구체적 타당성을 기대할 수 있으나 계급의 진급이 교정직원의 자의적 판단에 의해 좌우될 수 있는 위험성 존재

② **점수제**
  ㉠ 의의 : 형기에 상당하는 책임점수를 정하여 그 책임점수를 행상, 작업, 면학의 정도에 따라 득점한 점수로 소각하여 전책임점수를 소각한 자에 대하여 석방하는 제도
  ㉡ 연혁 : 호주의 노퍽섬의 마코노키(Machonochie)가 시행
  ㉢ 종류 : 잉글랜드제, 아일랜드제, 엘마이라제 등
   • 잉글랜드제 : 공공가옥의 강제노동 수형자를 5계급으로 분류하고 매일의 작업에 대한 노력과 성적을 평가하여 매일 일정한 책임점수를 소각해 나가는 방법
   • 아일랜드제 : 잉글랜드제와 유사하나 점수를 매월 계산하고 중간교도소 단계를 추가하여 시행하는 방법
   • 엘마이라제 : 자력적 개선에 중점을 두는 행형제도로 마코노키(Machonochie)의 점수제, 아일랜드제 및 부정기형을 종합하여 시행하는 방법

(5) 누진제도의 문제점

① 누진처우제도가 획일적이어서 처우의 개별화 원칙에 반할 우려
② 점수산정이 기술적이고 소극적이어서 개인별 특성을 무시한 점수제

SEMI-NOTE

엘마이라제(Elmira)
수형자 분류제, 누진처우의 점수제, 부정기형 및 보호관찰부 가석방을 결합한 제도

③ 누진처우제도가 개방처우와 연결되지 못함
④ 누진처우제도의 실시가 줄어들고 새로운 분류제도에 의한 새로운 처우제도가 개발됨

5. 수형자처우 ★ 빈출개념

(1) 수형자처우의 목표

① 교정 : 시설 내 생활과정에서 사회생활 적응능력을 향상시키는 것이 목표로 다양한 처우를 통하여 재사회화함
② 수형자 처우의 원칙 : 수형자에 대하여는 교육·교화프로그램, 작업, 직업훈련 등을 통하여 교정교화를 도모하고 사회생활에 적응하는 능력을 함양하도록 처우

(2) 개별처우계획의 수립 등

① 소장은 분류처우위원회의 의결에 따라 수형자의 개별적 특성에 알맞은 교육·교화프로그램, 작업, 직업훈련 등의 처우에 관한 계획을 수립하여 시행
② 소장은 수형자가 스스로 개선하여 사회에 복귀하려는 의욕이 고취되도록 개별처우계획을 정기적으로 또는 수시로 점검

(3) 처우

① 수형자는 분류심사의 결과에 따라 그에 적합한 교정시설에 수용되며, 개별처우계획에 따라 그 특성에 알맞은 처우를 받음
② 교정시설은 도주방지 등을 위한 수용설비 및 계호의 정도에 따라 다음으로 구분하나, 동일한 교정시설이라도 구획을 정하여 경비등급을 달리할 수 있음
  ㉠ 개방시설 : 도주방지를 위한 통상적인 설비의 전부 또는 일부를 갖추지 아니하고 수형자의 자율적 활동이 가능하도록 통상적인 관리·감시의 전부 또는 일부를 하지 아니하는 교정시설
  ㉡ 완화경비시설 : 도주방지를 위한 통상적인 설비 및 수형자에 대한 관리·감시를 일반경비시설보다 완화한 교정시설
  ㉢ 일반경비시설 : 도주방지를 위한 통상적인 설비를 갖추고 수형자에 대하여 통상적인 관리·감시를 하는 교정시설
  ㉣ 중(重)경비시설 : 도주방지 및 수형자 상호 간의 접촉을 차단하는 설비를 강화하고 수형자에 대한 관리·감시를 엄중히 하는 교정시설
③ 수형자에 대한 처우는 교화 또는 건전한 사회복귀를 위하여 교정성적에 따라 상향 조정될 수 있으며, 특히 그 성적이 우수한 수형자는 개방시설에 수용되어 사회생활에 필요한 적정한 처우 받을 수 있음
④ 소장은 가석방 또는 형기 종료를 앞둔 수형자 중에서 법무부령으로 정하는 일정한 요건을 갖춘 사람에 대해서는 가석방 또는 형기 종료 전 일정기간 동안 지역사회 또는 교정시설에 설치된 개방시설에 수용하여 사회적응에 필요한 교육, 취업지원 등의 적정한 처우를 할 수 있음

수형자
징역형·금고형 또는 구류형의 선고를 받아 그 형이 확정되어 교정시설에 수용된 사람과 벌금 또는 과료를 완납하지 아니하여 노역장 유치명령을 받아 교정시설에 수용된 사람

교정과 행형
수형자의 처우에 관한 것

수형자의 처우
수형자는 교화 또는 건전한 사회복귀를 위하여 교정시설 밖의 적당한 장소에서 봉사활동·견학, 그 밖에 사회적응에 필요한 처우를 받을 수 있음

⑤ 학과교육생·직업훈련생·외국인·여성·장애인·노인·환자·소년, 중간처우의 대상자, 그 밖에 별도의 처우가 필요한 수형자는 법무부장관이 특히 그 처우를 전담하도록 정하는 시설에 수용되며, 그 특성에 알맞은 처우를 받으나, 전담교정시설의 부족이나 그 밖의 부득이한 사정이 있는 경우에는 예외로 할 수 있음

(4) 외부전문가의 상담 등
소장은 수형자의 교화 또는 건전한 사회복귀를 위하여 필요하면 교육학·교정학·범죄학·사회학·심리학·의학 등에 관한 학식 또는 교정에 관한 경험이 풍부한 외부전문가로 하여금 수형자에 대한 상담·심리치료 또는 생활지도 등을 하게 할 수 있음

(5) 분류처우제도
① 분류의 의의
  ㉠ 분류는 수형자의 특성에 따라 분류하는 것
  ㉡ 분류처우는 교정의 전단계에 걸쳐 처우의 개별화와 밀접한 관련
② 각국의 분류개념
  ㉠ 유럽 : 연령, 성별, 누범, 정신상태 등에 근거하여 특수화된 시설에 같은 부류의 수형자들을 모아 각 시설 내에서 이들을 집단화
  ㉡ 미국 : 수형자 각 개인에 대한 과학적인 진단을 통하여 지도와 처우
③ 분류의 유형
  ㉠ 수용(관리)분류 : 교정관리에 중점을 둔 분류로 수형자의 외부적 특징이 성별, 죄질, 연령, 구금의 근거 등을 기초로 분류하는 것
  ㉡ 처우분류 : 교정처우를 위한 분류로 재사회화를 목적
  ㉢ 분류처우의 방향 : 분류는 처우의 개별화로 집단별 분류는 그 수단에 불과
④ 수형자분류와 범죄인분류
  ㉠ 수형자분류 : 수형자를 대상으로 수용시설, 처우내용, 계호정도 등을 차별화하여 수형자의 교정교화의 성과를 극대화할 목적에서 수형자를 일정한 기준에 의하여 다르게 처우하는 것
  ㉡ 범죄인분류 : 범죄인분류는 형사정책이나 양형에 유용한 기준을 마련하기 위하여 범죄인을 과학적으로 분석하는 것

6. 현행 수형자분류처우(형의 집행 및 수용자의 처우에 관한 법률) ★빈출개념

(1) 분류심사(법 제59조)
① 의의 : 수형자에 대한 개별처우계획을 합리적으로 수립하고 조정하기 위하여 수형자의 인성, 행동특성 및 자질 등을 과학적으로 조사·측정·평가하는 것
② 수형자의 분류심사는 형이 확정된 경우에 개별처우계획을 수립하기 위하여 하는 심사와 일정한 형기가 지나거나 상벌 또는 그 밖의 사유가 발생한 경우에 개별처우계획을 조정하기 위하여 하는 심사로 구분한다.
③ 소장은 분류심사를 위하여 수형자를 대상으로 상담 등을 통한 신상에 관한 개별사안의 조사, 심리·지능·적성 검사, 그 밖에 필요한 검사를 할 수 있다.

SEMI-NOTE

분류의 기능과 목적
- 분류의 기능 : 악폐감염의 방지, 효율적인 사회복귀의 촉진 등
- 분류의 목적 : 교정관리를 목적으로 하는 경우와 교정처우

분류
수형자의 처우를 그의 갱생 및 재사회화라는 목적에 대응하여 합리적으로 시행하기 위해 개별 수형자의 문제점을 과학적으로 검토하고 그에 적절한 처우방침을 수립, 실시하는 한편 처우경과에 따라서 수시로 필요한 진단과 지도를 행하는 연속된 행위

소장의 권한
소장은 분류심사를 위하여 외부전문가로부터 필요한 의견을 듣거나 외부전문가에게 조사를 의뢰 가능

분류심사의 예외
집행할 형기가 짧거나 그 밖의 특별한 사정이 있는 경우에는 분류심사를 하지 않을 수 있음

SEMI-NOTE

분류심사사항(규칙 제63조)
① 처우등급에 관한 사항
② 작업, 직업훈련, 교육 및 교화프로그램 등의 처우방침에 관한 사항
③ 보안상의 위험도 측정 및 거실 지정 등에 관한 사항
④ 보건 및 위생관리에 관한 사항
⑤ 이송에 관한 사항
⑥ 가석방 및 귀휴심사에 관한 사항
⑦ 석방 후의 생활계획에 관한 사항
⑧ 그 밖에 수형자의 처우 및 관리에 관한 사항

신입심사 시기
개별처우계획을 수립하기 위한 분류심사는 매월 초일부터 말일까지 형집행지휘서가 접수된 수형자를 대상으로 하며, 그 다음 달까지 완료하여야 한다. 다만, 특별한 사유가 있는 경우에는 그 기간을 연장할 수 있다(규칙 제64조).

(2) 이송·재수용 수형자의 개별처우계획 등(규칙 제60조)

① 소장은 해당 교정시설의 특성 등을 고려하여 필요한 경우에는 다른 교정시설로부터 이송되어 온 수형자의 개별처우계획을 변경할 수 있다.
② 소장은 형집행정지 중에 있는 사람이 기간만료 또는 그 밖의 정지사유가 없어져 재수용된 경우에는 석방 당시와 동일한 처우등급을 부여할 수 있다.
③ 소장은 가석방의 취소로 재수용되어 잔형이 집행되는 경우에는 석방 당시보다 한 단계 낮은 처우등급을 부여한다. 다만, 가석방이 취소되는 등 가석방 취소사유에 특히 고려할 만한 사정이 있는 때에는 석방당시와 동일한 처우등급을 부여할 수 있다.
④ 소장은 형집행정지 중이거나 가석방기간 중에 있는 사람이 형사사건으로 재수용되어 형이 확정된 경우에는 개별처우계획을 새로 수립하여야 한다.

> **법령** 국제수형자 및 군수형자의 개별처우계획 규칙
>
> **제61조** ① 소장은 외국으로부터 이송되어 온 수형자에 대하여는 개별처우계획을 새로 수립하여 시행한다. 이 경우 해당 국가의 교정기관으로부터 접수된 그 수형자의 수형생활 또는 처우 등에 관한 내용을 고려할 수 있다.
> ② 소장은 군사법원에서 징역형 또는 금고형이 확정되거나 그 형의 집행 중에 있는 사람이 이송되어 온 경우에는 개별처우계획을 새로 수립하여 시행한다. 이 경우 해당 군교도소로부터 접수된 그 수형자의 수형생활 또는 처우 등에 관한 내용을 고려할 수 있다.

(3) 재심사의 구분

개별처우계획을 조정할 것인지를 결정하기 위한 분류심사는 다음과 같이 구분한다(규칙 제65조).
① **정기재심사** : 일정한 형기가 도달한 때 하는 재심사
② **부정기재심사** : 상벌 또는 그 밖의 사유가 발생한 경우에 하는 재심사

(4) 정기재심사(규칙 제66조)

① 정기재심사는 다음의 어느 하나에 해당하는 경우에 한다. 다만, 형집행지휘서가 접수된 날부터 6개월이 지나지 아니한 경우에는 그러하지 아니하다.
  ㉠ 형기의 3분의 1에 도달한 때
  ㉡ 형기의 2분의 1에 도달한 때
  ㉢ 형기의 3분의 2에 도달한 때
  ㉣ 형기의 6분의 5에 도달한 때
② 부정기형의 재심사 시기는 단기형을 기준으로 한다.
③ 무기형과 20년을 초과하는 징역형·금고형의 재심사 시기를 산정하는 경우에는 그 형기를 20년으로 본다.
④ 2개 이상의 징역형 또는 금고형을 집행하는 수형자의 재심사 시기를 산정하는 경우에는 그 형기를 합산한다. 다만, 합산한 형기가 20년을 초과하는 경우에는 그 형기를 20년으로 본다.

(5) 부정기재심사

부정기재심사는 다음의 어느 하나에 해당하는 경우에 할 수 있다(규칙 제67조).
① 분류심사에 오류가 있음이 발견된 때
② 수형자가 교정사고의 예방에 뚜렷한 공로가 있는 때
③ 수형자를 징벌하기로 의결한 때
④ 수형자가 집행유예의 실효 또는 추가사건으로 금고 이상의 형이 확정된 때
⑤ 수형자가 전국기능경기대회 입상, 기사 이상의 자격취득, 학사 이상의 학위를 취득한 때
⑥ 그 밖에 수형자의 수용 또는 처우의 조정이 필요한 때

(6) 분류조사 사항(규칙 제69조)

① 신입심사 조사사항 : 성장과정, 학력 및 직업경력, 생활환경, 건강상태 및 병력사항, 심리적 특성, 마약·알코올 등 약물중독 경력, 가족 관계 및 보호자 관계, 범죄경력 및 범행내용, 폭력조직 가담여부 및 정도, 교정시설 총 수용기간, 교정시설 수용(과거에 수용된 경우를 포함한다) 중에 받은 징벌 관련 사항, 도주(음모, 예비 또는 미수에 그친 경우를 포함한다) 또는 자살기도 유무와 횟수, 상담관찰 사항, 수용생활태도, 범죄피해의 회복 노력 및 정도, 석방 후의 생활계획, 재범의 위험성, 처우계획 수립에 관한 사항, 그 밖에 수형자의 처우 및 관리에 필요한 사항
② 재심사를 할 때에는 ①의 사항 중 변동된 사항과 다음의 사항을 조사한다.
㉠ 교정사고 유발 및 징벌 관련 사항
㉡ 소득점수를 포함한 교정처우의 성과
㉢ 교정사고 예방 등 공적 사항
㉣ 추가사건 유무
㉤ 재범의 위험성
㉥ 처우계획 변경에 관한 사항
㉦ 그 밖에 재심사를 위하여 필요한 사항

(7) 분류조사 방법(규칙 제70조)

① 수용기록 확인 및 수형자와의 상담
② 수형자의 가족 등과의 면담
③ 검찰청, 경찰서, 그 밖의 관계기관에 대한 사실조회
④ 외부전문가에 대한 의견조회
⑤ 그 밖에 효율적인 분류심사를 위하여 필요하다고 인정되는 방법

(8) 분류검사(규칙 제71조)

① 소장은 분류심사를 위하여 수형자의 인성, 지능, 적성 등의 특성을 측정·진단하기 위한 검사를 할 수 있다.
② 인성검사는 신입심사 대상자 및 그 밖에 처우상 필요한 수형자를 대상으로 한다. 다만, 수형자가 다음의 어느 하나에 해당하면 인성검사를 하지 아니할 수 있다.

SEMI-NOTE

재심사 시기 등(규칙 제68조)
① 소장은 재심사를 할 때에는 그 사유가 발생한 달의 다음 달까지 완료하여야 한다.
② 재심사에 따라 경비처우급을 조정할 필요가 있는 경우에는 한 단계의 범위에서 조정한다. 다만, 수용 및 처우를 위하여 특히 필요한 경우에는 두 단계의 범위에서 조정할 수 있다.

㉠ 분류심사가 유예된 때
㉡ 그 밖에 인성검사가 곤란하거나 불필요하다고 인정되는 사유가 있는 때
③ 이해력의 현저한 부족 등으로 인하여 인성검사를 하지 아니한 경우에는 상담 내용과 관련 서류를 토대로 인성을 판정하여 경비처우급 분류지표를 결정할 수 있다.
④ 지능 및 적성 검사는 ②의 어느 하나에 해당하지 아니하는 신입심사 대상자로서 집행할 형기가 형집행지휘서 접수일부터 1년 이상이고 나이가 35세 이하인 경우에 한다. 다만, 직업훈련 또는 그 밖의 처우를 위하여 특히 필요한 경우에는 예외로 할 수 있다.

(9) 분류심사 제외 및 유예(규칙 제62조)

① 다음의 사람에 대해서는 분류심사를 하지 아니한다.
  ㉠ 징역형·금고형이 확정된 사람으로서 집행할 형기가 형집행지휘서 접수일부터 3개월 미만인 사람
  ㉡ 구류형이 확정된 사람
② 소장은 수형자가 다음의 어느 하나에 해당하는 사유가 있으면 분류심사를 유예한다.
  ㉠ 질병 등으로 분류심사가 곤란한 때
  ㉡ 징벌에 해당하는 행위 및 징벌대상행위의 혐의가 있어 조사 중이거나 징벌집행 중인 때
  ㉢ 그 밖의 사유로 분류심사가 특히 곤란하다고 인정하는 때
③ 소장은 ②에 해당하는 사유가 소멸한 경우에는 지체 없이 분류심사를 하여야 한다. 다만, 집행할 형기가 사유 소멸일부터 3개월 미만인 경우에는 분류심사를 하지 아니한다.

(10) 분류전담시설과 분류처우위원회

① 분류처우위원회(법 제62조)
  ㉠ 수형자의 개별처우계획, 가석방심사신청 대상자 선정, 그 밖에 수형자의 분류처우에 관한 중요 사항을 심의·의결하기 위하여 교정시설에 분류처우위원회를 둔다.
  ㉡ 위원회는 위원장을 포함한 5명 이상 7명 이하의 위원으로 구성하고, 위원장은 소장이 되며, 위원은 위원장이 소속 기관의 부소장 및 과장(지소의 경우에는 7급 이상의 교도관) 중에서 임명한다.
  ㉢ 위원회는 그 심의·의결을 위하여 외부전문가로부터 의견을 들을 수 있다.
  ㉣ 심의·의결 대상 : 분류처우위원회는 다음의 사항을 심의·의결한다(규칙 제97조).
    • 처우등급 판단 등 분류심사에 관한 사항
    • 소득점수 등의 평가 및 평정에 관한 사항
    • 수형자 처우와 관련하여 소장이 심의를 요구한 사항
    • 가석방 적격심사 신청 대상자 선정 등에 관한 사항
    • 그 밖에 수형자의 수용 및 처우에 관한 사항

분류전담시설
법무부장관은 수형자를 과학적으로 분류하기 위하여 분류심사를 전담하는 교정시설을 지정·운영할 수 있다(법 제61조).

- ⓑ 위원장의 직무(규칙 제98조)
  - 위원장은 위원회를 소집하고 위원회의 사무를 총괄한다.
  - 위원장이 부득이한 사유로 그 직무를 수행할 수 없을 때에는 위원장이 미리 지정한 위원이 그 직무를 대행할 수 있다.
- ⓗ 회의(규칙 제99조)
  - 위원회의 회의는 매월 10일에 개최한다.
  - 위원장은 수형자의 처우와 관련하여 필요한 경우에는 임시회의를 개최할 수 있다.
  - 위원회의 회의는 재적위원 3분의 2이상의 출석으로 개의하고, 출석위원 과반수의 찬성으로 의결한다.
- ⓢ 간사(규칙 제100조)
  - 위원회의 사무를 처리하기 위하여 분류심사 업무를 담당하는 교도관 중에서 간사 1명을 둔다.
  - 간사는 위원회의 회의록을 작성하여 유지하여야 한다.

> SEMI-NOTE
>
> **분류처우위원회의 회의**
> 분류처우위원회의 회의를 개최하는 날이 토요일, 공휴일, 그 밖에 법무부장관이 정한 휴무일일 때에는 그 다음 날에 개최

(11) 처우등급의 기준과 유형

① **처우등급** : 수형자의 처우등급은 다음과 같이 구분한다(규칙 제72조).
  - ㉠ **기본수용급** : 성별·국적·나이·형기 등에 따라 수용할 시설 및 구획 등을 구별하는 기준
  - ㉡ **경비처우급** : 도주 등의 위험성에 따라 수용시설과 계호의 정도를 구별하고, 범죄성향의 진전과 개선정도, 교정성적에 따라 처우수준을 구별하는 기준
  - ㉢ **개별처우급** : 수형자의 개별적인 특성에 따라 중점처우의 내용을 구별하는 기준

② **경비처우급**(규칙 제74조)
  - ㉠ 경비처우급은 다음과 같이 구분한다.
    - 개방처우급 : 개방시설에 수용되어 가장 높은 수준의 처우가 필요한 수형자
    - 완화경비처우급 : 완화경비시설에 수용되어 통상적인 수준보다 높은 수준의 처우가 필요한 수형자
    - 일반경비처우급 : 일반경비시설에 수용되어 통상적인 수준의 처우가 필요한 수형자
    - 중(重)경비처우급 : 중(重)경비시설에 수용되어 기본적인 처우가 필요한 수형자
  - ㉡ 경비처우급에 따른 작업기준은 다음과 같다.
    - 개방처우급 : 외부통근작업 및 개방지역작업 가능
    - 완화경비처우급 : 개방지역작업 및 필요시 외부통근작업 가능
    - 일반경비처우급 : 구내작업 및 필요시 개방지역작업 가능
    - 중(重)경비처우급 : 필요시 구내작업 가능

③ **개별처우급**(규칙 제76조) : 직업훈련, 학과교육, 생활지도, 작업지도, 운영지원작업, 의료처우, 자치처우, 개방처우, 집중처우

기본수용급(규칙 제73조)
기본수용급은 다음과 같이 구분한다.
① 여성수형자
② 외국인수형자
③ 금고형수형자
④ 19세 미만의 소년수형자
⑤ 23세 미만의 청년수형자
⑥ 65세 이상의 노인수형자
⑦ 형기가 10년 이상인 장기수형자
⑧ 정신질환 또는 장애가 있는 수형자
⑨ 신체질환 또는 장애가 있는 수형자

(12) 소득점수

① 소득점수 : 소득점수는 다음의 범위에서 산정한다(규칙 제77조).
  ㉠ 수형생활 태도 : 5점 이내
  ㉡ 작업 또는 교육 성적 : 5점 이내

② 소득점수 평가 기간 및 방법(규칙 제78조)
  ㉠ 소장은 수형자의 소득점수를 소득점수 평가 및 통지서에 따라 매월 평가하여야 한다.
  ㉡ 수형자의 소득점수 평가 방법은 다음으로 구분한다.
   • 수형생활 태도 : 품행·책임감 및 협동심의 정도에 따라 매우양호(수, 5점)·양호(우, 4점)·보통(미, 3점)·개선요망(양, 2점)·불량(가, 1점)으로 구분하여 채점한다.
   • 작업 또는 교육 성적 : 부과된 작업·교육의 실적 정도와 근면성 등에 따라 매우우수(수, 5점)·우수(우, 4점)·보통(미, 3점)·노력요망(양, 2점)·불량(가, 1점)으로 구분하여 채점한다.
  ㉢ 수형자의 작업 또는 교육 성적을 평가하는 경우에는 작업 숙련도, 기술력, 작업기간, 교육태도, 시험성적 등을 고려할 수 있다.
  ㉣ 보안·작업 담당교도관 및 관구의 책임교도관은 서로 협의하여 소득점수 평가 및 통지서에 해당 수형자에 대한 매월 초일부터 말일까지의 소득점수를 채점한다.

③ 소득점수 평가기준(규칙 제79조)
  ㉠ 수형생활 태도 점수와 작업 또는 교육성적 점수는 평가방법에 따라 채점하되, 수는 소속 작업장 또는 교육장 전체 인원의 10퍼센트를 초과할 수 없고, 우는 30퍼센트를 초과할 수 없다. 다만, 작업장 또는 교육장 전체인원이 4명 이하인 경우에는 수·우를 각각 1명으로 채점할 수 있다.
  ㉡ 소장이 작업장 중 작업의 특성이나 난이도 등을 고려하여 필수 작업장으로 지정하는 경우 소득점수의 수는 5퍼센트 이내, 우는 10퍼센트 이내의 범위에서 각각 확대할 수 있다.
  ㉢ 소장은 수형자가 부상이나 질병, 그 밖의 부득이한 사유로 작업 또는 교육을 받지 못한 경우에는 3점 이내의 범위에서 작업 또는 교육 성적을 부여할 수 있다.

④ 소득점수 평정 등(규칙 제80조)
  ㉠ 소장은 재심사를 하는 경우에는 그 때마다 평가한 수형자의 소득점수를 평정하여 경비처우급을 조정할 것인지를 고려하여야 한다.
  ㉡ 소득점수를 평정하는 경우에는 평정 대상기간 동안 매월 평가된 소득점수를 합산하여 평정 대상기간의 개월 수로 나누어 얻은 점수로 한다.

⑤ 경비처우급 조정 : 경비처우급을 상향 또는 하향 조정하기 위하여 고려할 수 있는 평정소득점수의 기준은 다음과 같다. 다만, 수용 및 처우를 위하여 특히 필요한 경우 법무부장관이 달리 정할 수 있다(규칙 제81조).
  ㉠ 상향 조정 : 8점 이상(재심사의 경우에는 7점 이상)

SEMI-NOTE

매월 평가의 대상기간
매월 초일부터 말일까지

부정기재심사의 소득점수 평정대상 기간
사유가 발생한 달까지

ⓛ 하향 조정 : 5점 이하
⑥ 조정된 처우등급의 처우 등(규칙 제82조)
　㉠ 조정된 처우등급에 따른 처우는 그 조정이 확정된 다음 날부터 한다. 이 경우 조정된 처우등급은 그 달 초일부터 적용된 것으로 본다.
　㉡ 소장은 수형자의 경비처우급을 조정한 경우에는 지체 없이 해당 수형자에게 그 사항을 알려야 한다.

(13) 처우등급별 처우 등

① 처우등급별 수용 등(규칙 제83조) : 소장은 수형자를 기본수용급별·경비처우급별로 구분하여 수용하여야 한다. 다만 처우상 특히 필요하거나 시설의 여건상 부득이한 경우에는 기본수용급·경비처우급이 다른 수형자를 함께 수용하여 처우할 수 있다.

② 물품지급(규칙 제84조)
　㉠ 소장은 수형자의 경비처우급에 따라 물품에 차이를 두어 지급할 수 있다. 다만, 주·부식, 음료, 그 밖에 건강유지에 필요한 물품은 그러하지 아니하다.
　㉡ 의류를 지급하는 경우 수형자가 개방처우급인 경우에는 색상, 디자인 등을 다르게 할 수 있다.

③ 봉사원 선정(규칙 제85조)
　㉠ 소장은 개방처우급·완화경비처우급·일반경비처우급 수형자로서 교정성적, 나이, 인성 등을 고려하여 다른 수형자의 모범이 된다고 인정되는 경우에는 봉사원으로 선정하여 담당교도관의 사무처리와 그 밖의 업무를 보조하게 할 수 있다.
　㉡ 소장은 봉사원의 활동기간을 1년 이하로 정하되, 필요한 경우에는 그 기간을 연장할 수 있다.
　㉢ 소장은 봉사원의 활동과 역할 수행이 부적당하다고 인정하는 경우에는 그 선정을 취소할 수 있다.
　㉣ 소장은 봉사원 선정, 기간연장 및 선정취소에 관한 사항을 결정할 때에는 법무부장관이 정하는 바에 따라 분류처우위원회의 심의·의결을 거쳐야 한다.

④ 자치생활(규칙 제86조)
　㉠ 소장은 개방처우급·완화경비처우급 수형자에게 자치생활을 허가할 수 있다.
　㉡ 수형자 자치생활의 범위는 인원점검, 취미활동, 일정한 구역 안에서의 생활 등으로 한다.
　㉢ 소장은 자치생활 수형자들이 교육실, 강당 등 적당한 장소에서 월 1회 이상 토론회를 할 수 있도록 하여야 한다.
　㉣ 소장은 자치생활 수형자가 법무부장관 또는 소장이 정하는 자치생활 중 지켜야 할 사항을 위반한 경우에는 자치생활 허가를 취소할 수 있다.

⑤ 접견(규칙 제87조)
　㉠ 수형자의 경비처우급별 접견의 허용횟수는 다음과 같다.
　　• 개방처우급 : 1일 1회
　　• 완화경비처우급 : 월 6회

SEMI-NOTE

처우등급별 수용 등(규칙 제83조)
소장은 수형자를 수용하는 경우 개별처우의 효과를 증진하기 위하여 경비처우급·개별처우급이 같은 수형자 집단으로 수용하여 처우할 수 있다.

접견 장소
소장은 개방처우급 수형자에 대하여는 법무부장관이 정하는 바에 따라 접촉차단시설이 설치된 장소 외의 적당한 곳에서 접견을 실시할 수 있다. 다만, 처우상 특히 필요하다고 인정하는 경우에는 그 밖의 수형자에 대하여도 이를 허용할 수 있다(규칙 제88조).

SEMI-NOTE

가족 만남의 날 행사
- 가족 만남의 날 행사 : 수형자와 그 가족이 교정시설의 일정한 장소에서 다과와 음식을 함께 나누면서 대화의 시간을 갖는 행사
- 가족 만남의 집 : 수형자와 그 가족이 숙식을 함께 할 수 있도록 교정시설에 수용동과 별도로 설치된 일반주택 형태의 건축물

사회적 처우(규칙 제92조)
소장은 개방처우급·완화경비처우급 수형자에 대하여 교정시설 밖에서 이루어지는 다음에 해당하는 활동을 허가할 수 있다. 다만, 처우상 특히 필요한 경우에는 일반경비처우급 수형자에게도 이를 허가할 수 있다.
- 사회견학
- 사회봉사
- 자신이 신봉하는 종교행사 참석
- 연극, 영화, 그 밖의 문화공연 관람

- 일반경비처우급 : 월 5회
- 중(重)경비처우급 : 월 4회

ⓒ 접견은 1일 1회만 허용한다. 다만, 처우상 특히 필요한 경우에는 그러하지 아니하다.

ⓒ 소장은 교화 및 처우상 특히 필요한 경우에는 수용자가 다른 교정시설의 수용자와 통신망을 이용하여 화상으로 접견하는 것을 허가할 수 있다. 이 경우 화상접견은 접견 허용횟수에 포함한다.

⑥ **가족 만남의 날 행사 등(규칙 제89조)**
ⓐ 소장은 개방처우급·완화경비처우급 수형자에 대하여 가족 만남의 날 행사에 참여하게 하거나 가족 만남의 집을 이용하게 할 수 있다. 이 경우 접견 허용횟수에는 포함되지 아니한다.
ⓑ 소장은 가족이 없는 수형자에 대하여는 결연을 맺었거나 그 밖에 가족에 준하는 사람으로 하여금 그 가족을 대신하게 할 수 있다.
ⓒ 소장은 교화를 위하여 특히 필요한 경우에는 일반경비처우급 수형자에 대하여도 가족 만남의 날 행사 참여 또는 가족 만남의 집 이용을 허가할 수 있다.

⑦ **전화통화의 허용횟수(규칙 제90조)**
ⓐ 수형자의 경비처우급별 전화통화의 허용횟수는 다음과 같다.
- 개방처우급 : 월 20회 이내
- 완화경비처우급 : 월 10회 이내
- 일반경비처우급 : 월 5회 이내
- 중(重)경비처우급 : 처우상 특히 필요한 경우 월 2회 이내

ⓑ 소장은 처우상 특히 필요한 경우에는 개방처우급·완화경비처우급·일반경비처우급 수형자의 전화통화 허용횟수를 늘릴 수 있다.
ⓒ 전화통화는 1일 1회만 허용한다. 다만, 처우상 특히 필요한 경우에는 그러하지 아니하다.

⑧ **경기 또는 오락회 개최 등(규칙 제91조)**
ⓐ 소장은 개방처우급·완화경비처우급 또는 자치생활 수형자에 대하여 월 2회 이내에서 경기 또는 오락회를 개최하게 할 수 있다. 다만, 소년수형자에 대하여는 그 횟수를 늘릴 수 있다.
ⓑ 경기 또는 오락회가 개최되는 경우 소장은 해당 시설의 사정을 고려하여 참석인원, 방법 등을 정할 수 있다.
ⓒ 경기 또는 오락회가 개최되는 경우 소장은 관련 분야의 전문지식과 자격을 가지고 있는 외부강사를 초빙할 수 있다.

⑨ **사회적 처우(규칙 제92조)**
ⓐ 활동을 허가하는 경우 소장은 별도의 수형자 의류를 지정하여 입게 한다. 다만, 처우상 필요한 경우에는 자비구매의류를 입게 할 수 있다.
ⓑ 활동에 필요한 비용은 수형자가 부담한다. 다만, 처우상 필요한 경우에는 예산의 범위에서 그 비용을 지원할 수 있다.

⑩ **중간처우(규칙 제93조)**

㉠ 소장은 개방처우급 혹은 완화경비처우급 수형자가 다음의 사유에 모두 해당하는 경우에는 교정시설에 설치된 개방시설에 수용하여 사회 적응에 필요한 교육, 취업지원 등 적정한 처우를 할 수 있다.
　• 형기가 2년 이상인 사람, • 범죄 횟수가 3회 이하인 사람
　• 중간처우를 받는 날부터 가석방 또는 형기 종료 예정일까지 기간이 3개월 이상 2년 6개월 이하인 사람
㉡ 소장은 처우의 대상자 중 다음의 사유에 모두 해당하는 수형자에 대해서는 지역사회에 설치된 개방시설에 수용하여 제1항에 따른 처우를 할 수 있다.
　• 범죄 횟수가 1회인 사람, 중간처우를 받는 날부터 가석방 또는 형기 예정일까지 기간이 1년 6개월 미만인 사람
⑪ **작업 · 교육 등의 지도보조** : 소장은 수형자가 개방처우급 또는 완화경비처우급으로서 작업 · 교육 등의 성적이 우수하고 관련 기술이 있는 경우에는 교도관의 작업지도를 보조하게 할 수 있다(규칙 제94조).
⑫ **개인작업(규칙 제95조)**
㉠ 소장은 수형자가 개방처우급 또는 완화경비처우급으로서 작업기술이 탁월하고 작업성적이 우수한 경우에는 수형자 자신을 위한 개인작업을 하게 할 수 있다.
㉡ 소장은 개인작업을 하는 수형자에게 개인작업 용구를 사용하게 할 수 있다. 이 경우 작업용구는 특정한 용기에 보관하도록 하여야 한다.
㉢ 개인작업에 필요한 작업재료 등의 구입비용은 수형자가 부담한다. 다만, 처우상 필요한 경우에는 예산의 범위에서 그 비용을 지원할 수 있다.
⑬ **외부 직업훈련(규칙 제96조)**
㉠ 소장은 수형자가 개방처우급 또는 완화경비처우급으로서 직업능력 향상을 위하여 특히 필요한 경우에는 교정시설 외부의 공공기관 또는 기업체 등에서 운영하는 직업훈련을 받게 할 수 있다.
㉡ 직업훈련의 비용은 수형자가 부담한다. 다만, 처우상 특히 필요한 경우에는 예산의 범위에서 그 비용을 지원할 수 있다.

7. 교도작업과 직업훈련

(1) 개설
① 교도작업은 교정시설에서 수용자에게 수용 중 부과하는 작업
② 징역은 교도소 내에 구치하여 정역에 복무하게 한다고 형법은 규정
③ 수형자에게 작업을 부과할 수 있지만 신청에 의한 작업도 가능
④ 자발적으로 행하는 개인작업과는 구별

(2) 연혁
① 교화와 구직수단으로 노역기능을 수행하게 함
② 고대에는 수형자의 노동력을 국가가 이용하거나 착취의 대상으로 기능
③ 우리나라의 경우 도형으로 부역하는 공도라는 것이 있어 관아에서 사역을 시켰

선발절차
중간처우 대상자의 선발절차는 법무부장관이 정한다.

개인작업 시간
교도작업에 지장을 주지 아니하는 범위에서 1일 2시간 이내

교도작업
수형자에게 고통을 준다는 의미가 강했으나 현재는 수형자의 재사회화를 위한 직업교육의 의미가 큼

SEMI-NOTE

교도작업의 기능
- 사회윤리적 기능 : 부지런한 습성을 길러 윤리적 타락을 방지
- 관리적 기능 : 작업을 과하여 교도소 내의 질서를 유지하고 교정사고를 방지할 수 있다.
- 경제적 기능 : 형집행에 따른 비용을 보상하게 하는 기능을 한다.
- 처벌적 기능 : 교도작업을 하게 하여 처벌의 기능을 한다.

작업의 고지 등(영 제91조)
① 소장은 수형자에게 작업을 부과하는 경우에는 작업의 종류 및 작업과정을 정하여 고지하여야 한다.
② 작업과정은 작업성적, 작업시간, 작업의 난이도 및 숙련도를 고려하여 정한다. 작업과정을 정하기 어려운 경우에는 작업시간을 작업과정으로 본다.

선정기준(규칙 제120조) ★ 빈출개념
외부기업체에 통근하며 작업하는 수형자는 다음의 요건을 갖춘 수형자 중에서 선정한다.
- 18세 이상 65세 미만일 것
- 해당 작업 수행에 건강상 장애가 없을 것
- 개방처우급 · 완화경비처우급에 해당할 것
- 가족 · 친지 또는 법 제130조의 교정위원 등과 접견 · 편지수수 · 전화통화 등으로 연락하고 있을 것
- 집행할 형기가 7년 미만이고 가석방이 제한되지 아니할 것

다는 기록
④ 교도작업의 운영 및 특별회계에 관한 법률의 제정으로 교도작업의 활성화와 효율적 운영을 지향

(3) 교도작업의 목적

① 윤리적 목적 : 수형자의 정신적 · 육체적 건강을 증진시키고 석방 후의 생계유지에 도움
② 경제적 목적 : 교도작업의 수입을 국고에 귀속시켜 행형에 대한 재정적 비용을 충당 가능
③ 행정적 목적 : 교정시설의 질서를 유지하게 하여 수형자의 부패나 타락을 방지
④ 행형적 목적 : 수형자에게 부과된 작업을 성실히 이행하게 하여 처벌적 목적을 가짐

(4) 교도작업

① 작업의 부과(법 제65조)
  ㉠ 수형자에게 부과하는 작업은 건전한 사회복귀를 위하여 기술을 습득하고 근로의욕을 고취하는 데에 적합한 것이어야 한다.
  ㉡ 소장은 수형자에게 작업을 부과하려면 나이 · 형기 · 건강상태 · 기술 · 성격 · 취미 · 경력 · 장래생계, 그 밖의 수형자의 사정을 고려하여야 한다.
② 작업의무 : 수형자는 자신에게 부과된 작업과 그 밖의 노역을 수행하여야 할 의무가 있다(법 제66조).
③ 작업의 종류 : 소장은 법무부장관의 승인을 받아 수형자에게 부과하는 작업의 종류를 정한다(영 제89조).
④ 소년수형자의 작업 등 : 소장은 19세 미만의 수형자에게 작업을 부과하는 경우에는 정신적 · 신체적 성숙 정도, 교육적 효과 등을 고려하여야 한다(영 제90조).
⑤ 작업실적의 확인 : 소장은 교도관에게 매일 수형자의 작업실적을 확인하게 하여야 한다(영 제92조).
⑥ 신청에 따른 작업 : 소장은 금고형 또는 구류형의 집행 중에 있는 사람에 대하여는 신청에 따라 작업을 부과할 수 있다(법 제67조).
⑦ 신청 작업의 취소 : 소장은 작업이 부과된 수형자가 작업의 취소를 요청하는 경우에는 그 수형자의 의사, 건강 및 교도관의 의견 등을 고려하여 작업을 취소할 수 있다(영 제93조).

(5) 외부 통근 작업 등

소장은 수형자의 건전한 사회복귀와 기술습득을 촉진하기 위하여 필요하면 외부기업체 등에 통근 작업하게 하거나 교정시설의 안에 설치된 외부기업체의 작업장에서 작업하게 할 수 있다(법 제68조 제1항).

① 선정기준(규칙 제120조)
  ㉠ 교정시설 안에 설치된 외부기업체의 작업장에 통근하며 작업하는 수형자는 요건을 갖춘 수형자로서 집행할 형기가 10년 미만이거나 형기기산일부터 10

년 이상이 지난 수형자 중에서 선정한다.
  ⓒ 소장은 작업 부과 또는 교화를 위하여 특히 필요하다고 인정하는 경우에는 수형자 외의 수형자에 대하여도 외부통근자로 선정할 수 있다.
② 선정 취소 : 소장은 외부통근자가 법령에 위반되는 행위를 하거나 법무부장관 또는 소장이 정하는 지켜야 할 사항을 위반한 경우에는 외부통근자 선정을 취소할 수 있다(규칙 제121조).
③ 외부통근자 교육 : 소장은 외부통근자로 선정된 수형자에 대하여는 자치활동·행동수칙·안전수칙·작업기술 및 현장적응훈련에 대한 교육을 하여야 한다(규칙 제122조).
④ 자치활동 : 소장은 외부통근자의 사회적응능력을 기르고 원활한 사회복귀를 촉진하기 위하여 필요하다고 인정하는 경우에는 수형자 자치에 의한 활동을 허가할 수 있다(규칙 제123조).

(6) 직업훈련

① **직업능력개발훈련(법 제69조)**
  ㉠ 소장은 수형자의 건전한 사회복귀를 위하여 기술 습득 및 향상을 위한 직업능력개발훈련을 실시할 수 있다.
  ㉡ 소장은 수형자의 직업훈련을 위하여 필요하면 외부의 기관 또는 단체에서 훈련을 받게 할 수 있다.
② **직업능력개발훈련 설비 등의 구비** : 소장은 직업능력개발훈련을 하는 경우에는 그에 필요한 설비 및 실습 자재를 갖추어야 한다(영 제94조).
③ **직업훈련 직종 선정 등(규칙 제124조)**
  ㉠ 직업훈련 직종 선정 및 훈련과정별 인원은 법무부장관의 승인을 받아 소장이 정한다.
  ㉡ 직업훈련 대상자는 소속기관의 수형자 중에서 소장이 선정한다. 다만, 집체직업훈련 대상자는 집체직업훈련을 실시하는 교정시설의 관할 지방교정청장이 선정한다.
④ **직업훈련 대상자 선정기준(규칙 제125조)** : 소장은 소년수형자의 선도를 위하여 필요한 경우에는 요건을 갖추지 못한 경우에도 직업훈련 대상자로 선정하여 교육할 수 있다.
⑤ **직업훈련 대상자 선정의 제한** : 소장은 수형자가 다음의 어느 하나에 해당하는 경우에는 직업훈련 대상자로 선정해서는 아니 된다(규칙 제126조).
  ㉠ 15세 미만인 경우
  ㉡ 교육과정을 수행할 문자해독능력 및 강의 이해능력이 부족한 경우
  ㉢ 징벌대상행위의 혐의가 있어 조사 중이거나 징벌집행 중인 경우
  ㉣ 작업, 교육·교화프로그램 시행으로 인하여 직업훈련의 실시가 곤란하다고 인정되는 경우
  ㉤ 질병·신체조건 등으로 인하여 직업훈련을 감당할 수 없다고 인정되는 경우
⑥ **직업훈련의 보류 및 취소 등**
  ㉠ 소장은 직업훈련 대상자가 다음의 어느 하나에 해당하는 경우에는 직업훈련

SEMI-NOTE

직업훈련 대상자 선정기준(규칙 제125조)

소장은 수형자가 다음의 요건을 갖춘 경우에는 수형자의 의사, 적성, 나이, 학력 등을 고려하여 직업훈련 대상자로 선정할 수 있다.
- 집행할 형기 중에 해당 훈련과정을 이수할 수 있을 것(기술숙련과정 집체직업훈련 대상자는 제외한다)
- 직업훈련에 필요한 기본소양을 갖추었다고 인정될 것
- 해당 과정의 기술이 없거나 재훈련을 희망할 것
- 석방 후 관련 직종에 취업할 의사가 있을 것

직업훈련 대상자 이송
- *법무부장관은 직업훈련을 위하여 필요한 경우에는 수형자를 다른 교정시설로 이송 가능*
- *소장은 이송된 수형자나 직업훈련 중인 수형자를 다른 교정시설로 이송해서는 아니 되나, 훈련취소 등 특별한 사유가 있는 경우에는 가능*

을 보류할 수 있다.
- 징벌대상행위의 혐의가 있어 조사를 받게 된 경우
- 심신이 허약하거나 질병 등으로 훈련을 감당할 수 없는 경우
- 소질·적성·훈련성적 등을 종합적으로 고려한 결과 직업훈련을 계속할 수 없다고 인정되는 경우
- 그 밖에 직업훈련을 계속할 수 없다고 인정되는 경우

ⓒ 소장은 직업훈련이 보류된 수형자가 그 사유가 소멸되면 본래의 과정에 복귀시켜 훈련하여야 한다. 다만, 본래 과정으로 복귀하는 것이 부적당하다고 인정하는 경우에는 해당 훈련을 취소할 수 있다.

(7) 근로에 따른 처우 등

① 집중근로에 따른 처우(법 제70조)
  ㉠ 소장은 수형자의 신청에 따라 훈련, 그 밖에 집중적인 근로가 필요한 작업을 부과하는 경우에는 접견·전화통화·교육·공동행사 참가 등의 처우를 제한할 수 있다. 다만, 접견 또는 전화통화를 제한한 때에는 휴일이나 그 밖에 해당 수용자의 작업이 없는 날에 접견 또는 전화통화를 할 수 있게 하여야 한다.
  ㉡ 소장은 작업을 부과하거나 훈련을 받게 하기 전에 수형자에게 제한되는 처우의 내용을 충분히 설명하여야 한다.

② 휴일의 작업 : 공휴일·토요일과 그 밖의 휴일에는 작업을 부과하지 아니한다. 다만, 취사·청소·간호, 그 밖에 특히 필요한 작업은 예외로 한다(법 제71조).

③ 작업의 면제(법 제72조)
  ㉠ 소장은 수형자의 가족 또는 배우자의 직계존속이 사망하면 2일간, 부모 또는 배우자의 제삿날에는 1일간 해당 수형자의 작업을 면제한다. 다만, 수형자가 작업을 계속하기를 원하는 경우는 예외로 한다.
  ㉡ 소장은 수형자에게 부상·질병, 그 밖에 작업을 계속하기 어려운 특별한 사정이 있으면 그 사유가 해소될 때까지 작업을 면제할 수 있다.

④ 작업수입 등(법 제73조)
  ㉠ 소장은 수형자의 근로의욕을 고취하고 건전한 사회복귀를 지원하기 위하여 법무부장관이 정하는 바에 따라 작업의 종류, 작업성적, 교정성적, 그 밖의 사정을 고려하여 수형자에게 작업장려금을 지급할 수 있다.
  ㉡ 작업장려금은 석방할 때에 본인에게 지급한다. 다만, 본인의 가족생활 부조, 교화 또는 건전한 사회복귀를 위하여 특히 필요하면 석방 전이라도 그 전부 또는 일부를 지급할 수 있다.

⑤ 위로금·조위금(법 제74조)
  ㉠ 소장은 수형자가 다음의 어느 하나에 해당하면 법무부장관이 정하는 바에 따라 위로금 또는 조위금을 지급한다.
  ㉡ 위로금은 석방할 때에 본인에게 지급하고, 조위금은 그 상속인에게 지급한다.

⑥ 다른 보상·배상과의 관계 : 위로금 또는 조위금을 지급받을 사람이 국가로부터 동일한 사유로 민법이나 그 밖의 법령에 따라 위로금 또는 조위금에 상당하는 금액을 지급받은 경우에는 그 금액을 위로금 또는 조위금으로 지급하지 아니한

SEMI-NOTE

집중적인 근로가 필요한 작업
수형자의 신청에 따라 1일 작업시간 중 접견·전화통화·교육 및 공동행사 참가 등을 하지 아니하고 휴게시간을 제외한 작업시간 내내 하는 작업

그 밖의 휴일
교정의 날 및 소장이 특히 지정하는 날

작업수입
작업수입은 국고수입

법무부장관이 정하는 바
- 작업 또는 직업훈련으로 인한 부상 또는 질병으로 신체에 장해가 발생한 때
- 작업 또는 직업훈련 중에 사망하거나 그로 인하여 사망한 때

다(법 제75조).
⑦ 위로금·조위금을 지급받을 권리의 보호(법 제76조)
  ㉠ 위로금 또는 조위금을 지급받을 권리는 다른 사람 또는 법인에게 양도하거나 담보로 제공할 수 없으며, 다른 사람 또는 법인은 이를 압류할 수 없다.
  ㉡ 지급받은 금전을 표준으로 하여 조세와 그 밖의 공과금을 부과하여서는 아니 된다.

(8) 교도작업의 종류

① 작업성질에 따른 분류
  ㉠ 일반작업 : 법에 의하여 강제적으로 부과되는 작업
  ㉡ 신청작업 : 수형자가 임의로 신청하여 하는 작업으로 신청자는 임의로 작업을 중지하거나 작업의 종류를 변경 불가
② 시행방법에 따른 분류
  ㉠ 직영작업 : 교정시설에서 시설, 장비, 재료, 노무 등을 부담하여 직접 물건을 생산하고 판매하는 작업방식
  ㉡ 위탁작업 : 위탁자로부터 작업에 필요한 설비, 재료 등을 제공받아 물건을 생산·가공하여 위탁자에게 교부하고 대가를 받는 작업방식
  ㉢ 노무작업 : 노무를 제공하고 그 대가로 노임을 받는 작업방식
  ㉣ 도급작업 : 교도소와 제3자 간의 공사도급계약에 따라 부과하는 작업방식
③ 작업의 목적에 따른 분류 : 생산작업, 직업훈련, 관용작업 등
④ 작업장소에 따른 분류 : 구내작업, 구외작업
⑤ 작업내용에 따른 분류 : 기능작업, 중노동작업, 경노동작업

(9) 취업지원협의회

① 기능(규칙 제144조)
  ㉠ 수형자 사회복귀 지원 업무에 관한 자문에 대한 조언
  ㉡ 수형자 취업·창업 교육
  ㉢ 수형자 사회복귀 지원을 위한 지역사회 네트워크 추진
  ㉣ 취업 및 창업 지원을 위한 자료제공 및 기술지원
  ㉤ 직업적성 및 성격검사 등 각종 검사 및 상담
  ㉥ 불우수형자 및 그 가족에 대한 지원 활동
  ㉦ 그 밖에 수형자 취업알선 및 창업지원을 위하여 필요한 활동
② 구성(규칙 제145조)
  ㉠ 협의회는 회장 1명을 포함하여 3명 이상 5명 이하의 내부위원과 10명 이상의 외부위원으로 구성한다.
  ㉡ 협의회의 회장은 소장이 되고, 부회장은 2명을 두되 1명은 소장이 내부위원 중에서 지명하고 1명은 외부위원 중에서 호선한다.
  ㉢ 내부위원은 소장이 지명하는 소속기관의 부소장·과장(지소의 경우에는 7급 이상의 교도관)으로 구성한다.
  ㉣ 회장·부회장 외에 협의회 운영을 위하여 기관실정에 적합한 수의 임원을 둘

간사
협의회의 사무를 처리하기 위하여 수형자 취업알선 및 창업지원 업무를 전담하는 직원 중에서 간사 1명을 둔다.

수 있다.
③ 회장의 직무(규칙 제147조)
   ㉠ 회장은 협의회를 소집하고 협의회 업무를 총괄한다.
   ㉡ 회장이 부득이한 사유로 직무를 수행할 수 없을 때에는 소장이 지정한 부회장이 그 직무를 대행한다.
④ 회의(규칙 제148조)
   ㉠ 협의회의 회의는 반기마다 개최한다. 다만, 다음의 어느 하나에 해당하는 경우에는 임시회의를 개최할 수 있다.
      • 수형자의 사회복귀 지원을 위하여 협의가 필요할 때
      • 회장이 필요하다고 인정하는 때
      • 위원 3분의 1 이상의 요구가 있는 때
   ㉡ 협의회의 회의는 회장이 소집하고 그 의장이 된다.
   ㉢ 협의회의 회의는 재적위원 과반수의 출석으로 개의하고, 출석위원 과반수의 찬성으로 의결한다.

(10) 교도작업의 운영 및 특별회계에 관한 법률

① 목적 : 이 법은 교도작업의 관리 및 교도작업특별회계의 설치·운용에 관한 사항을 규정함으로써 효율적이고 합리적인 교도작업의 운영을 도모함을 목적으로 한다(법 제1조).
② 교도작업제품의 우선구매 : 국가, 지방자치단체 또는 공공기관은 그가 필요로 하는 물품이 제4조에 따라 공고된 것인 경우에는 공고된 제품 중에서 우선적으로 구매하여야 한다(법 제5조).
③ 교도작업에의 민간참여(법 제6조)
   ㉠ 법무부장관은 수형자가 외부기업체 등에 통근 작업하거나 교정시설의 안에 설치된 외부기업체의 작업장에서 작업할 수 있도록 민간기업을 참여하게 하여 교도작업을 운영할 수 있다.
   ㉡ 교정시설의 장은 민간기업이 참여할 교도작업의 내용을 해당 기업체와의 계약으로 정하고 이에 대하여 법무부장관의 승인을 받아야 한다. 다만, 법무부장관이 정하는 단기의 계약에 대하여는 그러하지 아니하다.
   ㉢ 민간기업의 참여 절차, 민간참여작업의 종류, 그 밖에 민간참여작업의 운영에 필요한 사항은 법무부장관이 정한다.
④ 교도작업제품의 민간판매 : 교도작업으로 생산된 제품은 민간기업 등에 직접 판매하거나 위탁하여 판매할 수 있다(법 제7조).
⑤ 특별회계의 세입·세출(법 제9조)
   ㉠ 특별회계의 세입
      • 교도작업으로 생산된 제품 및 서비스의 판매, 그 밖에 교도작업에 부수되는 수입금
      • 일반회계로부터의 전입금
      • 차입금
   ㉡ 특별회계의 세출

SEMI-NOTE

교도작업제품의 공고
법무부장관은 교도작업으로 생산되는 제품의 종류와 수량을 회계연도 개시 1개월 전까지 공고하여야 한다(법 제4조).

교도작업특별회계의 설치·운용(법 제8조)
① 교도작업의 효율적인 운영을 위하여 교도작업특별회계를 설치한다.
② 특별회계는 법무부장관이 운용·관리한다.

- 교도작업의 관리, 교도작업 관련 시설의 마련 및 유지·보수, 그 밖에 교도작업의 운영을 위하여 필요한 경비
- 작업장려금
- 위로금 및 조위금
- 수용자의 교도작업 관련 직업훈련을 위한 경비

⑥ **일반회계로부터의 전입** : 특별회계는 세입총액이 세출총액에 미달된 경우 또는 시설 개량이나 확장에 필요한 경우에는 예산의 범위에서 일반회계로부터 전입을 받을 수 있다(법 제10조).

⑦ **일시 차입 등(법 제11조)**
  ㉠ 특별회계는 지출할 자금이 부족할 경우에는 특별회계의 부담으로 국회의 의결을 받은 금액의 범위에서 일시적으로 차입하거나 세출예산의 범위에서 수입금 출납공무원 등이 수납한 현금을 우선 사용할 수 있다.
  ㉡ 일시적으로 차입하거나 우선 사용한 자금은 해당 회계연도 내에 상환하거나 지출금으로 대체납입하여야 한다.

⑧ **잉여금의 처리** : 특별회계의 결산상 잉여금은 다음 연도의 세입에 이입한다(법 제12조).

8. 물품지급 등

(1) 물품지급

① **의류 및 침구 등의 지급** : 소장은 수용자에게 건강유지에 적합한 의류·침구, 그 밖의 생활용품을 지급한다(법 제22조 제1항).
② **음식물의 지급** : 소장은 수용자에게 건강상태, 나이, 부과된 작업의 종류, 그 밖의 개인적 특성을 고려하여 건강 및 체력을 유지하는 데에 필요한 음식물을 지급한다(법 제23조 제1항).
③ **물품의 자비구매** : 수용자는 소장의 허가를 받아 자신의 비용으로 음식물·의류·침구, 그 밖에 수용생활에 필요한 물품을 구매할 수 있다(법 제24조 제1항).

(2) 금품관리

① **휴대금품의 보관 등(법 제25조)**
  ㉠ 소장은 수용자의 휴대금품을 교정시설에 보관한다. 다만, 휴대품이 다음의 어느 하나에 해당하는 것이면 수용자로 하여금 자신이 지정하는 사람에게 보내게 하거나 그 밖에 적당한 방법으로 처분하게 할 수 있다.
  ㉡ 소장은 수용자가 처분하여야 할 휴대품을 상당한 기간 내에 처분하지 아니하면 폐기할 수 있다.

② **수용자가 지니는 물품 등(법 제26조)**
  ㉠ 수용자는 편지·도서, 그 밖에 수용생활에 필요한 물품을 법무부장관이 정하는 범위에서 지닐 수 있다.
  ㉡ 소장은 법무부장관이 정하는 범위를 벗어난 물품으로서 교정시설에 특히 보관할 필요가 있다고 인정하지 아니하는 물품은 수용자로 하여금 자신이 지정

SEMI-NOTE

예비비
특별회계는 예측할 수 없는 예산 외의 지출 또는 예산을 초과하는 지출에 충당하기 위하여 세출예산에 예비비를 계상할 수 있다(법 제12조).

보내거나 처분해야 할 것
- 썩거나 없어질 우려가 있는 것
- 물품의 종류·크기 등을 고려할 때 보관하기에 적당하지 아니한 것
- 사람의 생명 또는 신체에 위험을 초래할 우려가 있는 것
- 시설의 안전 또는 질서를 해칠 우려가 있는 것
- 그 밖에 보관할 가치가 없는 것

SEMI-NOTE

수용자에 대한 금품 전달(법 제27조)
소장은 금품을 보낸 사람을 알 수 없거나 보낸 사람의 주소가 불분명한 경우에는 금품을 다시 가지고 갈 것을 공고하여야 하며, 공고한 후 6개월이 지나도 금품을 돌려달라고 청구하는 사람이 없으면 그 금품은 국고에 귀속된다.

보관금품의 반환 등(법 제29조)
소장은 수용자가 석방될 때 보관하고 있던 수용자의 휴대금품을 본인에게 돌려주어야 한다. 다만, 보관품을 한꺼번에 가져가기 어려운 경우 등 특별한 사정이 있어 수용자가 석방 시 소장에게 일정 기간 동안(1개월 이내의 범위로 한정한다) 보관품을 보관하여 줄 것을 신청하는 경우에는 그러하지 아니하다(법 제29조 제1항).

감염병 등에 관한 조치
소장은 감염병이나 그 밖에 감염의 우려가 있는 질병의 발생과 확산을 방지하기 위하여 필요한 경우 수용자에 대하여 예방접종·격리수용·이송, 그 밖에 필요한 조치를 하여야 한다(법 제35조).

진료비 부담
소장은 수용자가 자신의 고의 또는 중대한 과실로 부상 등이 발생하여 외부의료시설에서 진료를 받은 경우에는 그 진료비의 전부 또는 일부를 그 수용자에게 부담하게 할 수 있다.

하는 사람에게 보내게 하거나 그 밖에 적당한 방법으로 처분하게 할 수 있다.
ⓒ 소장은 수용자가 처분하여야 할 물품을 상당한 기간 내에 처분하지 아니하면 폐기할 수 있다.

③ 수용자에 대한 금품 전달(법 제27조)
㉠ 수용자 외의 사람이 수용자에게 금품을 건네줄 것을 신청하는 때에는 소장은 다음의 어느 하나에 해당하지 아니하면 허가하여야 한다.
  • 수형자의 교화 또는 건전한 사회복귀를 해칠 우려가 있는 때
  • 시설의 안전 또는 질서를 해칠 우려가 있는 때
㉡ 소장은 수용자 외의 사람이 수용자에게 주려는 금품이 ㉠의 어느 하나에 해당하거나 수용자가 금품을 받지 아니하려는 경우에는 해당 금품을 보낸 사람에게 되돌려 보내야 한다.
ⓒ 소장은 조치를 하였으면 그 사실을 수용자에게 알려 주어야 한다.

④ 유류금품의 처리(법 제28조)
㉠ 소장은 사망자 또는 도주자가 남겨두고 간 금품이 있으면 사망자의 경우에는 그 상속인에게, 도주자의 경우에는 그 가족에게 그 내용 및 청구절차 등을 알려 주어야 한다. 다만, 썩거나 없어질 우려가 있는 것은 폐기할 수 있다.
㉡ 소장은 상속인 또는 가족이 제1항의 금품을 내어달라고 청구하면 지체 없이 내어주어야 한다. 다만, 알림을 받은 날(알려줄 수가 없는 경우에는 청구사유가 발생한 날)부터 1년이 지나도 청구하지 아니하면 그 금품은 국고에 귀속된다.

(3) 위생과 의료

① 위생·의료 조치의무 : 소장은 수용자가 건강한 생활을 하는 데에 필요한 위생 및 의료상의 적절한 조치를 하여야 한다(법 제30조).
② 청결유지 : 소장은 수용자가 사용하는 모든 설비와 기구가 항상 청결하게 유지되도록 하여야 한다(법 제31조).
③ 청결의무(법 제32조)
  ㉠ 수용자는 자신의 신체 및 의류를 청결히 하여야 하며, 자신이 사용하는 거실·작업장, 그 밖의 수용시설의 청결유지에 협력하여야 한다.
  ㉡ 수용자는 위생을 위하여 머리카락과 수염을 단정하게 유지하여야 한다.
④ 운동 및 목욕 : 소장은 수용자가 건강유지에 필요한 운동 및 목욕을 정기적으로 할 수 있도록 하여야 한다(법 제33조 제1항).
⑤ 건강검진 : 소장은 수용자에 대하여 건강검진을 정기적으로 하여야 한다(법 제34조 제1항).
⑥ 부상자 등 치료(법 제36조)
  ㉠ 소장은 수용자가 부상을 당하거나 질병에 걸리면 적절한 치료를 받도록 하여야 한다.
  ㉡ 치료를 위하여 교정시설에 근무하는 간호사는 야간 또는 공휴일 등에 대통령령으로 정하는 경미한 의료행위를 할 수 있다.
⑦ 외부의료시설 진료 등(법 제37조)
  ㉠ 소장은 수용자에 대한 적절한 치료를 위하여 필요하다고 인정하면 교정시설

밖에 있는 의료시설에서 진료를 받게 할 수 있다.
ⓒ 소장은 수용자의 정신질환 치료를 위하여 필요하다고 인정하면 법무부장관의 승인을 받아 치료감호시설로 이송할 수 있다.
ⓒ 이송된 사람은 수용자에 준하여 처우한다.
ⓔ 소장은 수용자가 외부의료시설에서 진료받거나 치료감호시설로 이송되면 그 사실을 그 가족(가족이 없는 경우에는 수용자가 지정하는 사람)에게 지체 없이 알려야 한다. 다만, 수용자가 알리는 것을 원하지 아니하면 그러하지 아니하다.

⑧ 진료환경 등(법 제39조)
ⓐ 교정시설에는 수용자의 진료를 위하여 필요한 의료 인력과 설비를 갖추어야 한다.
ⓑ 소장은 정신질환이 있다고 의심되는 수용자가 있으면 정신건강의학과 의사의 진료를 받을 수 있도록 하여야 한다.
ⓒ 외부의사는 수용자를 진료하는 경우에는 법무부장관이 정하는 사항을 준수하여야 한다.
ⓓ 교정시설에 갖추어야 할 의료설비의 기준에 관하여 필요한 사항은 법무부령으로 정한다.

(4) 종교와 문화
① 종교행사의 참석 등(법 제45조)
ⓐ 수용자는 교정시설의 안에서 실시하는 종교의식 또는 행사에 참석할 수 있으며, 개별적인 종교상담을 받을 수 있다.
ⓑ 수용자는 자신의 신앙생활에 필요한 책이나 물품을 지닐 수 있다.
ⓒ 소장은 다음의 어느 하나에 해당하는 사유가 있으면 ⓐ, ⓑ의 사항을 제한할 수 있다.
- 수형자의 교화 또는 건전한 사회복귀를 위하여 필요한 때
- 시설의 안전과 질서유지를 위하여 필요한 때

ⓓ 종교행사의 종류·참석대상·방법, 종교상담의 대상·방법 및 종교도서·물품을 지닐 수 있는 범위 등에 관하여 필요한 사항은 법무부령으로 정한다.

② 신문등의 구독(법 제47조)
ⓐ 수용자는 자신의 비용으로 신문·잡지 또는 도서의 구독을 신청할 수 있다.
ⓑ 소장은 구독을 신청한 신문등이 유해간행물인 경우를 제외하고는 구독을 허가하여야 한다.
ⓒ 구독을 신청할 수 있는 신문등의 범위 및 수량은 법무부령으로 정한다.

③ 라디오 청취와 텔레비전 시청(법 제48조)
ⓐ 수용자는 정서안정 및 교양습득을 위하여 라디오 청취와 텔레비전 시청을 할 수 있다.
ⓑ 소장은 다음의 어느 하나에 해당하는 사유가 있으면 수용자에 대한 라디오 및 텔레비전의 방송을 일시 중단하거나 개별 수용자에 대하여 라디오 및 텔레비전의 청취 또는 시청을 금지할 수 있다.

SEMI-NOTE

자비치료
소장은 수용자가 자신의 비용으로 외부 의료시설에서 근무하는 의사에게 치료받기를 원하면 교정시설에 근무하는 의사의 의견을 고려하여 이를 허가할 수 있다(법 제38조).

수용자의 의사에 반하는 의료조치(법 제40조)
① 소장은 수용자가 진료 또는 음식물의 섭취를 거부하면 의무관으로 하여금 관찰·조언 또는 설득을 하도록 하여야 한다.
② 소장은 수용자가 진료 또는 음식물의 섭취를 계속 거부하여 그 생명에 위험을 가져올 급박한 우려가 있으면 의무관으로 하여금 적당한 진료 또는 영양보급 등의 조치를 하게 할 수 있다.

도서비치 및 이용
소장은 수용자의 지식함양 및 교양습득에 필요한 도서를 비치하고 수용자가 이용할 수 있도록 하여야 한다(법 제46조).

SEMI-NOTE

- 수형자의 교화 또는 건전한 사회복귀를 해칠 우려가 있는 때
- 시설의 안전과 질서유지를 위하여 필요한 때

④ 집필(법 제49조)
  ㉠ 수용자는 문서 또는 도화를 작성하거나 문예·학술, 그 밖의 사항에 관하여 집필할 수 있다. 다만, 소장이 시설의 안전 또는 질서를 해칠 명백한 위험이 있다고 인정하는 경우는 예외로 한다.
  ㉡ 작성 또는 집필한 문서나 도화를 지니거나 처리하는 것에 관하여는 제26조를 준용한다.
  ㉢ 작성 또는 집필한 문서나 도화가 편지수수의 규정을 준용한다.
  ㉣ 집필용구의 관리, 집필의 시간·장소, 집필한 문서 또는 도화의 외부반출 등에 관하여 필요한 사항은 대통령령으로 정한다.

9. 특별한 보호

(1) 여성수용자의 처우(법 제50조)

① 소장은 여성수용자에 대하여 여성의 신체적·심리적 특성을 고려하여 처우하여야 한다.
② 소장은 여성수용자에 대하여 건강검진을 실시하는 경우에는 나이·건강 등을 고려하여 부인과질환에 관한 검사를 포함시켜야 한다.
③ 소장은 생리 중인 여성수용자에 대하여는 위생에 필요한 물품을 지급하여야 한다.

(2) 임산부인 수용자의 처우(법 제52조)

① 소장은 수용자가 임신 중이거나 출산(유산·사산을 포함한다)한 경우에는 모성보호 및 건강유지를 위하여 정기적인 검진 등 적절한 조치를 하여야 한다.
② 소장은 수용자가 출산하려고 하는 경우에는 외부의료시설에서 진료를 받게 하는 등 적절한 조치를 하여야 한다.

(3) 유아의 양육(법 제53조)

① 여성수용자는 자신이 출산한 유아를 교정시설에서 양육할 것을 신청할 수 있다. 이 경우 소장은 다음의 어느 하나에 해당하는 사유가 없으면, 생후 18개월에 이르기까지 허가하여야 한다.
  ㉠ 유아가 질병·부상, 그 밖의 사유로 교정시설에서 생활하는 것이 특히 부적당하다고 인정되는 때
  ㉡ 수용자가 질병·부상, 그 밖의 사유로 유아를 양육할 능력이 없다고 인정되는 때
  ㉢ 교정시설에 감염병이 유행하거나 그 밖의 사정으로 유아양육이 특히 부적당한 때
② 소장은 유아의 양육을 허가한 경우에는 필요한 설비와 물품의 제공, 그 밖에 양육을 위하여 필요한 조치를 하여야 한다.

여성수용자 처우 시의 유의사항(법 제51조)
① 소장은 여성수용자에 대하여 상담·교육·작업 등을 실시하는 때에는 여성교도관이 담당하도록 하여야 한다. 다만, 여성교도관이 부족하거나 그 밖의 부득이한 사정이 있으면 그러하지 아니하다.
② 남성교도관이 1인의 여성수용자에 대하여 실내에서 상담등을 하려면 투명한 창문이 설치된 장소에서 다른 여성을 입회시킨 후 실시하여야 한다.

(4) 수용자에 대한 특별한 처우(법 제54조)

① 소장은 노인수용자에 대하여 나이·건강상태 등을 고려하여 그 처우에 있어 적정한 배려를 하여야 한다.
② 소장은 장애인수용자에 대하여 장애의 정도를 고려하여 그 처우에 있어 적정한 배려를 하여야 한다.
③ 소장은 외국인수용자에 대하여 언어·생활문화 등을 고려하여 적정한 처우를 하여야 한다.
④ 소장은 소년수용자에 대하여 나이·적성 등을 고려하여 적정한 처우를 하여야 한다.
⑤ 노인수용자·장애인수용자·외국인수용자 및 소년수용자에 대한 적정한 배려 또는 처우에 관하여 필요한 사항은 법무부령으로 정한다.

10. 안전과 질서

(1) 금지물품(법 제92조)

수용자는 다음의 물품을 지녀서는 아니 된다.
① 마약·총기·도검·폭발물·흉기·독극물, 그 밖에 범죄의 도구로 이용될 우려가 있는 물품
② 무인비행장치, 전자·통신기기, 그 밖에 도주나 다른 사람과의 연락에 이용될 우려가 있는 물품
③ 주류·담배·화기·현금·수표, 그 밖에 시설의 안전 또는 질서를 해칠 우려가 있는 물품
④ 음란물, 사행행위에 사용되는 물품, 그 밖에 수형자의 교화 또는 건전한 사회복귀를 해칠 우려가 있는 물품

(2) 신체검사 등(법 제93조)

① 교도관은 시설의 안전과 질서유지를 위하여 필요하면 수용자의 신체·의류·휴대품·거실 및 작업장 등을 검사할 수 있다.
② 수용자의 신체를 검사하는 경우에는 불필요한 고통이나 수치심을 느끼지 아니하도록 유의하여야 하며, 특히 신체를 면밀하게 검사할 필요가 있으면 다른 수용자가 볼 수 없는 차단된 장소에서 하여야 한다.
③ 교도관은 시설의 안전과 질서유지를 위하여 필요하면 교정시설을 출입하는 수용자 외의 사람에 대하여 의류와 휴대품을 검사할 수 있다. 이 경우 출입자가 금지물품을 지니고 있으면 교정시설에 맡기도록 하여야 하며, 이에 따르지 아니하면 출입을 금지할 수 있다.
④ 여성의 신체·의류 및 휴대품에 대한 검사는 여성교도관이 하여야 한다.

SEMI-NOTE

수용자의 미성년 자녀 보호에 대한 지원(법 제53조의2)
① 소장은 신입자에게 보호조치를 의뢰할 수 있음을 알려주어야 한다.
② 소장은 수용자가 보호조치를 의뢰하려는 경우 보호조치 의뢰가 원활하게 이루어질 수 있도록 지원하여야 한다.
③ 안내 및 보호조치 의뢰 지원의 방법·절차, 그 밖에 필요한 사항은 법무부장관이 정한다.

물품 허용
소장이 수용자의 처우를 위하여 허가하는 경우에는 물품을 지닐 수 있다.

신체검사 등(법 제93조)
소장은 검사한 결과 금지물품이 발견되면 형사 법령으로 정하는 절차에 따라 처리할 물품을 제외하고는 수용자에게 알린 후 폐기한다. 다만, 폐기하는 것이 부적당한 물품은 교정시설에 보관하거나 수용자로 하여금 자신이 지정하는 사람에게 보내게 할 수 있다.

(3) 전자장비를 이용한 계호(법 제94조)

① 교도관은 자살·자해·도주·폭행·손괴, 그 밖에 수용자의 생명·신체를 해하거나 시설의 안전 또는 질서를 해하는 행위를 방지하기 위하여 필요한 범위에서 전자장비를 이용하여 수용자 또는 시설을 계호할 수 있다. 다만, 전자영상장비로 거실에 있는 수용자를 계호하는 것은 자살등의 우려가 큰 때에만 할 수 있다.
② 거실에 있는 수용자를 전자영상장비로 계호하는 경우에는 계호직원·계호시간 및 계호대상 등을 기록하여야 한다. 이 경우 수용자가 여성이면 여성교도관이 계호하여야 한다.
③ 계호하는 경우에는 피계호자의 인권이 침해되지 아니하도록 유의하여야 한다.

(4) 보호실 수용(법 제95조) ★빈출개념

① 소장은 수용자가 다음의 어느 하나에 해당하면 의무관의 의견을 고려하여 보호실에 수용할 수 있다.
　㉠ 자살 또는 자해의 우려가 있는 때
　㉡ 신체적·정신적 질병으로 인하여 특별한 보호가 필요한 때
② 수용자의 보호실 수용기간은 15일 이내로 한다. 다만, 소장은 특히 계속하여 수용할 필요가 있으면 의무관의 의견을 고려하여 1회당 7일의 범위에서 기간을 연장할 수 있다.
③ 수용자를 보호실에 수용할 수 있는 기간은 계속하여 3개월을 초과할 수 없다.
④ 소장은 수용자를 보호실에 수용하거나 수용기간을 연장하는 경우에는 그 사유를 본인에게 알려 주어야 한다.
⑤ 의무관은 보호실 수용자의 건강상태를 수시로 확인하여야 한다.

(5) 진정실 수용(법 제96조)

① 소장은 수용자가 다음의 어느 하나에 해당하는 경우로서 강제력을 행사하거나 보호장비를 사용하여도 그 목적을 달성할 수 없는 경우에만 진정실에 수용할 수 있다.
　㉠ 교정시설의 설비 또는 기구 등을 손괴하거나 손괴하려고 하는 때
　㉡ 교도관의 제지에도 불구하고 소란행위를 계속하여 다른 수용자의 평온한 수용생활을 방해하는 때
② 수용자의 진정실 수용기간은 24시간 이내로 한다. 다만, 소장은 특히 계속하여 수용할 필요가 있으면 의무관의 의견을 고려하여 1회당 12시간의 범위에서 기간을 연장할 수 있다.
③ 수용자를 진정실에 수용할 수 있는 기간은 계속하여 3일을 초과할 수 없다.

(6) 보호장비의 사용(법 제97조)

① 교도관은 수용자가 다음의 어느 하나에 해당하면 보호장비를 사용할 수 있다.
　㉠ 이송·출정, 그 밖에 교정시설 밖의 장소로 수용자를 호송하는 때
　㉡ 도주·자살·자해 또는 다른 사람에 대한 위해의 우려가 큰 때

SEMI-NOTE

전자장비를 이용한 계호
전자장비의 종류·설치장소·사용방법 및 녹화기록물의 관리 등에 관하여 필요한 사항은 법무부령으로 정함

보호실 수용(법 제95조)
소장은 보호실 수용사유가 소멸한 경우에는 보호실 수용을 즉시 중단하여야 한다.

ⓒ 위력으로 교도관의 정당한 직무집행을 방해하는 때
ⓓ 교정시설의 설비·기구 등을 손괴하거나 그 밖에 시설의 안전 또는 질서를 해칠 우려가 큰 때
② 보호장비를 사용하는 경우에는 수용자의 나이, 건강상태 및 수용생활 태도 등을 고려하여야 한다.
③ 교도관이 교정시설의 안에서 수용자에 대하여 보호장비를 사용한 경우 의무관은 그 수용자의 건강상태를 수시로 확인하여야 한다.

(7) 보호장비의 종류 및 사용요건(법 제98조)

① **보호장비의 종류** : 수갑, 머리보호장비, 발목보호장비, 보호대, 보호의자, 보호침대, 보호복, 포승
② 보호장비의 종류별 사용요건은 다음과 같다.
  ⓐ **수갑·포승** : 보호장비의 사용의 어느 하나에 해당하는 때
  ⓑ **머리보호장비** : 머리부분을 자해할 우려가 큰 때
  ⓒ **발목보호장비·보호대·보호의자** : 보호장비의 사용의 어느 하나에 해당하는 때
  ⓓ **보호침대·보호복** : 자살·자해의 우려가 큰 때

(8) 강제력의 행사(법 제100조)

① 교도관은 수용자가 다음의 어느 하나에 해당하면 강제력을 행사할 수 있다.
  ⓐ 도주하거나 도주하려고 하는 때
  ⓑ 자살하려고 하는 때
  ⓒ 자해하거나 자해하려고 하는 때
  ⓓ 다른 사람에게 위해를 끼치거나 끼치려고 하는 때
  ⓔ 위력으로 교도관의 정당한 직무집행을 방해하는 때
  ⓕ 교정시설의 설비·기구 등을 손괴하거나 손괴하려고 하는 때
  ⓖ 그 밖에 시설의 안전 또는 질서를 크게 해치는 행위를 하거나 하려고 하는 때
② 교도관은 수용자 외의 사람이 다음의 어느 하나에 해당하면 강제력을 행사할 수 있다.
  ⓐ 수용자를 도주하게 하려고 하는 때
  ⓑ 교도관 또는 수용자에게 위해를 끼치거나 끼치려고 하는 때
  ⓒ 위력으로 교도관의 정당한 직무집행을 방해하는 때
  ⓓ 교정시설의 설비·기구 등을 손괴하거나 하려고 하는 때
  ⓔ 교정시설에 침입하거나 하려고 하는 때
  ⓕ 교정시설의 안에서 교도관의 퇴거요구를 받고도 이에 따르지 아니하는 때
③ 강제력을 행사하는 경우에는 보안장비를 사용할 수 있다.
④ 강제력을 행사하려면 사전에 상대방에게 이를 경고하여야 한다. 다만, 상황이 급박하여 경고할 시간적인 여유가 없는 때에는 그러하지 아니하다.
⑤ 강제력의 행사는 필요한 최소한도에 그쳐야 한다.

SEMI-NOTE

보호장비 남용 금지(법 제99조)
① 교도관은 필요한 최소한의 범위에서 보호장비를 사용하여야 하며, 그 사유가 없어지면 사용을 지체 없이 중단하여야 한다.
② 보호장비는 징벌의 수단으로 사용되어서는 아니 된다.

보안장비
교도봉·가스분사기·가스총·최루탄 등 사람의 생명과 신체의 보호, 도주의 방지 및 시설의 안전과 질서유지를 위하여 교도관이 사용하는 장비와 기구

SEMI-NOTE

재난 시의 조치(법 제102조)
① 천재지변이나 그 밖의 재해가 발생하여 시설의 안전과 질서유지를 위하여 긴급한 조치가 필요하면 소장은 수용자로 하여금 피해의 복구나 그 밖의 응급용무를 보조하게 할 수 있다.
② 소장은 교정시설의 안에서 천재지변이나 그 밖의 사변에 대한 피난의 방법이 없는 경우에는 수용자를 다른 장소로 이송할 수 있다.
③ 소장은 이송이 불가능하면 수용자를 일시 석방할 수 있다.
④ 석방된 사람은 석방 후 24시간 이내에 교정시설 또는 경찰관서에 출석하여야 한다.

마약류사범 등의 관리(법 제104조)
① 소장은 마약류사범·조직폭력사범 등 법무부령으로 정하는 수용자에 대하여는 시설의 안전과 질서유지를 위하여 필요한 범위에서 다른 수용자와의 접촉을 차단하거나 계호를 엄중히 하는 등 법무부령으로 정하는 바에 따라 다른 수용자와 달리 관리할 수 있다.
② 소장은 관리하는 경우에도 기본적인 처우를 제한하여서는 아니 된다.

(9) 무기의 사용(법 제101조)

① 교도관은 다음의 어느 하나에 해당하는 사유가 있으면 수용자에 대하여 무기를 사용할 수 있다.
 ㉠ 수용자가 다른 사람에게 중대한 위해를 끼치거나 끼치려고 하여 그 사태가 위급한 때
 ㉡ 수용자가 폭행 또는 협박에 사용할 위험물을 지니고 있어 교도관이 버릴 것을 명령하였음에도 이에 따르지 아니하는 때
 ㉢ 수용자가 폭동을 일으키거나 일으키려고 하여 신속하게 제지하지 아니하면 그 확산을 방지하기 어렵다고 인정되는 때
 ㉣ 도주하는 수용자에게 교도관이 정지할 것을 명령하였음에도 계속하여 도주하는 때
 ㉤ 수용자가 교도관의 무기를 탈취하거나 탈취하려고 하는 때
 ㉥ 그 밖에 사람의 생명·신체 및 설비에 대한 중대하고도 뚜렷한 위험을 방지하기 위하여 무기의 사용을 피할 수 없는 때
② 교도관은 교정시설의 안에서 자기 또는 타인의 생명·신체를 보호하거나 수용자의 탈취를 저지하거나 건물 또는 그 밖의 시설과 무기에 대한 위험을 방지하기 위하여 급박하다고 인정되는 상당한 이유가 있으면 수용자 외의 사람에 대하여도 무기를 사용할 수 있다.
③ 교도관은 소장 또는 그 직무를 대행하는 사람의 명령을 받아 무기를 사용한다. 다만, 그 명령을 받을 시간적 여유가 없으면 그러하지 아니하다.
④ 무기를 사용하려면 공포탄을 발사하거나 그 밖에 적당한 방법으로 사전에 상대방에 대하여 이를 경고하여야 한다.
⑤ 무기의 사용은 필요한 최소한도에 그쳐야 하며, 최후의 수단이어야 한다.

(10) 수용을 위한 체포(법 제103조)

① 교도관은 수용자가 도주 또는 제134조 각 호의 어느 하나에 해당하는 행위를 한 경우에는 도주 후 또는 출석기한이 지난 후 72시간 이내에만 그를 체포할 수 있다.
② 교도관은 체포를 위하여 긴급히 필요하면 도주등을 하였다고 의심할 만한 상당한 이유가 있는 사람 또는 도주등을 한 사람의 이동경로나 소재를 안다고 인정되는 사람을 정지시켜 질문할 수 있다.
③ 교도관은 질문을 할 때에는 그 신분을 표시하는 증표를 제시하고 질문의 목적과 이유를 설명하여야 한다.
④ 교도관은 체포를 위하여 영업시간 내에 공연장·여관·음식점·역, 그 밖에 다수인이 출입하는 장소의 관리자 또는 관계인에게 그 장소의 출입이나 그 밖에 특히 필요한 사항에 관하여 협조를 요구할 수 있다.
⑤ 교도관은 필요한 장소에 출입하는 경우에는 그 신분을 표시하는 증표를 제시하여야 하며, 그 장소의 관리자 또는 관계인의 정당한 업무를 방해하여서는 아니 된다.

11. 규율과 상벌 ★ 빈출개념

(1) 규율 등(법 제105조)
① 수용자는 교정시설의 안전과 질서유지를 위하여 법무부장관이 정하는 규율을 지켜야 한다.
② 수용자는 소장이 정하는 일과시간표를 지켜야 한다.
③ 수용자는 교도관의 직무상 지시에 따라야 한다.

(2) 징벌(법 제107조)
소장은 수용자가 다음의 어느 하나에 해당하는 행위를 하면 징벌위원회의 의결에 따라 징벌을 부과할 수 있다.
① 형법, 폭력행위 등 처벌에 관한 법률, 그 밖의 형사 법률에 저촉되는 행위
② 수용생활의 편의 등 자신의 요구를 관철할 목적으로 자해하는 행위
③ 정당한 사유 없이 작업·교육·교화프로그램 등을 거부하거나 태만히 하는 행위
④ 금지물품을 지니거나 반입·제작·사용·수수·교환·은닉하는 행위
⑤ 다른 사람을 처벌받게 하거나 교도관의 직무집행을 방해할 목적으로 거짓 사실을 신고하는 행위
⑥ 그 밖에 시설의 안전과 질서유지를 위하여 법무부령으로 정하는 규율을 위반하는 행위

(3) 징벌의 종류(법 제108조)
① 경고
② 50시간 이내의 근로봉사
③ 3개월 이내의 작업장려금 삭감
④ 30일 이내의 공동행사 참가 정지
⑤ 30일 이내의 신문열람 제한
⑥ 30일 이내의 텔레비전 시청 제한
⑦ 30일 이내의 자비구매물품(의사가 치료를 위하여 처방한 의약품을 제외한다) 사용 제한
⑧ 30일 이내의 작업 정지(신청에 따른 작업에 한정한다)
⑨ 30일 이내의 전화통화 제한
⑩ 30일 이내의 집필 제한
⑪ 30일 이내의 편지수수 제한
⑫ 30일 이내의 접견 제한
⑬ 30일 이내의 실외운동 정지
⑭ 30일 이내의 금치

(4) 징벌의 부과(법 제109조)
① 공동행사 참가 정지부터 실외운동 정지까지의 처분은 함께 부과할 수 있다.
② 수용자가 다음의 어느 하나에 해당하면 작업장려금 삭감부터 금치까지의 규정에

SEMI-NOTE

포상(법 제106조)
소장은 수용자가 다음의 어느 하나에 해당하면 법무부령으로 정하는 바에 따라 포상할 수 있다.
① 사람의 생명을 구조하거나 도주를 방지한 때
② 응급용무에 공로가 있는 때
③ 시설의 안전과 질서유지에 뚜렷한 공이 인정되는 때
④ 수용생활에 모범을 보이거나 건설적이고 창의적인 제안을 하는 등 특히 포상할 필요가 있다고 인정되는 때

징벌집행의 정지·면제
• 소장은 질병이나 그 밖의 사유로 징벌집행이 곤란하면 그 사유가 해소될 때까지 그 집행 일시 정지 가능
• 소장은 징벌집행 중인 사람이 뉘우치는 빛이 뚜렷한 경우에는 그 징벌을 감경하거나 남은 기간의 징벌집행을 면제 가능

SEMI-NOTE

징벌대상자의 조사(법 제110조)
① 소장은 징벌사유에 해당하는 행위를 하였다고 의심할 만한 상당한 이유가 있는 수용자가 다음의 어느 하나에 해당하면 조사기간 중 분리하여 수용할 수 있다.
 ㉠ 증거를 인멸할 우려가 있는 때
 ㉡ 다른 사람에게 위해를 끼칠 우려가 있거나 다른 수용자의 위해로부터 보호할 필요가 있는 때
② 소장은 징벌대상자가 ①의 어느 하나에 해당하면 접견 · 편지수수 · 전화통화 · 실외운동 · 작업 · 교육훈련, 공동행사 참가, 중간처우 등 다른 사람과의 접촉이 가능한 처우의 전부 또는 일부를 제한할 수 있다.

징벌대상행위에 관한 양형 참고자료 통보
소장은 미결수용자에게 징벌을 부과한 경우에는 그 징벌대상행위를 양형 참고자료로 작성하여 관할 검찰청 검사 또는 관할 법원에 통보할 수 있다(법 제111조의2).

서 정한 징벌의 장기의 2분의 1까지 가중할 수 있다.
 ㉠ 2 이상의 징벌사유가 경합하는 때
 ㉡ 징벌이 집행 중에 있거나 징벌의 집행이 끝난 후 또는 집행이 면제된 후 6개월 내에 다시 징벌사유에 해당하는 행위를 한 때
③ 징벌은 동일한 행위에 관하여 거듭하여 부과할 수 없으며, 행위의 동기 및 경중, 행위 후의 정황, 그 밖의 사정을 고려하여 수용목적을 달성하는 데에 필요한 최소한도에 그쳐야 한다.
④ 징벌사유가 발생한 날부터 2년이 지나면 이를 이유로 징벌을 부과하지 못한다.

(5) 징벌위원회(법 제111조)
① 징벌대상자의 징벌을 결정하기 위하여 교정시설에 징벌위원회를 둔다.
② 위원회는 위원장을 포함한 5명 이상 7명 이하의 위원으로 구성하고, 위원장은 소장의 바로 다음 순위자가 되며, 위원은 소장이 소속 기관의 과장 및 교정에 관한 학식과 경험이 풍부한 외부인사 중에서 임명 또는 위촉한다. 이 경우 외부위원은 3명 이상으로 한다.
③ 위원회는 소장의 징벌요구에 따라 개회하며, 징벌은 그 의결로써 정한다.
④ 위원이 징벌대상자의 친족이거나 그 밖에 공정한 심의 · 의결을 기대할 수 없는 특별한 사유가 있는 경우에는 위원회에 참석할 수 없다.
⑤ 징벌대상자는 위원에 대하여 기피신청을 할 수 있다. 이 경우 위원회의 의결로 기피 여부를 결정하여야 한다.
⑥ 위원회는 징벌대상자가 위원회에 출석하여 충분한 진술을 할 수 있는 기회를 부여하여야 하며, 징벌대상자는 서면 또는 말로써 자기에게 유리한 사실을 진술하거나 증거를 제출할 수 있다.

(6) 징벌의 집행(법 제112조)
① 징벌은 소장이 집행한다.
② 소장은 징벌집행을 위하여 필요하다고 인정하면 수용자를 분리하여 수용할 수 있다.
③ 처분을 받은 사람에게는 그 기간 중 처우제한이 함께 부과된다. 다만, 소장은 수용자의 권리구제, 수형자의 교화 또는 건전한 사회복귀를 위하여 특히 필요하다고 인정하면 집필 · 편지수수 또는 접견을 허가할 수 있다.
④ 소장은 처분을 받은 사람에게 다음의 어느 하나에 해당하는 사유가 있어 필요하다고 인정하는 경우에는 건강유지에 지장을 초래하지 아니하는 범위에서 실외운동을 제한할 수 있다.
 ㉠ 도주의 우려가 있는 경우
 ㉡ 자해의 우려가 있는 경우
 ㉢ 다른 사람에게 위해를 끼칠 우려가 있는 경우
 ㉣ 그 밖에 시설의 안전 또는 질서를 크게 해칠 우려가 있는 경우로서 법무부령으로 정하는 경우

⑤ 소장은 실외운동 정지를 부과하는 경우 또는 실외운동을 제한하는 경우라도 수용자가 매주 1회 이상 실외운동을 할 수 있도록 하여야 한다.
⑥ 소장은 처분을 집행하는 경우에는 의무관으로 하여금 사전에 수용자의 건강을 확인하도록 하여야 하며, 집행 중인 경우에도 수시로 건강상태를 확인하여야 한다.

(7) 징벌의 실효 등(법 제115조)
① 소장은 징벌의 집행이 종료되거나 집행이 면제된 수용자가 교정성적이 양호하고 법무부령으로 정하는 기간 동안 징벌을 받지 아니하면 법무부장관의 승인을 받아 징벌을 실효시킬 수 있다.
② 소장은 수용자가 교정사고 방지에 뚜렷한 공로가 있다고 인정되면 분류처우위원회의 의결을 거친 후 법무부장관의 승인을 받아 징벌을 실효시킬 수 있다.

12. 사회적 처우 내지 개방처우

(1) 등장배경
① 교정시설의 안을 시설이 밖과 가장 근접하게 만드는 것을 목적으로 하는 교육형주의에서 비롯됨
② 획일적 구금이 개별처우라는 이념에 부합하지 않았기 때문에 등장하게 됨
③ 방안 : 외부통근제, 외부통학제, 외부통원제, 주말구금, 휴일구금, 야간구금, 단속구금 등

(2) 사회적 처우의 개념
① 시설내처우에 기반을 두면서 시설의 폐쇄성을 완화하고 구금의 폐해를 최소화하는 것
② 개방시설에 처우하는 것은 도주방지를 위한 통상적인 설비의 전부 또는 일부를 갖추지 아니하고 수형자의 자율적 활동이 가능하도록 통상적인 관리·감시의 전부 또는 일부를 하지 아니하는 교정시설에 처우하는 것
③ 범죄자를 시설에 수용하지 않고 사회에서 일반인들과 같이 생활하게 하는 사회내처우와 다름
④ 사회적 처우는 형벌의 인도화, 형벌의 효율화, 사회복귀의 촉진, 단기자유형의 폐해 완화, 수형자의 신체 및 건강증진, 가족과의 유대강화에 효과

(3) 귀휴제도
① 의의
  ㉠ 교도소에서 복역중인 죄수가 출소하기 직전이나 일정한 사유에 따라 잠시 휴가를 얻어 교도소 밖으로 나오는 것
  ㉡ 일정기간 징역, 금고형을 집행받고 교정성적이 우수한 수형자에 대하여 일정기간 행선지를 정해서 외출이나 외박을 허가하는 제도
  ㉢ 반자유처우의 일종으로 형벌휴가제도 또는 외출·외박제도

SEMI-NOTE

징벌집행의 유예(법 제114조)
① 징벌위원회는 징벌을 의결하는 때에 행위의 동기 및 정황, 교정성적, 뉘우치는 정도 등 그 사정을 고려할 만한 사유가 있는 수용자에 대하여 2개월 이상 6개월 이하의 기간 내에서 징벌의 집행을 유예할 것을 의결할 수 있다.
② 소장은 징벌집행의 유예기간 중에 있는 수용자가 다시 징벌대상행위를 하여 징벌이 결정되면 그 유예한 징벌을 집행한다.
③ 수용자가 징벌집행을 유예받은 후 징벌을 받음이 없이 유예기간이 지나면 그 징벌의 집행은 종료된 것으로 본다.

사회적 처우
국민의 정서와 응보적 법감정에는 부합하지 않는 것이 특징

SEMI-NOTE

귀휴사유
- 직계존속, 배우자, 배우자의 직계존속 또는 본인의 회갑일이나 고희일인 때
- 본인 또는 형제자매의 혼례가 있는 때
- 직계비속이 입대하거나 해외유학을 위하여 출국하게 된 때
- 직업훈련을 위하여 필요한 때
- 국내기능경기대회의 준비 및 참가를 위하여 필요한 때
- 출소 전 취업 또는 창업 등 사회복귀 준비를 위하여 필요한 때
- 입학식·졸업식 또는 시상식에 참석하기 위하여 필요한 때
- 출석수업을 위하여 필요한 때
- 각종 시험에 응시하기 위하여 필요한 때
- 그 밖에 가족과의 유대강화 또는 사회적응능력 향상을 위하여 특히 필요한 때

귀휴조건
귀휴를 허가하는 경우 붙일 수 있는 조건은 다음과 같다(규칙 제140조).
① 귀휴지 외의 지역 여행 금지
② 유흥업소, 도박장, 성매매소 등 건전한 풍속을 해치거나 재범 우려가 있는 장소 출입 금지
③ 피해자 또는 공범·동종범죄자 등과의 접촉금지
④ 귀휴지에서 매일 1회 이상 소장에게 전화보고
⑤ 그 밖에 귀휴 중 탈선 방지 또는 귀휴 목적 달성을 위하여 필요한 사항

---

② 귀휴(법 제77조)
  ㉠ 소장은 6개월 이상 형을 집행받은 수형자로서 그 형기의 3분의 1(21년 이상의 유기형 또는 무기형의 경우에는 7년)이 지나고 교정성적이 우수한 사람이 다음의 어느 하나에 해당하면 1년 중 20일 이내의 귀휴를 허가할 수 있다.
    • 가족 또는 배우자의 직계존속이 위독한 때
    • 질병이나 사고로 외부의료시설에의 입원이 필요한 때
    • 천재지변이나 그 밖의 재해로 가족, 배우자의 직계존속 또는 수형자 본인에게 회복할 수 없는 중대한 재산상의 손해가 발생하였거나 발생할 우려가 있는 때
    • 그 밖에 교화 또는 건전한 사회복귀를 위하여 법무부령으로 정하는 사유가 있는 때
  ㉡ 소장은 다음의 어느 하나에 해당하는 사유가 있는 수형자에 대하여는 5일 이내의 특별귀휴를 허가할 수 있다.
    • 가족 또는 배우자의 직계존속이 사망한 때
    • 직계비속의 혼례가 있는 때
  ㉢ 소장은 귀휴를 허가하는 경우에 법무부령으로 정하는 바에 따라 거소의 제한이나 그 밖에 필요한 조건을 붙일 수 있다.
  ㉣ 귀휴기간은 형 집행기간에 포함한다.
③ 귀휴 허가(규칙 제129조)
  ㉠ 소장은 귀휴를 허가하는 경우에는 귀휴심사위원회의 심사를 거쳐야 한다.
  ㉡ 소장은 개방처우급·완화경비처우급 수형자에게 귀휴를 허가할 수 있다. 다만, 교화 또는 사회복귀 준비 등을 위하여 특히 필요한 경우에는 일반경비처우급 수형자에게도 이를 허가할 수 있다.
④ 귀휴자에 대한 조치(법 제78조)
  ㉠ 소장은 2일 이상의 귀휴를 허가한 경우에는 귀휴를 허가받은 사람의 귀휴지를 관할하는 경찰관서의 장에게 그 사실을 통보하여야 한다.
  ㉡ 귀휴자는 귀휴 중 천재지변이나 그 밖의 사유로 자신의 신상에 중대한 사고가 발생한 경우에는 가까운 교정시설이나 경찰관서에 신고하여야 하고 필요한 보호를 요청할 수 있다.
  ㉢ 보호 요청을 받은 교정시설이나 경찰관서의 장은 귀휴를 허가한 소장에게 그 사실을 지체 없이 통보하고 적절한 보호조치를 하여야 한다.
⑤ 귀휴허가증 발급 등 : 소장은 귀휴를 허가한 때에는 귀휴허가부에 기록하고 귀휴허가를 받은 수형자에게 귀휴허가증을 발급하여야 한다(규칙 제139조).
⑥ 동행귀휴 등(규칙 제141조)
  ㉠ 소장은 수형자에게 귀휴를 허가한 경우 필요하다고 인정하면 교도관을 동행시킬 수 있다.
  ㉡ 소장은 귀휴자의 가족 또는 보호관계에 있는 사람으로부터 보호서약서를 제출받아야 한다.
  ㉢ 경찰관서의 장에게 귀휴사실을 통보하는 경우에는 수형자 귀휴사실 통보서에 따른다.

⑦ 귀휴비용 등(규칙 제142조)
  ㉠ 귀휴자의 여비와 귀휴 중 착용할 복장은 본인이 부담한다.
  ㉡ 소장은 귀휴자가 신청할 경우 작업장려금의 전부 또는 일부를 귀휴비용으로 사용하게 할 수 있다.
⑧ 귀휴의 취소 : 소장은 귀휴 중인 수형자가 다음의 어느 하나에 해당하면 그 귀휴를 취소할 수 있다(법 제78조).
  ㉠ 귀휴의 허가사유가 존재하지 아니함이 밝혀진 때
  ㉡ 거소의 제한이나 그 밖에 귀휴허가에 붙인 조건을 위반한 때

> **실력up 귀휴심사위원회의 심사사항**
> - **수용관계** : 건강상태, 징벌유무 등 수용생활 태도, 작업·교육의 근면·성실 정도, 작업장려금 및 보관금, 사회적 처우의 시행 현황, 공범·동종범죄자 또는 심사대상자가 속한 범죄단체 구성원과의 교류 정도
> - **범죄관계** : 범행 시의 나이, 범죄의 성질 및 동기, 공범관계, 피해의 회복 여부 및 피해자의 감정, 피해자에 대한 보복범죄의 가능성, 범죄에 대한 사회의 감정
> - **환경관계** : 가족 또는 보호자, 가족과의 결속 정도, 보호자의 생활상태, 접견·전화통화의 내용 및 횟수, 귀휴예정지 및 교통·통신 관계, 공범·동종범죄자 또는 심사대상자가 속한 범죄단체의 활동상태 및 이와 연계한 재범 가능성

(4) 부부특별면회제도
① 의의 : 배우자가 있는 수형자에게 배우자와의 면회기간에 교정시설 내의 일정한 숙박시설에서 일정시간 함께 할 수 있는 제도이며, 자녀가 있는 경우 자녀도 함께 할 수 있음
② 장·단점
  ㉠ 장점 : 수형자의 성적 긴장감 감소, 부부관계의 유대감을 증대시켜 혼인관계 유지에 도움
  ㉡ 단점 : 수형자가 미혼인 경우 형평성의 문제, 국민의 응보형 법감정에 배치, 시설 설치에 따른 비용의 증가 등
③ 가족 만남의 날 행사 등(규칙 제89조)
  ㉠ 소장은 개방처우급·완화경비처우급 수형자에 대하여 가족 만남의 날 행사에 참여하게 하거나 가족 만남의 집을 이용하게 할 수 있으나, 이 경우 접견 허용횟수에는 포함 불가
  ㉡ 소장은 가족이 없는 수형자에 대하여는 결연을 맺었거나 그 밖에 가족에 준하는 사람으로 하여금 그 가족을 대신하게 할 수 있다.
  ㉢ 소장은 교화를 위하여 특히 필요한 경우에는 일반경비처우급 수형자에 대하여도 가족 만남의 날 행사 참여 또는 가족 만남의 집 이용을 허가할 수 있다.

(5) 주말구금제도
① 의의 : 평일에는 일반사회인과 다름없이 생활하게 하고 토요일 저녁부터 월요일 아침까지 형을 집행하는 분할집행방식

SEMI-NOTE

귀휴조건 위반에 대한 조치
소장은 귀휴자가 귀휴조건을 위반한 경우에는 귀휴를 취소하거나 이의 시정을 위하여 필요한 조치를 하여야 한다(규칙 제143조).

귀휴심사위원회의 설치 및 구성
- 수형자의 귀휴허가에 관한 심사를 하기 위하여 교정시설에 귀휴심사위원회를 둠
- 위원회는 위원장을 포함한 6명 이상 8명 이하의 위원으로 구성
- 위원장은 소장이 되며, 위원은 소장이 소속기관의 부소장·과장 및 교정에 관한 학식과 경험이 풍부한 외부인사 중에서 임명 또는 위촉하고 이 경우 외부위원은 2명 이상

주말구금제도
한국은 현재 시행하고 있지 않음

② **연혁** : 독일 소년법원이 소년 구금의 한 형태로 휴일구금을 하여 출발하게 됨
③ **특징**
  ㉠ 단기수형자에 대하여만 효과가 있고 장기수형자의 경우에는 실효성이 없음
  ㉡ 대상자의 주거나 직장에서 멀지 않은 곳에 적당한 시설을 마련해야 함

(6) 사회봉사활동, 사회견학, 외부종교행사 참석

① 수형자는 교화 또는 건전한 사회복귀를 위하여 교정시설 밖의 적당한 장소에서 봉사활동·견학, 그 밖에 사회적응에 필요한 처우를 받을 수 있다(법 제57조 제5항).
② **사회적 처우** : 소장은 개방처우급·완화경비처우급 수형자에 대하여 교정시설 밖에서 이루어지는 다음에 해당하는 활동을 허가할 수 있다. 다만, 처우상 특히 필요한 경우에는 일반경비처우급 수형자에게도 이를 허가할 수 있다(규칙 제92조 제1항).
  ㉠ 사회견학
  ㉡ 사회봉사
  ㉢ 자신이 신봉하는 종교행사 참석
  ㉣ 연극, 영화, 그 밖의 문화공연 관람

13. 미결수용자 처우

(1) 미결수용자의 의의와 처우

① **의의**
  ㉠ **미결** : 확정판결이 내려지지 않은 상태에서 절차 및 형의 집행을 확보하기 위하여 시설에 수용하는 것
  ㉡ **미결수용자** : 형사피의자나 형사피고인으로서 체포되거나 구속영장의 집행을 받아 교정시설에 수용된 사람
② **처우** : 미결수용자에 대한 처우도 대부분 수형자의 규정을 적용하고 있고, 무죄추정에 따른 처우규정을 둠

(2) 미결수용자 처우의 기본원칙

① **무죄추정의 원칙** : 미결수용자는 무죄의 추정을 받으며 그에 합당한 처우를 받는다(법 제79조).
② **기본권 제한** : 미결수용자의 기본권제한은 구금목적을 달성하거나 시설의 안전과 질서유지를 위한 필요최소한도의 범위에서 허용

(3) 미결수용자의 처우

① **구분수용** : 미결수용자는 구치소에 수용한다(법 제11조 제1항).
② **미결수용시설의 설비 및 계호의 정도** : 미결수용자를 수용하는 시설의 설비 및 계호의 정도는 일반경비시설에 준한다(영 제98조).
③ **법률구조 지원** : 소장은 미결수용자가 빈곤하거나 무지하여 수사 및 재판 과정에서 권리를 충분히 행사하지 못한다고 인정하는 경우에는 법률구조에 필요한 지

SEMI-NOTE

미결수용자의 처우
미결수용자에 대하여 유죄를 전제로 하거나 유죄를 추정하게 하는 처우를 해서는 안 됨

공범 분리
소장은 이송이나 출정, 그 밖의 사유로 미결수용자를 교정시설 밖으로 호송하는 경우에는 해당 사건에 관련된 사람과 호송 차량의 좌석을 분리하는 등의 방법으로 서로 접촉하지 못하게 하여야 한다(영 제100조).

원을 할 수 있다(영 제99조).
④ **분리수용** : 수형자와 미결수용자, 19세 이상의 수형자와 19세 미만의 수형자를 같은 교정시설에 수용하는 경우에는 서로 분리하여 수용한다(법 제13조 제2항). 소장은 미결수용자로서 사건에 서로 관련이 있는 사람은 분리수용하고 서로 간의 접촉을 금지하여야 한다(법 제81조).
⑤ **참관금지** : 미결수용자가 수용된 거실은 참관할 수 없다(법 제80조).
⑥ **사복착용** : 미결수용자는 수사·재판·국정감사 또는 법률로 정하는 조사에 참석할 때에는 사복을 착용할 수 있다. 다만, 소장은 도주우려가 크거나 특히 부적당한 사유가 있다고 인정하면 교정시설에서 지급하는 의류를 입게 할 수 있다(법 제82조).
⑦ **이발** : 미결수용자의 머리카락과 수염은 특히 필요한 경우가 아니면 본인의 의사에 반하여 짧게 깎지 못한다(법 제83조).
⑧ **변호인과의 접견 및 편지수수(법 제84조)**
 ㉠ 미결수용자와 변호인과의 접견에는 교도관이 참여하지 못하며 그 내용을 청취 또는 녹취하지 못한다. 다만, 보이는 거리에서 미결수용자를 관찰할 수 있다.
 ㉡ 미결수용자와 변호인 간의 접견은 시간과 횟수를 제한하지 아니한다.
 ㉢ 미결수용자와 변호인 간의 편지는 교정시설에서 상대방이 변호인임을 확인할 수 없는 경우를 제외하고는 검열할 수 없다.
⑨ **접견 횟수** : 미결수용자의 접견 횟수는 매일 1회로 하되, 변호인과의 접견은 그 횟수에 포함시키지 않는다(영 제101조).
⑩ **접견의 예외** : 소장은 미결수용자의 처우를 위하여 특히 필요하다고 인정하면 접견 시간대 외에도 접견하게 할 수 있고, 변호인이 아닌 사람과 접견하는 경우에도 접견시간을 연장하거나 접견 횟수를 늘릴 수 있다(영 제102조).
⑪ **작업과 교화(법 제86조)**
 ㉠ 소장은 미결수용자에 대하여는 신청에 따라 교육 또는 교화프로그램을 실시하거나 작업을 부과할 수 있다.
 ㉡ 미결수용자에게 교육 또는 교화프로그램을 실시하거나 작업을 부과하는 경우에는 기결수용자의 교육, 작업에 관한 규정을 준용한다.
⑫ **도주 등 통보** : 소장은 미결수용자가 도주하거나 도주한 미결수용자를 체포한 경우에는 그 사실을 검사에게 통보하고, 기소된 상태인 경우에는 법원에도 지체 없이 통보하여야 한다(영 제104조).
⑬ **사망 등 통보** : 소장은 미결수용자가 위독하거나 사망한 경우에는 그 사실을 검사에게 통보하고, 기소된 상태인 경우에는 법원에도 지체 없이 통보하여야 한다(영 제105조).
⑭ **외부의사의 진찰 등** : 미결수용자가 외부의사의 진료를 받는 경우에는 교도관이 참여하고 그 경과를 수용기록부에 기록하여야 한다(영 제106조).

(4) 미결수용의 문제점
① 미결수용은 실질적 형벌
② 구금장소의 부족과 열악한 미결수용으로 과밀수용되어 적합한 처우가 불가능

SEMI-NOTE

유치장
경찰관서에 설치된 유치장은 교정시설의 미결수용실로 보아 이 법을 준용하며, 경찰관서에 설치된 유치장에는 수형자를 30일 이상 수용할 수 없음

조사 등에서의 특칙
소장은 미결수용자가 징벌대상자로서 조사받고 있거나 징벌집행 중인 경우에도 소송서류의 작성, 변호인과의 접견·편지수수, 그 밖의 수사 및 재판 과정에서의 권리행사를 보장하여야 한다(법 제85조).

교육·교화와 작업(영 제103조)
① 미결수용자에 대한 교육·교화프로그램 또는 작업은 교정시설 밖에서 행하는 것은 포함하지 아니한다.
② 소장은 작업이 부과된 미결수용자가 작업의 취소를 요청하는 경우에는 그 미결수용자의 의사, 건강 및 교도관의 의견 등을 고려하여 작업을 취소할 수 있다.

미결수용의 개선방안
• 구금시설의 개선과 증설
• 구속수사의 지양
• 석방제도의 활용
• 수사 및 심리의 신속

③ 범죄에 감염될 우려 높음
④ 구치시설이 외곽에 있어 출정계호상의 문제

14. 수형자 등 호송(수형자 등 호송규정) ★ 빈출개념

(1) 호송공무원(규정 제2조)
교도소·구치소 및 그 지소 간의 호송은 교도관이 행하며, 그 밖의 호송은 경찰관 또는 사법경찰관리로서의 직무를 수행하는 검찰청 직원이 행한다.

(2) 호송방법(규정 제3조)
① 호송은 피호송자를 받아야 할 관서 또는 출두하여야 할 장소와 유치할 장소에 곧바로 호송한다.
② 호송은 필요에 의하여 차례로 여러곳을 거쳐서 행할 수 있다.

(3) 호송장 등(규정 제4조)
① 발송관서는 호송관에게 피호송자를 인도하는 동시에 호송장 기타 필요한 서류를 내어주어야 한다.
② 교도관이 호송하는 때에는 신분장 및 영치금품 송부서를 호송장으로 대용할 수 있다.

(4) 영치금품의 처리(규정 제6조)
피호송자의 영치금품은 다음과 같이 처리한다.
① 영치금은 발송관서에서 수송관서에 전자금융을 이용하여 송금한다. 다만, 소액의 금전 또는 당일 호송을 마칠 수 있는 때에는 호송관에게 탁송할 수 있다.
② 피호송자가 법령에 의하여 호송 중에 물품 등을 자신의 비용으로 구매할 수 있는 때에 그 청구가 있으면 필요한 금액을 호송관에게 탁송하여야 한다.
③ 영치품은 호송관에게 탁송한다. 다만, 위험하거나 호송관이 휴대하기 적당하지 아니한 영치품은 발송관서에서 수송관서에 직송할 수 있다.
④ 송치중의 영치금품을 호송관에게 탁송한 때에는 호송관서에 보관책임이 있고, 그러하지 아니한 때에는 발송관서에 보관책임이 있다.

(5) 피호송자의 숙박(규정 제8조)
① 피호송자의 숙박은 열차·선박 및 항공기를 제외하고는 경찰관서 또는 교정시설을 이용하여야 하며, 숙박의뢰를 받은 경찰관서의 장 또는 교정시설의 장은 부득이 한 경우를 제외하고는 이를 거절할 수 없다.
② 곤란한 때에는 다른 숙소를 정할 수 있다.

(6) 피호송자의 도주 등(규정 제10조)
① 피호송자가 도주한 때에는 호송관은 즉시 그 지방 및 인근 경찰관서와 호송관서에 통지하여야 하며, 호송관서는 관할 지방검찰청, 사건소관 검찰청, 호송을 명

SEMI-NOTE

수송관서에의 통지(규정 제5조)
발송관서는 미리 수송관서에 대하여 피호송자의 성명·발송시일·호송사유 및 방법을 통지하여야 한다.

호송시간(규정 제7조)
호송은 일출전 또는 일몰후에는 행할 수 없다. 다만, 열차·선박·항공기를 이용하는 때 또는 특별한 사유가 있는 때에는 예외로 한다.

피호송자의 질병 등(규정 제11조)
① 피호송자가 질병에 걸렸을 때에는 적당한 치료를 하여야 하며, 호송을 계속할 수 없다고 인정된 때에는 피호송자를 그 서류 및 금품과 함께 인근 교정시설 또는 경찰관서에 일시 유치할 수 있다.
② 피호송자를 유치한 관서는 피호송자의 치료 등에 적극 협조하여야 한다.
③ 질병이 치유된 때에는 관서는 즉시 호송을 계속 진행하고 발송관서에 통지해야 한다.

령한 관서, 발송관서 및 수송관서에 통지하여야 한다.
② 서류와 금품은 발송관서에 반환하여야 한다.

(7) 피호송자의 사망 등(규정 제12조)
① 피호송자가 사망한 경우 호송관서는 사망지 관할 검사의 지휘에 따라 그 인근 경찰관서 또는 교정시설의 협조를 얻어 피호송자의 사망에 따른 업무를 처리한다.
② 피호송자가 열차·선박 또는 항공기에서 사망한 경우 호송관서는 최초 도착한 곳의 관할 검사의 지휘에 따라 그 인근 경찰관서 또는 교정시설의 협조를 얻어 제1항에 따른 업무를 처리한다.
③ 호송관서는 피호송자가 사망한 즉시 발송관서·수송관서 및 사망자의 가족에게 사망일시, 장소 및 원인 등을 통지하여야 한다.
④ 통지를 받을 가족이 없거나, 통지를 받은 가족이 통지를 받은 날부터 3일 내에 그 시신을 인수하지 않으면 임시로 매장하여야 한다.

15. 사형확정자의 처우

(1) 사형확정자의 수용
① 사형확정자의 수용(법 제89조)
　㉠ 사형확정자는 독거수용한다. 다만, 자살방지, 교육·교화프로그램, 작업, 그 밖의 적절한 처우를 위하여 필요한 경우에는 법무부령으로 정하는 바에 따라 혼거수용할 수 있다.
　㉡ 사형확정자가 수용된 거실은 참관할 수 없다.
② 사형확정자 수용시설의 설비 및 계호의 정도 : 사형확정자를 수용하는 시설의 설비 및 계호의 정도는 일반경비시설 또는 중경비시설에 준한다(영 제108조).
③ 구분수용 등(규칙 제150조)
　㉠ 사형확정자의 심리적 안정 도모 또는 교정시설의 안전과 질서유지를 위하여 특히 필요하다고 인정하는 경우에는 교도소에 수용할 사형확정자를 구치소에 수용할 수 있고, 구치소에 수용할 사형확정자를 교도소에 수용할 수 있다.
　㉡ 소장은 사형확정자의 자살·도주 등의 사고를 방지하기 위하여 필요한 경우에는 사형확정자와 미결수용자를 혼거수용할 수 있고, 사형확정자의 교육·교화프로그램, 작업 등의 적절한 처우를 위하여 필요한 경우에는 사형확정자와 수형자를 혼거수용할 수 있다.
　㉢ 사형확정자의 번호표 및 거실표의 색상은 붉은색으로 한다.
④ 이송 : 소장은 사형확정자의 교육·교화프로그램, 작업 등을 위하여 필요하거나 교정시설의 안전과 질서유지를 위하여 특히 필요하다고 인정하는 경우에는 법무부장관의 승인을 받아 사형확정자를 다른 교정시설로 이송할 수 있다(규칙 제151조).
⑤ 전담교정시설 수용 : 사형확정자에 대한 교육·교화프로그램, 작업 등의 처우를 위하여 법무부장관이 정하는 전담교정시설에 수용할 수 있다(규칙 제155조).

SEMI-NOTE

구분수용 등(규칙 제150조)
사형확정자는 사형집행시설이 설치되어 있는 교정시설에 수용하되, 다음과 같이 구분하여 수용한다.
- **교도소** : 교도소 수용 중 사형이 확정된 사람, 교도소에서 교육·교화프로그램 또는 신청에 따른 작업을 실시할 필요가 있다고 인정되는 사람
- **구치소** : 구치소 수용 중 사형이 확정된 사람, 교도소에서 교육·교화프로그램 또는 신청에 따른 작업을 실시할 필요가 없다고 인정되는 사람

(2) 상담 등

① 개인상담 등(법 제90조)
  ㉠ 소장은 사형확정자의 심리적 안정 및 원만한 수용생활을 위하여 교육 또는 교화프로그램을 실시하거나 신청에 따라 작업을 부과할 수 있다.
  ㉡ 사형확정자에 대한 교육·교화프로그램, 작업, 그 밖의 처우에 필요한 사항은 법무부령으로 정한다.
② 상담(영 제152조)
  ㉠ 소장은 사형확정자의 심리적 안정 및 원만한 수용생활을 위하여 소속 교도관으로 하여금 지속적인 상담을 하게 하여야 한다.
  ㉡ 사형확정자에 대한 상담시기, 상담책임자 지정, 상담결과 처리절차 등에 관하여는 엄중관리의 상담 규정을 준용한다.

(3) 작업 (영 제153조)

① 소장은 사형확정자가 작업을 신청하면 교도관회의의 심의를 거쳐 교정시설 안에서 실시하는 작업을 부과할 수 있다. 이 경우 부과하는 작업은 심리적 안정과 원만한 수용생활을 도모하는 데 적합한 것이어야 한다.
② 소장은 작업이 부과된 사형확정자에 대하여 교도관회의의 심의를 거쳐 구분수용 규정을 적용하지 아니할 수 있다.
③ 소장은 작업이 부과된 사형확정자가 작업의 취소를 요청하면 사형확정자의 의사(意思)·건강, 담당교도관의 의견 등을 고려하여 작업을 취소할 수 있다.

(4) 접견 및 통화

① 접견 횟수 : 사형확정자의 접견 횟수는 매월 4회로 한다(영 제109조).
② 접견의 예외 : 소장은 사형확정자의 교화나 심리적 안정을 도모하기 위하여 특히 필요하다고 인정하면 접견 시간대 외에도 접견을 하게 할 수 있고 접견시간을 연장하거나 접견 횟수를 늘릴 수 있다(영 제110조).
③ 전화통화 : 소장은 사형확정자의 심리적 안정과 원만한 수용생활을 위하여 필요하다고 인정하는 경우에는 월 3회 이내의 범위에서 전화통화를 허가할 수 있다(규칙 제156조).

(5) 사형의 집행

① 사형의 집행(법 제91조)
  ㉠ 사형은 교정시설의 사형장에서 집행한다.
  ㉡ 공휴일과 토요일에는 사형을 집행하지 아니한다.
② 사형집행 후의 검시 : 소장은 사형을 집행하였을 경우에는 시신을 검사한 후 5분이 지나지 아니하면 교수형에 사용한 줄을 풀지 못한다(영 제111조).
③ 교정시설에 수용중인 사형확정자에 대해서는 법무부장관의 명령으로 집행하며 사형집행의 명령은 판결이 확정된 날로부터 6월 이내에 하여야 하며, 법무부장관이 사형을 집행을 명한 때에는 5일 이내에 집행하여야 하고, 집행은 교수형으

작업
사형확정자에게 작업을 부과하는 경우에는 기결수용자의 작업의 규정 및 수용자를 대표하는 작업의 규정을 준용

교화프로그램
소장은 사형확정자에 대하여 심리상담, 종교상담, 심리치료 등의 교화프로그램을 실시하는 경우에는 전문가에 의하여 집중적이고 지속적으로 이루어질 수 있도록 계획을 수립·시행하여야 한다(규칙 제154조).

현행 사형제도의 문제점과 개선방안
- 문제점 : 법제상 사형제도를 존치하고 있으나 사형을 집행하지 않고 있어 실질적인 사형폐지국가
- 개선방안 : 사형을 집행하지 않고 있어 사형을 폐지하거나 사형을 대신할 종신형제도, 사형집행유예제도의 도입이 필요

로 하고 군형법은 총살형

16. 수형자의 법적 지위와 처우

(1) 수용자의 인권과 법적 지위
① 의의 : 수형자가 가지는 권리와 의무 및 처우에 관한 국가와의 관계를 말함
② 수형자의 기본권
  ㉠ 모든 국민은 인간으로서의 존엄과 가치를 가지며 행복을 추구할 권리를 가진다고 헌법 제10조에 규정되어 있으므로 수형자도 당연히 국민의 한 사람으로 기본권의 주체
  ㉡ 수용자의 인권은 최대한으로 존중되어야 한다고 규정
  ㉢ 수용자 처우에 관한 유엔 최저기준규칙, 일명 만데라규칙에서는 수용자의 권리보장과 사회복귀를 위한 처우를 강조하고, 고통증대금지를 권고

(2) 수형자의 권리제한과 한계
① 수형자는 원칙적으로 형벌에 따라 제한된 기본권 이외에는 기본권을 향유할 지위를 갖고 있음
② 기본권 제한의 한계 : 국가안전보장, 질서유지 또는 공공복리를 위하여 필요한 경우 법률로 제한할 수 있으나 이는 목적달성을 위한 필요한 경우에 한하며, 수용자의 자유와 권리에 대한 제한은 목적의 정당성, 수단의 적합성, 침해의 최소성, 법익균형성이 고려되어야 함

17. 권리구제제도

(1) 소장 면담
① 소장 면담(법 제116조)
  ㉠ 수용자는 그 처우에 관하여 소장에게 면담을 신청할 수 있다.
  ㉡ 소장은 수용자의 면담신청이 있으면 다음의 어느 하나에 해당하는 사유가 있는 경우를 제외하고는 면담을 하여야 한다.
  ㉢ 소장은 특별한 사정이 있으면 소속 교도관으로 하여금 그 면담을 대리하게 할 수 있다. 이 경우 면담을 대리한 사람은 그 결과를 소장에게 지체 없이 보고하여야 한다.
  ㉣ 소장은 면담한 결과 처리가 필요한 사항이 있으면 그 처리결과를 수용자에게 알려야 한다.
② 소장면담 순서(영 제138조)
  ㉠ 소장은 수용자가 면담을 신청한 경우에는 그 인적사항을 면담부에 기록하고 특별한 사정이 없으면 신청한 순서에 따라 면담하여야 한다.
  ㉡ 소장은 수용자를 면담한 경우에는 그 요지를 면담부에 기록하여야 한다.
  ㉢ 소장은 수용자의 면담 신청을 받아들이지 아니하는 경우에는 그 사유를 해당 수용자에게 알려주어야 한다.

소장면담이 불가능한 사유
- 정당한 사유 없이 면담사유를 밝히지 아니하는 때
- 면담목적이 법령에 명백히 위배되는 사항을 요구하는 것인 때
- 동일한 사유로 면담한 사실이 있음에도 불구하고 정당한 사유 없이 반복하여 면담을 신청하는 때
- 교도관의 직무집행을 방해할 목적이라고 인정되는 상당한 이유가 있는 때

(2) 청원

① 청원(법 제117조)
   ㉠ 수용자는 그 처우에 관하여 불복하는 경우 법무부장관·순회점검공무원 또는 관할 지방교정청장에게 청원할 수 있다.
   ㉡ 청원하려는 수용자는 청원서를 작성하여 봉한 후 소장에게 제출하여야 한다. 다만, 순회점검공무원에 대한 청원은 말로도 할 수 있다.
   ㉢ 소장은 청원서를 개봉하여서는 아니 되며, 이를 지체 없이 법무부장관·순회점검공무원 또는 관할 지방교정청장에게 보내거나 순회점검공무원에게 전달하여야 한다.
   ㉣ 순회점검공무원이 청원을 청취하는 경우에는 해당 교정시설의 교도관이 참여하여서는 아니 된다.
   ㉤ 청원에 관한 결정은 문서로 하여야 한다.
   ㉥ 소장은 청원에 관한 결정서를 접수하면 청원인에게 지체 없이 전달하여야 한다.

② 순회점검공무원에 대한 청원(영 제139조)
   ㉠ 소장은 수용자가 순회점검공무원에게 청원하는 경우에는 그 인적사항을 청원부에 기록하여야 한다.
   ㉡ 순회점검공무원은 수용자가 말로 청원하는 경우에는 그 요지를 청원부에 기록하여야 한다.
   ㉢ 순회점검공무원은 청원에 관하여 결정을 한 경우에는 그 요지를 청원부에 기록하여야 한다.
   ㉣ 순회점검공무원은 청원을 스스로 결정하는 것이 부적당하다고 인정하는 경우에는 그 내용을 법무부장관에게 보고하여야 한다.
   ㉤ 수용자의 청원처리의 기준·절차 등에 관하여 필요한 사항은 법무부장관이 정한다.

(3) 정보공개청구

① 정보공개청구(법 제117조의2)
   ㉠ 수용자는 법무부장관, 지방교정청장 또는 소장에게 정보의 공개를 청구할 수 있다.
   ㉡ 현재의 수용기간 동안 법무부장관, 지방교정청장 또는 소장에게 정보공개청구를 한 후 정당한 사유 없이 그 청구를 취하하거나 비용을 납부하지 아니한 사실이 2회 이상 있는 수용자가 정보공개청구를 한 경우에 법무부장관, 지방교정청장 또는 소장은 그 수용자에게 정보의 공개 및 우송 등에 들 것으로 예상되는 비용을 미리 납부하게 할 수 있다.
   ㉢ 정보의 공개 및 우송 등에 들 것으로 예상되는 비용을 미리 납부하여야 하는 수용자가 비용을 납부하지 아니한 경우 법무부장관, 지방교정청장 또는 소장은 그 비용을 납부할 때까지 정보공개 여부의 결정을 유예할 수 있다.
   ㉣ 예상비용의 산정방법, 납부방법, 납부기간, 그 밖에 비용납부에 관하여 필요한 사항은 대통령령으로 정한다.

SEMI-NOTE

소장의 취소명령
청원이 채택되더라도 즉시 당해 처분이 무효나 취소 등의 효력이 발생하지 않고 소장의 취소명령이 이루어져야 효력 발생

순회점검
감독관청의 감독작용으로 법무부장관이나 법무부장관이 지명한 소속 공무원이 소속 공무원에 대한 감독 작용

② 정보공개의 예상비용 등(영 제139조의2)
- ㉠ 예상비용은 수수료와 우편요금(공개되는 정보의 사본·출력물·복제물 또는 인화물을 우편으로 송부하는 경우로 한정한다)을 기준으로 공개를 청구한 정보가 모두 공개되었을 경우에 예상되는 비용으로 한다.
- ㉡ 법무부장관, 지방교정청장 또는 소장은 수용자가 정보공개의 청구를 한 경우에는 청구를 한 날부터 7일 이내에 제1항에 따른 비용을 산정하여 해당 수용자에게 미리 납부할 것을 통지할 수 있다.
- ㉢ 비용납부의 통지를 받은 수용자는 그 통지를 받은 날부터 7일 이내에 현금 또는 수입인지로 법무부장관, 지방교정청장 또는 소장에게 납부하여야 한다.
- ㉣ 법무부장관, 지방교정청장 또는 소장은 수용자가 비용을 납부기한까지 납부하지 아니한 경우에는 해당 수용자에게 정보공개 여부 결정의 유예를 통지할 수 있다.
- ㉤ 법무부장관, 지방교정청장 또는 소장은 비용이 납부되면 신속하게 정보공개 여부의 결정을 하여야 한다.
- ㉥ 법무부장관, 지방교정청장 또는 소장은 비공개 결정을 한 경우에는 납부된 비용의 전부를 반환하고 부분공개 결정을 한 경우에는 공개 결정한 부분에 대하여 드는 비용을 제외한 금액을 반환하여야 한다.
- ㉦ 법무부장관, 지방교정청장 또는 소장은 비용이 납부되기 전에 정보공개 여부의 결정을 할 수 있다.

(4) 행정심판의 청구
① 행정심판 절차를 통하여 행정청의 위법 또는 부당한 처분이나 부작위로 침해된 국민의 권리 또는 이익을 구제하기 위한 제도
② 행정심판의 대상
- ㉠ 행정청의 처분 또는 부작위에 대하여는 다른 법률에 특별한 규정이 있는 경우 외에는 이 법에 따라 행정심판을 청구 가능
- ㉡ 대통령의 처분 또는 부작위에 대하여는 다른 법률에서 행정심판을 청구할 수 있도록 정한 경우 외에는 행정심판을 청구 불가능

18. 석방 및 사망

(1) 석방
① 석방 : 소장은 사면·형기종료 또는 권한이 있는 사람의 명령에 따라 수용자를 석방한다(법 제123조).
② 석방시기(법 제124조)
- ㉠ 사면, 가석방, 형의 집행면제, 감형에 따른 석방은 그 서류가 교정시설에 도달한 후 12시간 이내에 하여야 한다. 다만, 그 서류에서 석방일시를 지정하고 있으면 그 일시에 한다.
- ㉡ 형기종료에 따른 석방은 형기종료일에 하여야 한다.

SEMI-NOTE

정보공개의 예상비용 등(영 제139조의2)
비용의 세부적인 납부방법 및 반환방법 등에 관하여 필요한 사항은 법무부장관이 정한다.

국가인권위원회에 의한 구제
인권을 침해당한 사람은 국가인권위원회에 진정을 할 수 있으므로 수용시설에 수용된 사람도 진정 가능

불이익처우 금지
수용자는 청원, 진정, 소장과의 면담, 그 밖의 권리구제를 위한 행위를 하였다는 이유로 불이익한 처우를 받지 아니한다(법 제118조).

석방예정자의 수용이력 등 통보
소장은 석방될 수형자의 재범방지, 자립지원 및 피해자 보호를 위하여 필요하다고 인정하면 해당 수형자의 수용이력 또는 사회복귀에 관한 의견을 그의 거주지를 관할하는 경찰관서나 자립을 지원할 법인 또는 개인에게 통보할 수 있다. 다만, 법인 또는 개인에게 통보하는 경우에는 해당 수형자의 동의를 받아야 한다(법 제126조조의2).

SEMI-NOTE

ⓒ 권한이 있는 사람의 명령에 따른 석방은 서류가 도달한 후 5시간 이내에 하여야 한다.
③ 피석방자의 일시수용 : 소장은 피석방자가 질병이나 그 밖에 피할 수 없는 사정으로 귀가하기 곤란한 경우에 본인의 신청이 있으면 일시적으로 교정시설에 수용할 수 있다(법 제125조).
④ 귀가여비의 지급 등 : 소장은 피석방자에게 귀가에 필요한 여비 또는 의류가 없으면 법무부장관이 정하는 범위에서 이를 지급하거나 빌려 줄 수 있다(법 제126조).

(2) 사망

① 사망 알림 : 소장은 수용자가 사망한 경우에는 그 사실을 즉시 그 가족(가족이 없는 경우에는 다른 친족)에게 알려야 한다(법 제127조).
② 시신의 인도 등(법 제128조)
  ㉠ 소장은 사망한 수용자의 친족 또는 특별한 연고가 있는 사람이 그 시신 또는 유골의 인도를 청구하는 경우에는 인도하여야 한다. 다만, 자연장을 하거나 집단으로 매장을 한 후에는 그러하지 아니하다.
  ㉡ 소장은 수용자가 사망한 사실을 알게 된 사람이 다음 어느 하나에 해당하는 기간 이내에 그 시신을 인수하지 아니하거나 시신을 인수할 사람이 없으면 임시로 매장하거나 화장 후 봉안하여야 한다. 다만, 감염병 예방 등을 위하여 필요하면 즉시 화장하여야 하며, 그 밖에 필요한 조치를 할 수 있다.
    • 임시로 매장하려는 경우 : 사망한 사실을 알게 된 날부터 3일
    • 화장하여 봉안하려는 경우 : 사망한 사실을 알게 된 날부터 60일
  ㉢ 소장은 시신을 임시로 매장하거나 화장하여 봉안한 후 2년이 지나도록 시신의 인도를 청구하는 사람이 없을 때에는 다음 각 호의 구분에 따른 방법으로 처리할 수 있다.
    • 임시로 매장한 경우 : 화장 후 자연장을 하거나 일정한 장소에 집단으로 매장
    • 화장하여 봉안한 경우 : 자연장
  ㉣ 소장은 수용자가 사망하면 법무부장관이 정하는 범위에서 화장 · 시신인도 등에 필요한 비용을 인수자에게 지급할 수 있다.

시신의 인도 등(법 제128조)
소장은 병원이나 그 밖의 연구기관이 학술연구상의 필요에 따라 수용자의 시신 인도를 신청하면 본인의 유언 또는 상속인의 승낙이 있는 경우에 한하여 인도할 수 있다.

03절   사회내처우

1. 사회내처우제도(지역사회교정) ★ 빈출개념

(1) 사회내처우제도의 의의

① 범죄인을 교도소나 기타 시설에 수용하지 않고 사회생활을 하면서 교화개선시키는 제도
② 지역사회교정은 예방을 중시하는 것으로 범죄자가 지역사회로 재통합되어야 한다는 가정에 기초

사회내처우
범죄인의 교화개선에 중점을 둔 사회내처우에 형벌적 요소를 가미하는 형태

③ 형벌과 보안처분에 이어 등장한 제3의 형사제재로 재범방지와 교정시설의 과밀해소에 많은 기여를 하고 있고, 교정비용을 줄일 수 있음
④ 범죄인의 개별처우를 실현하기 위한 효율적인 처우방법으로 시설내처우의 폐단을 극복하기 위한 것
⑤ 사회내처우제도에는 보호관찰제도, 가석방제도, 전자감시제도, 가택구금제도, 외출제한명령제도, 약물치료명령제도, 사회명령제도, 수강명령제도, 갱생보호제도 등

(2) 사회내처우제도의 필요성
① 교정비용의 절감
② 구금의 폐해예방
③ 범죄인의 인도적 처우
④ 범죄인의 사회적 유대강화
⑤ 교정교화에 유리
⑥ 중간처벌의 기능제공

(3) 사회내처우제도의 형태
① 전환제도(Diversion) : 범죄자를 공식적인 형사사법절차와 과정으로부터 비공식적인 절차와 과정으로 우회시키는 제도로 훈방, 기소유예, 선고유예, 집행유예 등
② 옹호적 지역사회교정 : 옹호는 범죄자의 변화보다는 범죄인의 재사회화 기능을 담당하는 사회의 변화가능성을 강조하는 것으로 청소년봉사국의 설립, 무료법률부조활동, 법률의 변화에 대한 적절한 대처 등
③ 재통합 : 범죄인보다 사회의 변화를 강조하는 옹호모형과는 달리 사회 모두의 변화를 추구하는 것

(4) 보호관찰
① 의의 : 범죄인 및 비행소년의 개선과 사회복귀를 도모하기 위하여 일상적인 생활을 영위토록하면서 준수사항을 지키도록 지도감독하고 필요한 지도와 원호를 하는 처우방법
② 종류
　㉠ 유예조건부형 : 집행유예와 선고유예에 부수하는 보호관찰
　㉡ 가석방조건부형 : 가석방, 가종료, 임시퇴원에 부수하는 보호관찰
　㉢ 종국처분형 : 다른 형사처분과 별도의 제재로 소년법상의 보호관찰
　㉣ 만기석방형 : 형기만료자를 석방하여 보호관찰하는 것으로 전자장치의 부착이 이에 해당
③ 보호관찰의 감독
　㉠ 교통사범 : 몇 개월 동안 운전관련 안전교육을 실시하는 보호관찰
　㉡ 음주운전 : 관찰대상자를 수시로 소변검사를 하거나 차량에 감시용장비를 부착하여 음주운전을 억제하게 하는 보호관찰

SEMI-NOTE

사회내처우제도의 등장
- 재범률이 증가하여 구금상태에서 실시하는 교정효과에 의문제기하면서 등장
- 구금의 폐해인 악성감염과 범죄의 학습을 차단하기 위해 등장
- 정상적인 집단과의 유대를 차단하여 다른 범죄가능성을 조장하기 때문에 등장

사회내처우제도의 문제점
- 대상선정의 어려움
- 범죄위험성 예측의 보수성
- 사회방위에 부적합
- 실질적 구금화
- 형사사법망의 확대

재통합적 지역사회교정
중간처우의 집과 집단가정이 대표적

보호관찰
범죄인을 교도소나 기타의 시설에 수용하지 않고 사회생활을 영위하면서 개선 · 갱생시키는 제도

SEMI-NOTE

ⓒ **집중감독** : 갱집단이나 약물중독자에 대하여 전자장치를 부착하여 관찰하는 보호관찰
ⓓ 충격몇개월 동안 수용시설에서 극기훈련, 준법교육 등을 실시한 후 보호관찰로 전환하는 방법
④ 보호관찰의 유형
  ㉠ **처벌적 보호관찰** : 처벌과 위협을 수단으로 범죄자를 사회에 동조하도록 강요
  ㉡ **보호적 보호관찰** : 사회의 보호와 범죄자의 보호를 절충하는 유형으로 칭찬과 꾸중, 지원과 강요 이용
  ㉢ **복지적 보호관찰** : 범죄자에 대한 복지향상에 목표를 두는 것으로 범죄자가 적응할 수 있도록 원호하는 것
  ㉣ **수동적 보호관찰** : 범죄자에 대하여 최소한 개입하려는 것
⑤ 보호관찰의 모형
  ㉠ **전통적 모형** : 지도와 감독에서 보도와 원호에 이르기까지 다양한 기능을 수행하나 통제를 더 중시
  ㉡ **프로그램 모형** : 전문가를 지향하나 목적수행을 위한 자원을 내부적으로 해결하는 모형
  ㉢ **옹호모형** : 원호와 개선에 중점을 두고 외부자원을 적극 활용하며 대상자에게 전문적이고 다양한 서비스를 제공받도록 함
  ㉣ **중개모형** : 외부자원을 활용하여 대상자에게 전문적인 보호관찰을 받을 수 있게 하는 모형

사회내처우제도의 유효성
- 구금의 범죄배양효과와 낙인효과를 피하여 재범의 예방
- 시설내처우에 비하여 사회적응력을 향상시킴
- 교정시설의 과밀수용 해결
- 시설내처우에 비하여 운영경비를 절감할 수 있고 사법기관의 부담 경감

2. 중간처우제도와 중간처벌제도

(1) 중간처우

① **의의** : 중간처우는 교정시설과 사회의 중간에 있는 일정한 시설에서 사회복귀능력을 향상시킬 목적으로 비교적 폭넓은 자유를 허용하는 처우방식
② **유형** : 사회내 중간처우에는 중간처우의 집, 석방 전 지도센터, 보호관찰 호스텔, 다목적센터 등
③ **중간처우의 집** : 수용자로 하여금 자신이 이용할 수 있는 지역사회자원을 알게 할 뿐 아니라 다양한 지역사회 자원으로 접근할 수 있도록 도와줌으로써 지역사회의 치유와 재통합 이끔
④ **석방 전 지도센터** : 형기만료 수주일 전에 수용되어 전문상담가의 상담, 지도, 보호를 통하여 취업 및 직업훈련 등 사회의 단계적 복귀, 사회생활의 책임감 부여, 사회생활의 준비 등 교정시설과 일반사회의 중간처우를 실시하는 곳
⑤ **사회내 처우센터** : 석방 이전에 수형자의 사회복귀를 준비시키기 위하여 교정시설과 사회의 중간에 설치하는 처우시설
⑥ **다목적센터** : 특정한 목적을 위한 시설의 운영이 가져다주는 재정적 부담을 완화하기 위해 주로 소년을 대상으로 여러 가지 목적에 부응하기 위하여 만들어진 시설

중간처우
중간처우제도는 수형자에 대한 분류가 선행되어야 형사제재의 연속성을 가져올 수 있고, 시설수용 내지 석방에 충격을 완화할 수 있음

(2) 중간처벌

① 의의
  ㉠ 사회내처우에 바탕을 두고 제재에 중점을 둔 제도
  ㉡ 시설내처우와 보호관찰 사이의 틈을 메우기 위한 처우방식

② 중간처벌의 장점과 단점

장점	• 보호관찰의 한계를 보완하고 보호관찰대상자 확대 • 불필요한 구금을 회피하고 과밀수용과 교정비용을 완화시켜 지역사회교정 활성화 • 양형의 적정성을 높임 • 구금형과 보호관찰 사이에 다양한 제재를 제공하여 형벌의 적정성에 기여
단점	• 형사사법의 처분 확대 초래 • 범죄자의 선정 및 불공정성 해소 어려움 • 기관선정 및 시행 어려움

③ 중간처벌의 유형
  ㉠ 충격구금 : 보호관찰에 구금의 고통이 가장 짧은 기간동안만 범죄인을 구금하여 구금의 고통을 경험하게 하여 범죄행위를 억제하게 하는 제도
  ㉡ 전자감시제도 : 보호관찰 대상자가 지정된 장소에 있는지의 여부를 확인하기 위한 원격 감시스템
  ㉢ 가택구금제도 : 법원의 사회내 구금명령에 의하여 범죄자를 형기동안 그의 집에 구금하는 제도
  ㉣ 집중보호관찰 : 범죄자를 밀착 감시하고 엄격한 준수사항 강조하는 제도
  ㉤ 사회봉사명령 : 법원이 범죄자에 대하여 일정한 기간 동안 무보수로 봉사활동을 명령하는 것
  ㉥ 수강명령 : 법원에서 유죄가 인정되거나 보호 처분의 필요성이 인정된 자에 대하여 일정 시간 동안 강의, 체험 학습, 심신 훈련 등의 범죄성 개선을 위한 교육을 받도록 명령하는 제도

3. 전자감시제도와 가택구금제도

(1) 전자감시제도

① 의의 : 일정한 조건으로 석방 또는 가석방된 범죄자가 지정된 시간에 지정된 장소에 있는지 여부를 확인하기 위해서 범죄자의 손목 또는 발목에 전자감응장치를 부착시켜 유선전화기 또는 무선장비를 이용하여서 원격 감시하는 제도
② 연혁 : 미국에서 본격적으로 처음 시행된 후 프랑스, 이탈리아, 캐나다, 호주, 영국 등으로 확산
③ 운영방식 : 감시시스템, 계속적 감시시스템, 탐지시스템
  ㉠ 탐지시스템 : 감시대상자가 부착하고 있는 소형발신기로부터 나오는 지속적인 무선신호를 감지하여 감시대상자가 주거에 있는지에 대한 여부를 확인하는 방식

SEMI-NOTE

시설내처우
오늘날 교정의 추세는 시설내처우를 완화하는 방향으로 나아가고 있어 제도의 단점을 보완하여 활용하는 정책을 시행할 필요가 있음

중간처벌의 문제점
중간처벌은 구금인원과 구금비용을 줄이기 위해 만든 것이나 이로 인한 형사처분망이 확대되고 보호관찰의 본질 훼손됨

전자감시
축적된 개개인의 데이터베이스를 활용하여 개인의 생각과 행동을 감시하는 것

SEMI-NOTE

ⓒ **감시시스템** : 대상자가 지정된 장소에 머무르고 있는지 여부를 전화 등으로 확인하는 통제시스템
④ **활용방식**
㉠ 판결 전 단계에서 구속을 대체하는 수단으로 이용
ⓒ 준수사항 위반자에 대한 제재조치로 이용
⑤ **장점과 단점**

장점	• 보호관찰관의 감시업무 경감 • 구금의 경비절감 및 과밀수용 방지 • 특별한 시설을 필요로 하지 않음 • 가족관계나 직장을 유지할 수 있음 • 외출이 통제되므로 자유형의 집행효과 • 시설수용에 따른 낙인효과 방지
단점	• 대상자가 장치를 조작하여 회피할 가능성 • 감시구역 내에서 대상자가 어떤 행동을 하는지 파악 곤란 • 주거가 없는 대상자에게 사용 곤란 • 국민의 법감정에 배치 • 대상자의 세세한 부분까지 감시하여 지나친 사생활 침해 가능성

가택구금
청소년외출제한명령이 이에 해당

(2) 가택구금

① **의의**
㉠ 대상자 본인의 집에 감금하는 형사처분
ⓒ 전자감독과 연계하여 시행하는 경우가 일반적
② **연혁** : 미국에서 교정시설의 과밀문제로 인하여 법원의 결정으로 시행된 이후 각 국에서 채택
③ **가택구금의 유형**
㉠ **통행금지** : 주간이나 평일에는 사회활동, 학교활동을 하도록 하고 야간이나 주말에 집 밖으로 나가지 못하게 하는 처분
ⓒ **가택연금** : 종교활동, 질병치료, 취업활동 등 필수적인 사회활동을 집 밖에서 할 수 있도록 허용하고 계속 감금상태를 지키도록 하는 처분
ⓒ **가택수용** : 법원이 명한 약물치료, 공식적인 조사나 처우 외에는 계속 집에 머물러야 하는 처분
④ **장점과 단점**

장점	• 범죄의 엄격한 처벌과 구금비용의 절감 동시 만족 • 시설내 처우에 비하여 인간적 • 과밀수용의 해소와 보호관찰관의 업무감소 • 임산부나 에이즈환자에게 적합
단점	• 공권력의 개인 가정에 간섭 증대 • 형사사법의 그물망 확대 • 범죄문제를 가정으로 전가시킴 • 감시장비 비용과다

(3) 전자감시제도와 가택구금제도의 평가
① 기본권 침해 가능성
② 형사사법 처분망의 확대 가능성
③ 범죄자에 대한 관리를 기술에 의존
④ 재범방지 효과의 의문

(4) 우리나라의 전자감독(특정 범죄자에 대한 보호관찰 및 전자장치 부착 등에 관한 법률)
① 전자장치 부착명령의 청구 : 검사는 다음의 어느 하나에 해당하고, 성폭력범죄를 다시 범할 위험성이 있다고 인정되는 사람에 대하여 전자장치를 부착하도록 하는 명령을 법원에 청구할 수 있다(법 제5조 제1항).
  ㉠ 성폭력범죄로 징역형의 실형을 선고받은 사람이 그 집행을 종료한 후 또는 집행이 면제된 후 10년 이내에 성폭력범죄를 저지른 때
  ㉡ 성폭력범죄로 이 법에 따른 전자장치를 부착받은 전력이 있는 사람이 다시 성폭력범죄를 저지른 때
  ㉢ 성폭력범죄를 2회 이상 범하여 그 습벽이 인정된 때
  ㉣ 19세 미만의 사람에 대하여 성폭력범죄를 저지른 때
  ㉤ 신체적 또는 정신적 장애가 있는 사람에 대하여 성폭력범죄를 저지른 때
② 검사는 다음의 어느 하나에 해당하고 강도범죄를 다시 범할 위험성이 있다고 인정되는 사람에 대하여 부착명령을 법원에 청구할 수 있다(법 제5조 제4항).
  ㉠ 강도범죄로 징역형의 실형을 선고받은 사람이 그 집행을 종료한 후 또는 집행이 면제된 후 10년 이내에 다시 강도범죄를 저지른 때
  ㉡ 강도범죄로 이 법에 따른 전자장치를 부착하였던 전력이 있는 사람이 다시 강도범죄를 저지른 때
  ㉢ 강도범죄를 2회 이상 범하여(유죄의 확정판결을 받은 경우를 포함한다) 그 습벽이 인정된 때
③ 부착명령의 판결 등 : 법원은 부착명령 청구가 이유 있다고 인정하는 때에는 다음에 따른 기간의 범위 내에서 부착기간을 정하여 판결로 부착명령을 선고하여야 한다. 다만, 19세 미만의 사람에 대하여 특정범죄를 저지른 경우에는 부착기간 하한을 다음에 따른 부착기간 하한의 2배로 한다(법 제9조 제1항).
  ㉠ 법정형의 상한이 사형 또는 무기징역인 특정범죄 : 10년 이상 30년 이하
  ㉡ 법정형 중 징역형의 하한이 3년 이상의 유기징역인 특정범죄(제1호에 해당하는 특정범죄는 제외한다) : 3년 이상 20년 이하
  ㉢ 법정형 중 징역형의 하한이 3년 미만의 유기징역인 특정범죄(제1호 또는 제2호에 해당하는 특정범죄는 제외한다) : 1년 이상 10년 이하
④ 가종료 등과 전자장치 부착 : 치료감호심의위원회는 부착명령 판결을 선고받지 아니한 특정 범죄자로서 치료감호의 집행 중 가종료 또는 치료위탁되는 피치료감호자나 보호감호의 집행 중 가출소되는 피보호감호자에 대하여 치료감호법 또는 사회보호법에 따른 준수사항 이행 여부 확인 등을 위하여 보호관찰기간의 범

SEMI-NOTE

전자감독
구금이나 보호관찰에 비하여 효율성이 떨어지지 않는 것으로 나타나고 있으나 범죄자가 발찌를 절단하고 범죄를 범하는 경우가 종종 나타나고 있음

부착명령의 집행
부착명령은 특정범죄사건에 대한 형의 집행이 종료되거나 면제·가석방되는 날 또는 치료감호의 집행이 종료·가종료되는 날 석방 직전에 피부착명령자의 신체에 전자장치를 부착함으로써 집행

가석방과 전자장치 부착
부착명령 판결을 선고받지 아니한 특정 범죄자로서 형의 집행 중 가석방되어 보호관찰을 받게 되는 자는 준수사항 이행 여부 확인 등을 위하여 가석방기간 동안 전자장치를 부착하여야 한다(법 제22조 제1항).

위에서 기간을 정하여 전자장치를 부착하게 할 수 있다(법 제23조 제1항).
⑤ 형의 집행유예와 부착명령 : 법원은 특정범죄를 범한 자에 대하여 형의 집행을 유예하면서 보호관찰을 받을 것을 명할 때에는 보호관찰기간의 범위 내에서 기간을 정하여 준수사항의 이행여부 확인 등을 위하여 전자장치를 부착할 것을 명할 수 있다(법 제28조 제1항).
⑥ 보석과 전자장치 부착 : 법원은 보석조건으로 피고인에게 전자장치 부착을 명할 수 있다(법 제31조의2 제1항).

4. 가석방제도(형의 집행 및 수용자의 처우에 관한 법률)

(1) 가석방제도의 의의
① 교정시설에 수용되어 있는 범죄인이 교정성적이 우수하고 재범의 위험성이 없다고 인정될 때 그 형기가 만료되기 전에 조건부로 석방하는 행정처분
② 가석방은 사회내처우에 해당

(2) 연혁
① 1842년 호주 노포크섬 유형자들을 잔형기간 동안 영국 본토로 귀국하지 않는 것으로 조건으로 석방함
② 고려시대 직계존속을 부양할 필요성이 있는 죄인에게 형을 감면해 주는 가석방과 유사한 휼형제도가 있었음
③ 미군정 시대에 우량수형자 석방령 제정

(3) 우리나라 가석방제도
① 가석방 요건
  ㉠ 징역이나 금고의 집행 중에 있는 사람이 행상이 양호하여 뉘우침이 뚜렷한 때에는 무기형은 20년, 유기형은 형기의 3분의 1이 지난 후 행정처분으로 가석방을 할 수 있다(형법 제72조 제1항).
  ㉡ 형기에 산입된 판결선고 전 구금일수는 가석방을 하는 경우 집행한 기간에 산입한다(형법 제73조 제1항).
  ㉢ 징역 또는 금고를 선고받은 소년에 대하여는 다음의 기간이 지나면 가석방을 허가할 수 있다(소년법 제65조).
    • 무기형의 경우에는 5년
    • 15년 유기형의 경우에는 3년
    • 부정기형의 경우에는 단기의 3분의 1
② 가석방 기간
  ㉠ 가석방의 기간은 무기형에 있어서는 10년으로 하고, 유기형에 있어서는 남은 형기로 하되, 그 기간은 10년을 초과할 수 없다(형법 제73조의2 제1항).
  ㉡ 징역 또는 금고를 선고받은 소년이 가석방된 후 그 처분이 취소되지 아니하고 가석방 전에 집행을 받은 기간과 같은 기간이 지난 경우에는 형의 집행을 종

SEMI-NOTE

가석방
선시제와 비슷하지만 선시제는 입법에 의한 법정요건이 충족되면 반드시 석방하는 제도이므로 형집행 방법의 변경에 불과한 가석방과 구별

가석방의 목적과 기능
• 과밀수용의 해소
• 자기개선의 촉구
• 재범방지 및 사회적응
• 수용경비의 절감
• 행형제도의 보완

료한 것으로 한다. 다만, 형기 또는 장기의 기간이 먼저 지난 경우에는 그 때에 형의 집행을 종료한 것으로 한다(소년법 제66조).

③ **위원회의 구성(법 제120조)**
- ㉠ 위원회는 위원장을 포함한 5명 이상 9명 이하의 위원으로 구성한다.
- ㉡ 위원장은 법무부차관이 되고, 위원은 판사, 검사, 변호사, 법무부 소속 공무원, 교정에 관한 학식과 경험이 풍부한 사람 중에서 법무부장관이 임명 또는 위촉한다.
- ㉢ 위원회의 심사과정 및 심사내용의 공개범위와 공개시기는 다음과 같다. 다만, 개인의 신상을 특정할 수 있는 부분은 삭제하고 공개하되, 국민의 알권리를 충족할 필요가 있는 등의 사유가 있는 경우에는 위원회가 달리 의결할 수 있다.
  - 위원의 명단과 경력사항은 임명 또는 위촉한 즉시
  - 심의서는 해당 가석방 결정 등을 한 후부터 즉시
  - 회의록은 해당 가석방 결정 등을 한 후 5년이 경과한 때부터

④ **가석방 적격심사 신청(법 제121조)**
- ㉠ 소장은 가석방 기간이 지난 수형자에 대하여는 법무부령으로 정하는 바에 따라 위원회에 가석방 적격심사를 신청하여야 한다.
- ㉡ 위원회는 수형자의 나이, 범죄동기, 죄명, 형기, 교정성적, 건강상태, 가석방 후의 생계능력, 생활환경, 재범의 위험성, 그 밖에 필요한 사정을 고려하여 가석방의 적격 여부를 결정한다.

⑤ **사전조사** : 소장은 수형자의 가석방 적격심사신청을 위하여 사전에 조사해야 한다. 이 경우 특히 필요하다고 인정할 때에는 수형자, 가족, 그 밖의 사람과 면담 등을 할 수 있다(규칙 제246조).

⑥ **적격심사신청(규칙 제250조)**
- ㉠ 소장은 가석방 적격심사를 신청할 때에는 가석방 적격심사신청서에 가석방 적격심사 및 신상조사표를 첨부하여야 한다.
- ㉡ 소장은 가석방 적격심사신청 대상자를 선정한 경우 선정된 날부터 5일 이내에 위원회에 가석방 적격심사신청을 하여야 한다.
- ㉢ 소장은 위원회에 적격심사신청한 사실을 수형자의 동의를 받아 보호자 등에게 알릴 수 있다.

⑦ **재신청** : 소장은 가석방이 허가되지 아니한 수형자에 대하여 그 후에 가석방을 허가하는 것이 적당하다고 인정하는 경우에는 다시 가석방 적격심사신청을 할 수 있다(규칙 제251조).

⑨ **사회의 감정에 대한 심사** : 다음에 해당하는 수형자에 대하여 적격심사할 때에는 특히 그 범죄에 대한 사회의 감정에 유의하여야 한다(규칙 제254조).
- ㉠ 범죄의 수단이 참혹 또는 교활하거나 극심한 위해를 발생시킨 경우
- ㉡ 해당 범죄로 무기형에 처해진 경우
- ㉢ 그 밖에 사회적 물의를 일으킨 죄를 지은 경우

⑩ **가석방 결정** : 위원회가 가석방의 적격 여부에 대한 결정을 한 경우에는 결정서를 작성하여야 한다(규칙 제258조).

SEMI-NOTE

가석방심사위원회
가석방의 적격 여부를 심사하기 위하여 법무부장관 소속으로 가석방심사위원회를 둔다(법 제119조).

적격심사신청 대상자 선정(규칙 제245조)
① 소장은 가석방 기간을 경과한 수형자로서 교정성적이 우수하고 뉘우치는 빛이 뚜렷하여 재범의 위험성이 없다고 인정하는 경우에는 분류처우위원회의 의결을 거쳐 가석방 적격심사신청 대상자를 선정한다.
② 소장은 가석방 적격심사신청에 필요하다고 인정하면 분류처우위원회에 담당교도관을 출석하게 하여 수형자의 가석방 적격심사사항에 관한 의견을 들을 수 있다.

누범자에 대한 심사
위원회가 동일하거나 유사한 죄로 2회 이상 징역형 또는 금고형의 집행을 받은 수형자에 대하여 적격심사할 때에는 뉘우치는 정도, 노동 능력 및 의욕, 근면성, 그 밖에 정상적인 업무에 취업할 수 있는 생활계획과 보호관계에 관하여 중점적으로 심사하여야 한다(규칙 제252조).

SEMI-NOTE

가석방자가 지켜야 할 사항의 알림 등
소장은 가석방 허가에 따라 수형자를 가석방하는 경우에는 가석방자 교육을 하고, 지켜야 할 사항을 알려준 후 증서를 발급해야 한다(영 제140조).

범죄동기에 대한 심사(규칙 제253조)
① 위원회가 범죄의 동기에 관하여 심사할 때에는 사회의 통념 및 공익 등에 비추어 정상을 참작할 만한 사유가 있는지를 심사하여야 한다.
② 범죄의 동기가 군중의 암시 또는 도발, 감독관계에 의한 위협, 그 밖에 이와 유사한 사유로 인한 것일 때에는 특히 수형자의 성격 또는 환경의 변화에 유의하고 가석방 후의 환경이 가석방처분을 받은 사람에게 미칠 영향을 심사하여야 한다.

⑪ 가석방 허가(법 제122조)
  ㉠ 위원회는 가석방 적격결정을 하였으면 5일 이내에 법무부장관에게 가석방 허가를 신청하여야 한다.
  ㉡ 법무부장관은 위원회의 가석방 허가신청이 적정하다고 인정하면 허가할 수 있다.
⑫ 취소사유 : 가석방자는 가석방 기간 중 지켜야 할 사항 및 관할 경찰서장의 명령 또는 조치를 따라야 하며 이를 위반하는 경우에는 가석방을 취소할 수 있다(규칙 제260조).
⑬ 취소신청(규칙 제261조)
  ㉠ 수형자를 가석방한 소장 또는 가석방자를 수용하고 있는 소장은 가석방자가 가석방 취소사유에 해당하는 사실이 있음을 알게 되거나 관할 경찰서장으로부터 그 사실을 통보받은 경우에는 지체 없이 가석방 취소심사신청서에 가석방 취소심사 및 조사표를 첨부하여 위원회에 가석방 취소심사를 신청하여야 한다.
  ㉡ 위원회가 신청을 받아 심사를 한 결과 가석방을 취소하는 것이 타당하다고 결정한 경우에는 결정서에 가석방 취소심사 및 조사표를 첨부하여 지체 없이 법무부장관에게 가석방의 취소를 신청하여야 한다.
  ㉢ 소장은 가석방을 취소하는 것이 타당하다고 인정하는 경우 긴급한 사유가 있을 때에는 위원회의 심사를 거치지 아니하고 전화, 전산망 또는 그 밖의 통신수단으로 법무부장관에게 가석방의 취소를 신청할 수 있다. 이 경우 소장은 지체 없이 가석방 취소심사 및 조사표를 송부하여야 한다.
⑭ 취소심사(규칙 제262조)
  ㉠ 위원회가 가석방 취소를 심사하는 경우에는 가석방자가 가석방자관리규정 등의 법령을 위반하게 된 경위와 그 위반이 사회에 미치는 영향, 가석방 기간 동안의 생활 태도, 직업의 유무와 종류, 생활환경 및 친족과의 관계, 그 밖의 사정을 고려하여야 한다.
  ㉡ 위원회는 심사를 위하여 필요하다고 인정하면 가석방자를 위원회에 출석하게 하여 진술을 들을 수 있다.
⑮ 잔형의 집행
  ㉠ 소장은 가석방이 취소된 경우에는 지체 없이 잔형 집행에 필요한 조치를 취하고 법무부장관에게 가석방취소자 잔형집행보고서를 송부하여야 한다.
  ㉡ 소장은 가석방자가 가석방이 실효된 것을 알게 된 경우에는 지체 없이 잔형 집행에 필요한 조치를 취하고 법무부장관에게 가석방실효자 잔형집행보고서를 송부하여야 한다.
  ㉢ 소장은 가석방이 취소된 사람 또는 가석방이 실효된 사람이 교정시설에 수용되지 아니한 사실을 알게 된 때에는 관할 지방검찰청 검사 또는 관할 경찰서장에게 구인하도록 의뢰하여야 한다.
  ㉣ 구인 의뢰를 받은 검사 또는 경찰서장은 즉시 가석방취소자 또는 가석방실효자를 구인하여 소장에게 인계하여야 한다.

ⓑ 가석방취소자 및 가석방실효자의 잔형 기간은 가석방을 실시한 다음 날부터 원래 형기의 종료일까지로 하고, 잔형집행 기산일은 가석방의 취소 또는 실효로 인하여 교정시설에 수용된 날부터 한다.
ⓗ 가석방 기간 중 형사사건으로 구속되어 교정시설에 미결수용 중인 자의 가석방 취소 결정으로 잔형을 집행하게 된 경우에는 가석방된 형의 집행을 지휘하였던 검찰청 검사에게 잔형 집행지휘를 받아 우선 집행하여야 한다.

> **실력UP 가석방**
>
> - **가석방의 실효** : 가석방 기간 중 고의로 지은 죄로 금고 이상의 형을 선고받아 그 판결이 확정된 경우에 가석방 처분은 효력을 잃는다(형법 제74조).
> - **가석방의 취소** : 가석방의 처분을 받은 자가 감시에 관한 규칙을 위배하거나, 보호관찰의 준수사항을 위반하고 그 정도가 무거운 때에는 가석방처분을 취소할 수 있다(형법 제75조).
> - **가석방의 효과** : 가석방의 처분을 받은 후 그 처분이 실효 또는 취소되지 아니하고 가석방 기간을 경과한 때에는 형의 집행을 종료한 것으로 본다. 가석방의 실효 및 취소는 가석방 중의 일수는 형기에 산입하지 아니한다(형법 제76조).

5. 갱생보호제도(보호관찰 등에 관한 법률) ★ 빈출개념

(1) 갱생보호제도의 의의

교도소·소년원 등 교정시설의 출소자 및 형의 집행유예·선고유예 또는 기소유예 등으로 구금상태에서 풀려 나온 모든 출소자의 자활·갱생을 위한 보호제도

(2) 우리나라의 갱생보호제도

① **대상** : 갱생보호를 받을 사람은 형사처분 또는 보호처분을 받은 사람으로서 자립갱생을 위한 숙식 제공, 주거 지원, 창업 지원, 직업훈련 및 취업 지원 등 보호의 필요성이 인정되는 사람으로 한다(법 제3조 제3항).
② **갱생보호(영 제40조)**
  ㉠ 갱생보호는 갱생보호를 받을 사람이 친족 또는 연고자 등으로부터 도움을 받을 수 없거나 이들의 도움만으로는 충분하지 아니한 경우에 한하여 행한다.
  ㉡ 갱생보호를 하는 경우에는 미리 갱생보호 대상자로 하여금 자립계획을 수립하게 할 수 있다.
③ **갱생보호의 신청 및 조치(법 제66조)**
  ㉠ 갱생보호 대상자와 관계 기관은 보호관찰소의 장, 갱생보호사업 허가를 받은 자 또는 한국법무보호복지공단에 갱생보호 신청을 할 수 있다.
  ㉡ 신청을 받은 자는 지체 없이 보호가 필요한지 결정하고 보호하기로 한 경우에는 그 방법을 결정하여야 한다.
  ㉢ 신청을 받은 자가 보호결정을 한 경우에는 지체 없이 갱생보호에 필요한 조치를 하여야 한다.

SEMI-NOTE

연혁
- 1776년 위스트(Wister)는 민간보호단체인 고통 받는 수형자를 돕기 위한 필라델피아협회를 조직하여 보호활동을 전개
- 우리나라는 1961년 갱생보호법이 제정되면서 각 교도소 소재지에 갱생보호소가 설치

사무실 및 상담실
갱생보호시설에는 일반사무를 집행하는 사무실과 갱생보호를 받을 사람과의 상담을 위한 상담실을 설치하여야 한다. 다만, 상담실을 별도로 설치하지 아니하여도 사무실내에서 갱생보호대상자와 상담할 수 있는 경우 및 갱생보호의 성질상 상담이 필요하지 아니한 갱생보호를 실시하는 경우에는 상담실을 설치하지 아니할 수 있다(규칙 제49조).

| SEMI-NOTE |

④ 갱생보호의 신청 및 조치 등(규칙 제51조)
  ㉠ 갱생보호대상자로서 갱생보호를 받고자 하는 자는 보호관찰소의 장, 갱생보호사업의 허가를 받은 자 또는 한국법무보호복지공단에 서면으로 신청하여야 한다.
  ㉡ 관계기관이 보호관찰소의 장, 사업자 또는 공단에 갱생보호대상자에 대한 갱생보호의 신청을 하는 경우에는 갱생보호대상자의 전과 및 처분의 내용, 신상관계, 갱생보호대상자가 희망하는 갱생보호방법등을 기재한 서면으로 하여야 한다.
  ㉢ 갱생보호의 신청을 받은 보호관찰소의 장, 사업자 또는 공단이 갱생보호의 필요 여부와 그 방법을 결정함에 있어서는 신청서 및 갱생보호대상자와의 상담 등에 의하여 갱생보호대상자의 전과의 죄질·연령·학력·가정사정·교우관계 및 자립계획 등을 조사하여야 한다.
  ㉣ 보호관찰소의 장, 사업자 또는 공단은 갱생보호를 행하지 아니하기로 결정한 때에는 서면으로 그 이유를 신청인에게 통지하여야 한다.

⑤ 갱생보호의 방법(법 제65조)
  ㉠ 갱생보호의 방법 : 숙식 제공, 주거 지원, 창업 지원, 직업훈련 및 취업 지원, 출소예정자 사전상담, 갱생보호 대상자의 가족에 대한 지원, 심리상담 및 심리치료, 사후관리, 그 밖에 갱생보호 대상자에 대한 자립 지원
  ㉡ 갱생보호 대상자의 가족에 대한 지원 : 갱생보호 대상자의 가족에 대한 지원은 갱생보호 대상자의 가족에게 심리상담 및 심리치료, 취업 지원, 학업 지원 등을 하는 것으로 한다(영 제45조의3).
  ㉢ 한국법무보호복지공단 또는 갱생보호사업의 허가를 받은 자는 갱생보호활동을 위하여 갱생보호시설을 설치·운영할 수 있다.
  ㉣ 갱생보호시설의 기준은 법무부령으로 정한다.

⑥ 숙식 제공(영 제41조)
  ㉠ 숙식 제공은 생활관 등 갱생보호시설에서 갱생보호 대상자에게 숙소·음식물 및 의복 등을 제공하고 정신교육을 하는 것으로 한다.
  ㉡ 숙식제공은 6월을 초과할 수 없다. 다만, 필요하다고 인정하는 때에는 매회 6월의 범위내에서 3회에 한하여 그 기간을 연장할 수 있다.
  ㉢ 숙식을 제공한 경우에는 법무부장관이 정하는 바에 의하여 소요된 최소한의 비용을 징수할 수 있다.
  ㉣ 숙식제공의 대상 : 생활관에는 갱생보호대상자가 아닌 자를 숙식하게 할 수 없다. 다만, 갱생보호대상자의 배우자, 직계존·비속에 대하여는 1주일 이내의 기간동안 숙식을 제공할 수 있다(규칙 제52조).

⑦ 직업훈련(영 제44조)
  ㉠ 직업훈련은 갱생보호 대상자에게 취업에 필요한 기능훈련을 시키고 자격 취득을 위한 교육을 하는 것으로 한다.
  ㉡ 직업훈련은 다른 직업훈련기관에 위탁하여 행할 수 있다.

⑧ 거실의 배정 : 갱생보호대상자에 대하여 거실을 배정함에 있어서는 갱생보호대

지원
- **주거 지원** : 주거 지원은 갱생보호 대상자에게 주택의 임차에 필요한 지원을 하는 것으로 한다(영 제42조).
- **창업 지원** : 창업 지원은 갱생보호 대상자에게 창업에 필요한 사업장 임차 보증금 등을 지원하는 것으로 한다(영 제43조).

상자의 연령·전과·성격 등을 고려하여야 한다(규칙 제54조).
⑨ 출소예정자 사전상담(영 제45조의2)
  ㉠ 출소예정자 사전상담은 출소예정자에게 출소 전에 갱생보호의 방법을 안내하고 자립계획 등에 대하여 상담을 실시하는 것으로 한다.
  ㉡ 갱생보호사업의 허가를 받은 자 또는 한국법무보호복지공단은 상담을 위하여 수용기관의 장에게 출소예정자의 수용자 번호를 통보하여 줄 것을 요청할 수 있다. 이 경우 수용기관의 장은 특별한 사유가 없으면 이에 협조하여야 한다.
⑩ 사후관리 : 사후관리는 같은 갱생보호를 받은 갱생보호 대상자에게 사회복귀 상황을 점검하여 필요한 조언을 하는 것으로 한다(영 제45조의4).
⑪ 자립 지원 : 갱생보호 대상자에 대한 자립 지원은 사회복지시설의 의탁 알선, 가족관계 등록 창설, 주민등록, 결혼 주선, 입양 및 의료 시혜 등 갱생보호 대상자의 자립을 위하여 필요한 사항을 지원하는 것으로 한다(영 제46조).
⑫ 갱생보호 대상자 수용기간 등의 통보 요청(영 제46조의2)
  ㉠ 갱생보호사업의 허가를 받은 자 또는 공단은 갱생보호 대상자의 적절한 보호를 위하여 필요한 경우 갱생보호 대상자의 동의를 받아 수용기관의 장에게 다음의 사항을 통보하여 줄 것을 요청할 수 있다.
    • 수용기간
    • 가족 관계 및 보호자 관계
    • 직업경력 및 학력
    • 생활환경
    • 성장과정
    • 심리적 특성
    • 범행내용 및 범죄횟수
  ㉡ 요청을 받은 수용기관의 장은 특별한 사유가 없으면 이에 협조하여야 한다.
⑬ 갱생보호사업의 지원 및 감독
  ㉠ 보조금 : 국가나 지방자치단체는 사업자와 공단에 대하여 보조할 수 있다(법 제94조).
  ㉡ 조세감면 : 국가나 지방자치단체는 갱생보호사업에 대하여 국세 또는 지방세를 감면할 수 있다(법 제95조).
  ㉢ 수익사업(법 제96조)
    • 사업자 또는 공단은 갱생보호사업을 위하여 수익사업을 하려면 사업마다 법무부장관의 승인을 받아야 한다. 이를 변경할 때에도 또한 같다.
    • 법무부장관은 수익사업을 하는 사업자 또는 공단이 수익을 갱생보호사업 외의 사업에 사용한 경우에는 수익사업의 시정이나 정지를 명할 수 있다.
  ㉣ 감독(법 제97조)
    • 법무부장관은 사업자와 공단을 지휘·감독한다.
    • 법무부장관은 사업자와 공단에 대하여 감독상 필요한 경우에는 그 업무에 관한 사항을 보고하게 하거나 자료의 제출이나 그 밖에 필요한 명령을 할 수 있으며, 소속 공무원에게 사업자 및 공단의 운영 실태를 조사하게 할 수 있다.

SEMI-NOTE

심리상담 및 심리치료
심리상담 및 심리치료는 갱생보호 대상자에게 심리적 안정과 사회적응을 위한 상담 및 정신건강전문요원 등 전문가에 의한 치료를 실시하는 것으로 한다(영 제45조의3).

갱생보호사업
갱생보호사업을 하려는 자는 법무부령으로 정하는 바에 따라 법무부장관의 허가를 받아야 함

갱생보호사업의 허가
법무부장관은 갱생보호사업의 허가를 취소하거나 정지하려는 경우에는 청문이 필요

법인 공단
한국법무보호복지공단은 법인

SEMI-NOTE

- 조사를 하는 공무원은 그 권한을 나타내는 증표를 지니고 이를 관계인에게 내보여야 한다.
⑭ 한국법무보호복지공단
  ㉠ 한국법무보호복지공단의 설립 : 갱생보호사업을 효율적으로 추진하기 위하여 한국법무보호복지공단을 설립한다(법 제71조).
  ㉡ 사무소(법 제73조)
    - 공단의 주된 사무소의 소재지는 정관으로 정한다.
    - 공단은 정관으로 정하는 바에 따라 필요한 곳에 지부와 지소를 둘 수 있다.
  ㉢ 등기 : 공단은 그 주된 사무소의 소재지에서 설립등기를 함으로써 성립한다(법 제75조).
  ㉣ 임원 및 그 임기(법 제76조)
    - 공단에 이사장 1명을 포함한 15명 이내의 이사와 감사 2명을 둔다.
    - 이사장은 법무부장관이 임명하고, 그 임기는 3년으로 하되 연임할 수 있다. 다만, 임기가 만료된 이사장은 그 후임자가 임명될 때까지 그 직무를 행한다.
    - 이사는 갱생보호사업에 열성이 있고, 학식과 덕망이 있는 사람 중에서 이사장의 제청에 의하여 법무부장관이 임명하거나 위촉하며, 임기는 3년으로 하되 연임할 수 있다. 다만, 공무원인 이사의 임기는 그 직위에 있는 동안으로 한다.
    - 감사는 이사장의 제청에 의하여 법무부장관이 임명하며, 임기는 2년으로 하되 연임할 수 있다.

04절 교도소 사회연구

1. 교도관 사회

(1) 교도관의 업무성격
① 교도관들은 수용자들을 관리하고 교정하는 역할 수행
② 업무속성상 강력력을 행사해야 하는 조직
③ 교도관은 일정한 권한과 지위를 기반으로 교정시설의 보안과 질서를 유지하면서 수용자의 지위에 맞는 개별적 처우와 교정 추구
④ 교도관은 수용자의 저항을 극복하면서 교정행정의 목적을 실현하는 교정기관의 일원

(2) 교도관의 권한
① 합법적 권한 : 합법적 권한은 공식적 명령체계에서 나오는 권한으로 교도관은 수용자를 통제할 수 있다. 수용자는 교도관의 직무상 지시에 따라야 한다(법 제105조 제3항).

교도관의 권한
- 교도관이 수용자를 통제하기 위하여 이용 가능한 힘
- 교도관의 권한 중 가장 중요한 권한은 합법적 권한과 전문적 권한이고 다음으로 강제적 권한과 보상적 권한임

② **강압적 권한** : 교도관이 지시나 명령, 규율을 준수하지 않는 수용자를 강제하고 징벌을 줄 수 있는 권한이다. 소장은 수용자가 다음의 행위를 하면 징벌위원회의 의결에 따라 징벌을 부과할 수 있다(법 제107조).
  ㉠ 형법, 폭력행위 등 처벌에 관한 법률, 그 밖의 형사 법률에 저촉되는 행위
  ㉡ 수용생활의 편의 등 자신의 요구를 관철할 목적으로 자해하는 행위
  ㉢ 정당한 사유 없이 작업·교육·교화프로그램 등을 거부하거나 태만히 하는 행위
  ㉣ 금지물품을 지니거나 반입·제작·사용·수수·교환·은닉하는 행위
  ㉤ 다른 사람을 처벌받게 하거나 교도관의 직무집행을 방해할 목적으로 거짓 사실을 신고하는 행위
  ㉥ 그 밖에 시설의 안전과 질서유지를 위하여 법무부령으로 정하는 규율을 위반하는 행위
③ **보상적 권한** : 교도관이 수용자에게 보상을 줄 수 있는 능력을 가지고 있기에 행사할 수 있는 권한이다. 소장은 수용자가 다음의 행위를 하면 법무부령으로 정하는 바에 따라 포상할 수 있다(법 제106조).
  ㉠ 사람의 생명을 구조하거나 도주를 방지한 때
  ㉡ 응급용무에 공로가 있는 때
  ㉢ 시설의 안전과 질서유지에 뚜렷한 공이 인정되는 때
  ㉣ 수용생활에 모범을 보이거나 건설적이고 창의적인 제안을 하는 등 특히 포상할 필요가 있다고 인정되는 때
④ **전문가적 권한** : 교도관이 법적 지식, 조정기술, 상담능력 등 전문가적 면모를 보일 때 수용자가 자발적으로 순종하는 권한으로 수용생활에 필요한 지식이나 특별한 능력을 지니고 있을 때 발생하는 권한
⑤ **준거적 권한** : 교도관이 지도력과 암시력을 통하여 인품적으로 수용자들의 신뢰와 존경을 얻어 자연스러운 복종을 이끌어 낼 때 발생하며, 수용자가 교도관을 본받으려 하거나 동일시하려고 할 때 나타나는 영향력

(3) 교도관의 하위문화

① 하위문화는 어떤 사회의 지배적 문화와는 대립적으로 형성된 문화로 그 사회의 일부집단에 공통적으로 적용되는 특유의 가치기준에 의해 형성된 문화
② 교도관들은 그들의 지위와 입장에서 독특한 가치관을 가지고 있지만 교도관들만의 특별한 하위문화가 존재한다는 것은 경험적 근거 부족
③ 교도관들은 수용자에 대하여 부정적이고 적대적 태도를 보이고 있다는 입장에서 하위문화 인정

(4) 교도관의 유형

① **카우프만(Kauffman)의 분류** : 복지부동형, 냉혹한 사람, 탈진자, 선량한 사람, 맹목적 낙천가
② **복지사형 교도관, 경찰형 교도관**
  ㉠ **복지사형 교도관** : 자신을 봉사자로 여기고 수형자의 사회복귀를 중시하는 교도관

SEMI-NOTE

하위문화
교도관들의 하위문화가 존재하지 않는다는 것이 공통된 견해

SEMI-NOTE

다원적 무지
집단 구성원 대부분이 마음속으로는 어떤 규범을 부정하면서, 다른 대부분의 사람들은 그 규범을 수용하고 있다고 잘못 생각하는 현상

교도관 권위손상의 원인
- 친근관계에 의한 손상
- 상호의존관계에 의한 손상
- 태만에 의한 손상

교도소화
교정시설의 관습, 관행, 문화 등을 습득하는 과정 또는 수용자가 수용자들 사이에 통용되는 규율이나 규범체계에 동화되어 가는 과정

수용자의 역할유형
- 쉬랙(Schrag)의 유형 : 고지식한 자, 정의한, 무법자, 정치꾼
- 사이크스(Sykes)의 유형 : 생쥐, 중심인, 악당, 상인, 진짜 남자, 떠벌이, 고릴라, 늑대, 어리석은 파괴자
- 쉬멀리거(Schmalleger)의 유형 : 쾌락주의자, 은둔자, 변호인, 기회주의자, 깔끔이 신사, 현실주의자, 식민지 주민, 종교인, 과격주의자

ⓒ 경찰형 교도관 : 수형자를 부정적 시각으로 보며 수형자의 사회복귀를 중시하는 교도관을 적대적 시각에서 바라봄
③ 직업적 사회화에 따른 교도관의 유형 : 적응실패자, 의례주의자, 인맥파, 성공적인 직업인
④ 교도관의 태도에 의한 조직의 영향
  ㉠ 태도에 따라 교정시설의 경비수준에 상당한 편차 발생
  ㉡ 신입교도관의 배치에 영향

(5) 교도관의 직업적 어려움
① 위험한 곳이라는 인식
② 여러 역할에 따른 역할갈등
③ 외부의 개입에 따른 교도관의 영향력과 권한 축소
④ 환경에 따른 심리적·신체적 스트레스
⑤ 무력감으로 인한 통제력 약화

2. 수형자 사회

(1) 수용자 하위문화와 교도소화
① **수용자 하위문화** : 수용자 사회를 지배하는 일련의 비공식적 가치체계와 행동양식
② **교도소화** : 수용자가 교정시설 내에서 하위문화에 의해서 사회화되어 가는 과정

(2) 교도소화의 과정
① 수용기간에 비례하여 교도소화의 정도가 점진적으로 심화된다고 봄
② 소용자의 인성, 감수성 등 개인적 요소와 교정시설 밖 사회와 관계 등에 따라 수용의 정도가 달라짐
③ 신입수용자가 교정시설의 하위문화와 가치에 익숙해지고 그것이 내재화하는 고정
④ 수용의 단계에 따라, 수형자의 역할에 따라, 조직의 특성에 따라, 바깥 사회에서 지니고 온 문화에 따라 달라짐

(3) 형기의 수용단계에 따른 교도소화-U자 곡선이론
수용자들이 교정시설 입소단계부터 후기단계로 갈수록 친교도관적 태도가 U자 모양을 띠게 된다는 U자형 곡선이론

05절 회복적 사법주의와 피해자보호

1. 회복적 사법주의

(1) 개념
① 회복 : 범죄피해를 복구하고 범죄자와 지역사회의 관계를 재구축하는 것
② 회복적 사법 : 종래의 형벌을 대체해서 피해회복과 화해를 독립적인 형사제재 수단으로 주장하는 것이 아닌 보충적 제재수단으로의 피해회복 강조
③ 범죄로 야기된 문제를 가해자와 피해자의 화해와 조정을 통하여 처벌적 방식보다 평화적인 타협을 통하여 피해자의 원상복구에 중점을 두는 사법절차
④ 피해자의 지위를 확보하고 실질적으로 보상받을 공식적 여지를 조성하여 가해자를 사회 내 재통합 촉진
⑤ 당사자 사이의 사적 배상 또는 화해에 대하여 형사법적 의미를 부여하는 것

(2) 특징
① 회복적 사법은 21세기 형사사법의 중심적 이론
② 회복 위주의 처우방식은 범죄를 보다 포괄적으로 이해하여 피해자, 범죄자, 사회공동체를 회복시키는데 목적을 둠
③ 회복적 사법은 형벌목적 추구에 있어 포괄적이고 종합적인 성격 내포

(3) 피해자학-회복적 사법
① 범죄의 피해자 측면의 관심을 환기시켜 범죄현상을 종합적으로 고찰하는 계기 마련
② 피해자에 대한 지원과 보호대책을 강구하는 방향으로 진전
③ 피해자 중심의 가치관이면서 가해자의 적극적 역할 강조

2. 우리나라의 회복적 사법제도

(1) 소년법상 화해권고(법 제25조의3)
① 소년부 판사는 소년의 품행을 교정하고 피해자를 보호하기 위하여 필요하다고 인정하면 소년에게 피해 변상 등 피해자와의 화해를 권고할 수 있다.
② 소년부 판사는 화해를 위하여 필요하다고 인정하면 기일을 지정하여 소년, 보호자 또는 참고인을 소환할 수 있다.
③ 소년부 판사는 소년이 권고에 따라 피해자와 화해하였을 경우에는 보호처분을 결정할 때 이를 고려할 수 있다.

(2) 범죄피해자보호법상 형사조정(법 제41조) ⭐빈출개념
① 검사는 피의자와 범죄피해자 사이에 형사분쟁을 공정하고 원만하게 해결하여 범죄피해자가 입은 피해를 실질적으로 회복하는 데 필요하다고 인정하면 당사자의

SEMI-NOTE

회복적 사법
범죄를 피해자와 지역사회에 반하는 행동으로 이해, 공식적 처벌보다 피해의 회복을 강조

UN의 회복적 사법의 개념
- **대면개념** : 피해자와 가해자가 서로 만나 범죄를 이야기 하면서 범죄로 인하여 발생한 피해를 원상회복시키기 위한 절차
- **회복개념** : 범죄로부터 야기된 범죄피해를 회복시키는데 중점을 둔 개념
- **변화적 개념** : 범죄원인의 원인이 되는 빈곤이나 차별적 교육제도 등의 변환을 통합 사법적 회복의 목표 달성

신청 또는 직권으로 수사 중인 형사사건을 형사조정에 회부할 수 있다.
② 형사조정에 회부할 수 있는 형사사건의 구체적인 범위는 대통령령으로 정한다. 다만, 다음의 어느 하나에 해당하는 경우에는 형사조정에 회부하여서는 아니 된다.
㉠ 피의자가 도주하거나 증거를 인멸할 염려가 있는 경우
㉡ 공소시효의 완성이 임박한 경우
㉢ 불기소처분의 사유에 해당함이 명백한 경우(다만, 기소유예처분의 사유에 해당하는 경우는 제외한다)

3. 형사피해자보호법

(1) 목적

이 법은 범죄피해자 보호·지원의 기본 정책 등을 정하고 타인의 범죄행위로 인하여 생명·신체에 피해를 받은 사람을 구조함으로써 범죄피해자의 복지 증진에 기여함을 목적으로 한다(법 제1조).

(2) 기본이념(법 제2조)

① 범죄피해자는 범죄피해 상황에서 빨리 벗어나 인간의 존엄성을 보장받을 권리가 있다.
② 범죄피해자의 명예와 사생활의 평온은 보호되어야 한다.
③ 범죄피해자는 해당 사건과 관련하여 각종 법적 절차에 참여할 권리가 있다.

(3) 손실 복구 지원 등(법 제7조)

① 국가 및 지방자치단체는 범죄피해자의 피해정도 및 보호·지원의 필요성 등에 따라 상담, 의료제공, 구조금 지급, 법률구조, 취업 관련 지원, 주거지원, 그 밖에 범죄피해자의 보호에 필요한 대책을 마련하여야 한다.
② 국가는 범죄피해자와 그 가족에게 신체적·정신적 안정을 제공하고 사회복귀를 돕기 위하여 일시적 보호시설을 설치·운영하여야 한다. 이 경우 국가는 보호시설의 운영을 범죄피해자 지원법인, 종합병원, 학교를 설립·운영하는 학교법인, 그 밖에 대통령령으로 정하는 기관 또는 단체에 위탁할 수 있다.
③ 국가는 범죄피해자와 그 가족의 정신적 회복을 위한 상담 및 치료 프로그램을 운영하여야 한다.
④ 보호시설의 설치·운영 기준, 입소·퇴소의 기준 및 절차, 위탁운영의 절차, 감독의 기준 및 절차와 상담 및 치료 프로그램의 운영 등에 관한 사항은 대통령령으로 정한다.

(4) 범죄피해자에 대한 정보 제공 등

국가는 수사 및 재판 과정에서 다음의 정보를 범죄피해자에게 제공하여야 한다(법 제8조의2 제1항).
① 범죄피해자의 해당 재판절차 참여 진술권 등 형사절차상 범죄피해자의 권리에 관한 정보

SEMI-NOTE

사생활의 평온과 신변의 보호 등(법 제9조)
① 국가 및 지방자치단체는 범죄피해자의 명예와 사생활의 평온을 보호하기 위하여 필요한 조치를 하여야 한다.
② 국가 및 지방자치단체는 범죄피해자가 형사소송절차에서 한 진술이나 증언과 관련하여 보복을 당할 우려가 있는 등 범죄피해자를 보호할 필요가 있을 경우에는 적절한 조치를 마련하여야 한다.

형사절차 참여 보장 등(법 제8조)
① 국가는 범죄피해자가 해당 사건과 관련하여 수사담당자와 상담하거나 재판절차에 참여하여 진술하는 등 형사절차상의 권리를 행사할 수 있도록 보장하여야 한다.
② 국가는 범죄피해자가 요청하면 가해자에 대한 수사 결과, 공판기일, 재판 결과, 형 집행 및 보호관찰 집행 상황 등 형사절차 관련 정보를 대통령령으로 정하는 바에 따라 제공할 수 있다.

② 범죄피해 구조금 지급 및 범죄피해자 보호·지원 단체 현황 등 범죄피해자의 지원에 관한 정보
③ 그 밖에 범죄피해자의 권리보호 및 복지증진을 위하여 필요하다고 인정되는 정보

(5) 구조금의 지급요건

국가는 구조대상 범죄피해를 받은 사람이 다음의 어느 하나에 해당하면 구조피해자 또는 그 유족에게 범죄피해 구조금을 지급한다(법 제16조).
① 구조피해자가 피해의 전부 또는 일부를 배상받지 못하는 경우
② 자기 또는 타인의 형사사건의 수사 또는 재판에서 고소·고발 등 수사단서를 제공하거나 진술, 증언 또는 자료제출을 하다가 구조피해자가 된 경우

(6) 형사조정(법 제41조)

① 검사는 피의자와 범죄피해자 사이에 형사분쟁을 공정하고 원만하게 해결하여 범죄피해자가 입은 피해를 실질적으로 회복하는 데 필요하다고 인정하면 당사자의 신청 또는 직권으로 수사 중인 형사사건을 형사조정에 회부할 수 있다.
② 형사조정에 회부할 수 있는 형사사건의 구체적인 범위는 대통령령으로 정한다. 다만, 다음의 어느 하나에 해당하는 경우에는 형사조정에 회부하여서는 아니 된다.
㉠ 피의자가 도주하거나 증거를 인멸할 염려가 있는 경우
㉡ 공소시효의 완성이 임박한 경우
㉢ 불기소처분의 사유에 해당함이 명백한 경우(다만, 기소유예처분의 사유에 해당하는 경우는 제외한다)

(7) 형사조정위원회(법 제42조)

① 형사조정을 담당하기 위하여 각급 지방검찰청 및 지청에 형사조정위원회를 둔다.
② 형사조정위원회는 2명 이상의 형사조정위원으로 구성한다.
③ 형사조정위원은 형사조정에 필요한 법적 지식 등 전문성과 덕망을 갖춘 사람 중에서 관할 지방검찰청 또는 지청의 장이 미리 위촉한다.
④ 국가공무원의 결격사유에 해당하는 사람은 형사조정위원으로 위촉될 수 없다.
⑤ 형사조정위원의 임기는 2년으로 하며, 연임할 수 있다.
⑥ 형사조정위원회의 위원장은 관할 지방검찰청 또는 지청의 장이 형사조정위원 중에서 위촉한다.
⑦ 형사조정위원에게는 예산의 범위에서 법무부령으로 정하는 바에 따라 수당을 지급할 수 있으며, 필요한 경우에는 여비, 일당 및 숙박료를 지급할 수 있다.

(8) 형사조정절차의 종료

① 형사조정위원회는 조정기일마다 형사조정의 과정을 서면으로 작성하고, 형사조정이 성립되면 그 결과를 서면으로 작성하여야 한다.
② 형사조정위원회는 조정 과정에서 증거위조나 거짓 진술 등의 사유로 명백히 혐의가 없는 것으로 인정하는 경우에는 조정을 중단하고 담당 검사에게 회송하여야 한다.

SEMI-NOTE

형사조정의 절차(법 제43조)
① 형사조정위원회는 당사자 사이의 공정하고 원만한 화해와 범죄피해자가 입은 피해의 실질적인 회복을 위하여 노력하여야 한다.
② 형사조정위원회는 형사조정이 회부되면 지체 없이 형사조정 절차를 진행하여야 한다.
③ 형사조정위원회는 필요하다고 인정하면 형사조정의 결과에 이해관계가 있는 사람의 신청 또는 직권으로 이해관계인을 형사조정에 참여하게 할 수 있다.

③ 형사조정위원회는 형사조정 절차가 끝나면 서면을 붙여 해당 형사사건을 형사조정에 회부한 검사에게 보내야 한다.
④ 검사는 형사사건을 수사하고 처리할 때 형사조정 결과를 고려할 수 있다. 다만, 형사조정이 성립되지 아니하였다는 사정을 피의자에게 불리하게 고려하여서는 아니 된다.

06절 교정의 민영화

1. 교정시설의 민영화

(1) 의의
① 개인이나 민간단체가 정부로부터 수용자관리 및 교정교육 등 교정업무의 전부 또는 일부를 위탁받아 운영하는 것
② 교도소 등의 설치·운영에 관한 업무의 일부를 민간에 위탁하는 데에 필요한 사항을 정함으로써 교도소 등의 운영의 효율성을 높이고 수용자의 처우 향상과 사회복귀 촉진

(2) 민영교도소에 관한 찬반

찬성론	반대론
• 국가의 재정부담의 경감 • 양질의 서비스 제공 가능 • 교정정책의 영역과 방법 확대 • 효율적인 경영기법의 도입으로 생산성 향상 • 다양한 기술을 접촉하여 사회적응에 유리 • 다양한 프로그램의 도입으로 재범방지 효과	• 민영화로 인한 경비부담 증가 • 과밀수용 해결 어려움 • 이윤추구로 인한 노동력 착취 우려 • 국가의 형벌권 포기 • 사인에 의한 제재 초래

2. 민영교도소 등의 설치·운영에 관한 법률

(1) 교정업무의 민간 위탁(법 제3조)
① 법무부장관은 필요하다고 인정하면 이 법에서 정하는 바에 따라 교정업무를 공공단체 외의 법인·단체 또는 그 기관이나 개인에게 위탁할 수 있다. 다만, 교정업무를 포괄적으로 위탁하여 한 개 또는 여러 개의 교도소등을 설치·운영하도록 하는 경우에는 법인에만 위탁할 수 있다.
② 법무부장관은 교정업무의 수탁자를 선정하는 경우에는 수탁자의 인력·조직·시설·재정능력·공신력 등을 종합적으로 검토한 후 적절한 자를 선정하여야 한다.
③ 선정방법, 선정절차, 그 밖에 수탁자의 선정에 관하여 필요한 사항은 법무부장관이 정한다.

SEMI-NOTE

민영교도소의 목적
이 법은 교도소 등의 설치·운영에 관한 업무의 일부를 민간에 위탁하는 데에 필요한 사항을 정함으로써 교도소 등의 운영의 효율성을 높이고 수용자의 처우 향상과 사회 복귀를 촉진함을 목적으로 한다(법 제1조).

위탁계약의 기간
위탁계약의 기간은 다음과 같이 하되, 그 기간은 갱신 가능
• 수탁자가 교도소등의 설치비용을 부담하는 경우 : 10년 이상 20년 이하
• 그 밖의 경우 : 1년 이상 5년 이하

(2) 위탁계약의 체결(법 제4조)

① 법무부장관은 교정업무를 위탁하려면 수탁자와 대통령령으로 정하는 방법으로 계약을 체결하여야 한다.
② 법무부장관은 필요하다고 인정하면 민영교도소등의 직원이 담당할 업무와 민영교도소등에 파견된 소속 공무원이 담당할 업무를 구분하여 위탁계약을 체결할 수 있다.
③ 법무부장관은 위탁계약을 체결하기 전에 계약 내용을 기획재정부장관과 미리 협의하여야 한다.

(3) 위탁계약의 내용(법 제5조)

① 위탁계약에는 다음의 사항이 포함되어야 한다.
  ㉠ 위탁업무를 수행할 때 수탁자가 제공하여야 하는 시설과 교정업무의 기준에 관한 사항
  ㉡ 수탁자에게 지급하는 위탁의 대가와 그 금액의 조정 및 지급 방법에 관한 사항
  ㉢ 계약기간에 관한 사항과 계약기간의 수정·갱신 및 계약의 해지에 관한 사항
  ㉣ 교도작업에서의 작업장려금·위로금 및 조위금 지급에 관한 사항
  ㉤ 위탁업무를 재위탁할 수 있는 범위에 관한 사항
  ㉥ 위탁수용 대상자의 범위에 관한 사항
  ㉦ 그 밖에 법무부장관이 필요하다고 인정하는 사항
② 법무부장관은 위탁수용 대상자의 범위를 정할 때에는 수탁자의 관리능력, 교도소등의 안전과 질서, 위탁수용이 수용자의 사회 복귀에 유용한지 등을 고려하여야 한다.

(4) 위탁업무의 정지(법 제6조)

① 법무부장관은 수탁자가 이 법 또는 이 법에 따른 명령이나 처분을 위반하면 6개월 이내의 기간을 정하여 위탁업무의 전부 또는 일부의 정지를 명할 수 있다.
② 법무부장관은 정지명령을 한 경우에는 소속 공무원에게 정지된 위탁업무를 처리하도록 하여야 한다.
③ 법무부장관은 정지명령을 할 때 적용하기 어려운 사정이 있으면 그 사정이 해결되어 없어질 때까지 정지명령의 집행을 유예할 수 있다.

(5) 위탁계약의 해지(법 제7조)

① 법무부장관은 수탁자가 다음의 어느 하나에 해당하면 위탁계약을 해지할 수 있다.
  ㉠ 보정명령을 받고 상당한 기간이 지난 후에도 이행하지 아니한 경우
  ㉡ 이 법 또는 이 법에 따른 명령이나 처분을 크게 위반한 경우로서 위탁업무의 정지명령으로는 감독의 목적을 달성할 수 없는 경우
  ㉢ 사업 경영의 현저한 부실 또는 재무구조의 악화, 그 밖의 사유로 이 법에 따른 위탁업무를 계속하는 것이 적합하지 아니하다고 인정되는 경우
② 법무부장관과 수탁자는 위탁계약으로 정하는 바에 따라 계약을 해지할 수 있다.

위탁계약 해지 시의 업무 처리
위탁계약이 해지된 경우 국가가 부득이한 사정으로 위탁업무를 즉시 처리할 수 없을 때에는 수탁자나 그의 승계인은 국가가 업무를 처리할 수 있을 때까지 종전의 위탁계약에 따라 업무 처리를 계속하여야 한다(법 제8조).

청문
법무부장관이 위탁계약을 해지하려면 청문이 필요

SEMI-NOTE

교정업무
수용자의 수용·관리, 교정·교화, 직업교육, 교도작업, 분류·처우, 그 밖에 형의 집행 및 수용자의 처우에 관한 법률에서 정하는 업무

교정법인
법무부장관으로부터 교정업무를 포괄적으로 위탁받아 교도소·소년교도소 또는 구치소 및 그 지소를 설치·운영하는 법인

작업 수입
민영교도소등에 수용된 수용자가 작업하여 생긴 수입은 국고수입으로 한다(법 제26조).

(6) 교정법인

① 교정법인의 정관 변경 등(법 제10조)
  ㉠ 교정업무를 위탁받은 법인은 위탁계약을 이행하기 전에 법인의 목적사업에 민영교도소등의 설치·운영이 포함되도록 정관을 변경하여야 한다.
  ㉡ 정관 변경과 교정법인의 정관 변경은 법무부장관의 인가를 받아야 한다. 다만, 대통령령으로 정하는 경미한 사항의 변경은 법무부장관에게 신고하여야 한다.

② 임원(법 제11조)
  ㉠ 교정법인은 이사 중에서 위탁업무를 전담하는 자를 선임하여야 한다.
  ㉡ 교정법인의 대표자 및 감사와 위탁업무를 전담하는 이사는 법무부장관의 승인을 받아 취임한다.
  ㉢ 교정법인 이사의 과반수는 대한민국 국민이어야 하며, 이사의 5분의 1 이상은 교정업무에 종사한 경력이 5년 이상이어야 한다.
  ㉣ 다음의 어느 하나에 해당하는 자는 교정법인의 임원이 될 수 없으며, 임원이 된 후 이에 해당하게 되면 임원의 직을 상실한다.
    • 국가공무원결격사유의 어느 하나에 해당하는 자
    • 임원취임 승인이 취소된 후 2년이 지나지 아니한 자
    • 해임명령으로 해임된 후 2년이 지나지 아니한 자
  ㉤ 교정법인 임원의 임기, 직무, 결원 보충 및 임시이사 선임에 필요한 사항은 대통령령으로 정한다.

③ 임원취임의 승인 취소 : 임원이 다음의 어느 하나에 해당하는 행위를 하면 법무부장관은 취임 승인을 취소할 수 있다(법 제12조).
  ㉠ 겸직금지를 위반하여 겸직하는 경우
  ㉡ 수용을 거절하는 경우
  ㉢ 징역형 또는 벌금형의 선고를 받아 그 형이 확정된 경우
  ㉣ 임원 간의 분쟁, 회계부정, 법무부장관에게 허위로 보고하거나 허위자료를 제출하는 행위 또는 정당한 사유 없이 위탁업무 수행을 거부하는 행위 등의 현저한 부당행위 등으로 해당 교정법인의 설립목적을 달성할 수 없게 한 경우

④ 임원 등의 겸직 금지(법 제13조)
  ㉠ 교정법인의 대표자는 그 교정법인이 운영하는 민영교도소등의 장을 겸할 수 없다.
  ㉡ 이사는 감사나 해당 교정법인이 운영하는 민영교도소등의 직원을 겸할 수 없다.
  ㉢ 감사는 교정법인의 대표자·이사 또는 직원을 겸할 수 없다.

(7) 민영교도소등의 설치·운영

① 민영교도소등의 시설 : 교정법인이 민영교도소등을 설치·운영할 때에는 대통령령으로 정하는 기준에 따른 시설을 갖추어야 한다(법 제20조).
② 민영교도소등의 조직 등(법 제21조)

㉠ 민영교도소등은 형의 집행 및 수용자의 처우에 관한 법률에 규정된 교도소등에 준하는 조직을 갖추어야 한다.
㉡ 교정법인은 민영교도소등을 운영할 때 시설 안의 수용자를 수용·관리하고 교정서비스를 제공하기에 적합한 직원을 확보하여야 한다.

③ 민영교도소등의 검사(법 제22조)
㉠ 교정법인은 민영교도소등의 시설이 이 법과 이 법에 따른 명령 및 위탁계약의 내용에 적합한지에 관하여 법무부장관의 검사를 받아야 한다.
㉡ 법무부장관은 검사를 한 결과 해당 시설이 이 법에 따른 수용시설로서 적당하지 아니하다고 인정되면 교정법인에 대하여 보정을 명할 수 있다.
㉢ 시설의 검사 방법·절차 등에 관하여 필요한 사항은 법무부장관이 정한다.

④ 운영 경비(법 제23조) : 법무부장관은 사전에 기획재정부장관과 협의하여 민영교도소등을 운영하는 교정법인에 대하여 매년 그 교도소등의 운영에 필요한 경비를 지급한다.

⑤ 수용자의 처우(법 제25조)
㉠ 교정법인은 위탁업무를 수행할 때 같은 유형의 수용자를 수용·관리하는 국가운영의 교도소등과 동등한 수준 이상의 교정서비스를 제공하여야 한다.
㉡ 교정법인은 민영교도소등에 수용되는 자에게 특별한 사유가 있다는 이유로 수용을 거절할 수 없다. 다만, 수용·작업·교화, 그 밖의 처우를 위하여 특별히 필요하다고 인정되는 경우에는 법무부장관에게 수용자의 이송을 신청할 수 있다.
㉢ 교정법인의 임직원과 민영교도소등의 장 및 직원은 수용자에게 특정 종교나 사상을 강요하여서는 아니 된다.

⑥ 보호장비의 사용 등(법 제27조)
㉠ 민영교도소등의 장은 외부의료시설 진료, 치료감호시설 이송, 외부교육기관 통학이나 위탁교육, 귀휴, 보호장비의 사용, 강제력 행사, 무기의 사용, 징벌처분 등을 하려면 법무부장관이 민영교도소등의 지도·감독을 위하여 파견한 소속 공무원의 승인을 받아야 한다. 다만, 긴급한 상황으로 승인을 받을 만한 시간적 여유가 없을 때에는 그 처분 등을 한 후 즉시 감독관에게 알려서 승인을 받아야 한다.
㉡ 민영교도소등의 장은 가석방 적격심사를 신청하려면 감독관의 의견서를 첨부하여야 한다.
㉢ 민영교도소등의 장은 석방을 하려면 관계 서류를 조사한 후 감독관의 확인을 받아 석방하여야 한다.

(8) 민영교도소등의 직원

① 결격사유 : 다음의 어느 하나에 해당하는 자는 민영교도소등의 직원으로 임용될 수 없으며, 임용 후 다음의 어느 하나에 해당하는 자가 되면 당연히 퇴직한다(법 제28조).
㉠ 대한민국 국민이 아닌 자
㉡ 국가공무원 결격사유의 어느 하나에 해당하는 자

SEMI-NOTE

운영 경비(법 제23조)
연간 지급 경비의 기준은 다음의 사항 등을 고려하여 예산의 범위에서 법무부장관이 정한다.
- 투자한 고정자산의 가액
- 민영교도소등의 운영 경비
- 국가에서 직접 운영할 경우 드는 경비

수용 의제
민영교도소등에 수용된 수용자는 형의 집행 및 수용자의 처우에 관한 법률에 따른 교도소등에 수용된 것으로 본다(법 제24조).

ⓒ 임원취임 승인이 취소된 후 2년이 지나지 아니한 자
ⓔ 해임명령으로 해임된 후 2년이 지나지 아니한 자
② 임면 등(법 제29조)
  ㉠ 교정법인의 대표자는 민영교도소등의 직원을 임면한다. 다만, 민영교도소등의 장 및 대통령령으로 정하는 직원을 임면할 때에는 미리 법무부장관의 승인을 받아야 한다.
  ㉡ 교정법인의 대표자는 민영교도소등의 장 외의 직원을 임면할 권한을 민영교도소등의 장에게 위임할 수 있다.
  ㉢ 민영교도소등의 직원의 임용 자격, 임용 방법, 교육 및 징계에 관하여는 대통령령으로 정한다.
③ 직원의 직무 : 민영교도소등의 직원은 대통령령으로 정하는 바에 따라 형의 집행 및 수용자의 처우에 관한 법률에 따른 교도관의 직무를 수행한다(법 제30조 제1항).

(9) 지원 · 감독 등

① 지원 : 법무부장관은 필요하다고 인정하면 직권으로 또는 해당 교정법인이나 민영교도소등의 장의 신청을 받아 민영교도소등에 소속 공무원을 파견하여 업무를 지원하게 할 수 있다(법 제32조).
② 감독 등(법 제33조)
  ㉠ 법무부장관은 민영교도소등의 업무 및 그와 관련된 교정법인의 업무를 지도 · 감독하며, 필요한 경우 지시나 명령을 할 수 있다. 다만, 수용자에 대한 교육과 교화프로그램에 관하여는 그 교정법인의 의견을 최대한 존중하여야 한다.
  ㉡ 법무부장관은 지도 · 감독상 필요하다고 인정하면 민영교도소등에 소속 공무원을 파견하여 그 민영교도소등의 업무를 지도 · 감독하게 하여야 한다.
  ㉢ 교정법인 및 민영교도소등의 장은 항상 소속 직원의 근무 상황을 감독하고 필요한 교육을 하여야 한다.
③ 보고 · 검사(법 제34조) : 민영교도소등의 장은 대통령령으로 정하는 바에 따라 매월 또는 분기마다 다음의 사항을 법무부장관에게 보고하여야 한다.
  • 수용 현황
  • 교정 사고의 발생 현황 및 징벌 현황
  • 무기 등 보안장비의 보유 · 사용 현황
  • 보건의료서비스와 주식(主食) · 부식(副食)의 제공 현황
  • 교육 · 직업훈련 등의 실시 현황
  • 외부 통학, 외부 출장 직업훈련, 귀휴(歸休), 사회 견학, 외부 통근 작업 및 외부 병원 이송 등 수용자의 외부 출입 현황
  • 교도작업의 운영 현황
  • 직원의 인사 · 징계에 관한 사항
  • 그 밖에 법무부장관이 필요하다고 인정하는 사항

SEMI-NOTE

법 제39조
법무부장관은 이 법에 따른 권한의 일부를 관할 지방교정청장에게 위임할 수 있다.

보고 · 검사(법 제34조)
법무부장관은 필요하다고 인정하면 수시로 교정법인이나 민영교도소등에 대하여 그 업무 · 회계 및 재산에 관한 사항을 보고하게 하거나, 소속 공무원에게 장부 · 서류 · 시설, 그 밖의 물건을 검사하게 할 수 있다. 이 경우 위법 또는 부당한 사실이 발견되면 이에 따른 필요한 조치를 명할 수 있다.

④ 위탁업무의 감사(법 제35조)
　㉠ 법무부장관은 위탁업무의 처리 결과에 대하여 매년 1회 이상 감사를 하여야 한다.
　㉡ 법무부장관은 감사 결과 위탁업무의 처리가 위법 또는 부당하다고 인정되면 해당 교정법인이나 민영교도소등에 대하여 적절한 시정조치를 명할 수 있으며, 관계 임직원에 대한 인사 조치를 요구할 수 있다.
⑤ 징계처분명령 등(법 제36조)
　㉠ 법무부장관은 민영교도소등의 직원이 위탁업무에 관하여 이 법 또는 이 법에 따른 명령이나 처분을 위반하면 그 직원의 임면권자에게 해임이나 정직·감봉 등 징계처분을 하도록 명할 수 있다.
　㉡ 교정법인 또는 민영교도소등의 장은 징계처분명령을 받으면 즉시 징계처분을 하고 법무부장관에게 보고하여야 한다.

SEMI-NOTE

위탁업무 수행 시 손해배상
교정법인의 임직원과 민영교도소등의 직원이 위탁업무를 수행할 때 고의 또는 과실로 법령을 위반하여 국가에 손해를 입힌 경우 그 교정법인은 손해를 배상해야 함